JN411373

강릉 초당(草堂)마을

진인진

저 자

박영주 안상복 이규대 이성주 최재식

사 진

강선욱

인문학술총서③

강릉 草堂마을

전통문화 생태마을가꾸기

초판 1쇄 발행 2009년 12월 31일

저 자 · 박영주, 안상복, 이규대, 이성주, 최재식
발행인 · 김영진
발행처 · 진인진
등 록 · 제25100-2005-000003호
표지 디자인 · 정하연
본문 편집 · 배원일
주 소 · 경기도 과천시 별양동 1-14 과천오피스텔 614호
전 화 · 02-507-3077~8
팩 스 · 02-507-3079
홈페이지 · http://www.zininzin.co.kr
이메일 · pub@zininzin.co.kr

ISBN 978-89-6347-060-3 03900

강릉 초당(草堂)마을

전통문화
생태마을
가꾸기

저 자

박영주

안상복

이규대

이성주

최재식

사 진

강선욱

강릉원주대학교 인문대학
인문학연구소 문화콘텐츠위원회

책을 펴내면서

초당마을은 강릉 경포호수 남쪽 가에 자리 잡은 마을이다. 마을이 들어선 곳은 아주 오래 전 바다와 강이 만나는 운정천 어귀에 길쭉하게 해안을 따라 형성된 모래 언덕이다. 경포 호숫가로부터 모래언덕을 감싸고 있는 소나무 숲이 마을을 둘러싸고 있고 솔숲 밖으로는 물길이 감싸면서 휘돌아 나간다. 이곳은 또 태백산맥 준령에서 시작된 능선이 남대천을 따라 구불구불 이어지다 동해 바닷가에 와서 멈춘 춘갑봉의 아랫자락이기도 하다. 이 모래언덕이 생긴 것은 무척 오래 전의 일이다. 빙하기가 끝나고 해수면이 상승하여 남대천 일대가 익곡, 내만의 상태에 이르렀을 때부터 시작되었을 것이다. 그런데 지금으로부터 늦어도 6천 5백년 전 무렵부터는 초당마을 사구지대에 사람이 살았다는 증거가 나오고 있으므로 모래언덕이 만들어진 것은 확실히 그 이전으로 보아야 할 것이다.

이 초당마을의 사구지대에는 지난 수천 년 동안 사람들의 거주가 끊이지 않았던 모양이다. 지금의 초당마을 지하에 깔려 있는 유구와 유물들이 마을의 오래된 역사를 말해주는데 이곳에는 신석기시대의 마을유적으로부터 시작하여 철기시대의 마을, 그리고 삼국시대의 마을과 고분유적이 중첩되어 분포한다.

아주 가까운 과거로부터도 초당마을은 많은 기록과 기억을 간직하고 있다. 근세에 이르러 마을에는 초당영어학교라는 신식교육기관이 들어섰다. 강릉에서 3·1 독립운동을 이끌었던 지도자들 중에는 초당마을사람이 많았다. 초당동에 사시던 감리교회 교인들이 서로 연락하면서 만세운동의 거사를 준비하고 이끌었다고 한다. 해방 이후 안타깝게도 남북분단체제 하에 좌우의 갈등을 겪으면서 초당마을 사람들에게는 깊은 상처가 마음속에 새겨지게 된다. 그때 뜻하지 않게 좌우의 대립에 휘말렸던 분들은 그 아픔에 대한 이야기를 아직도 쉽게 꺼내지 못한다.

지금으로부터 적어도 6천 5백년 전에 초당마을에 신석기시대 채집인들이 들어와 산 이래 마을에는 수많은 이야기, 기억, 의미, 문화재가 퇴적되어 왔다. 그리고 근세 이후에 진행된 마을의 역사는 초당마을을 독특한 장소성場所性을 지닌 마을로 만들어 놓았다. 이 마을에 들어서면 우리나라 어디서도 보기 힘든 마을 경관이 전개되는데 백년 여쯤 된 고가古家부터 1960~70년대의 농가가 어우러져 있는 모습을 보다가 마을 남서쪽 가장자리에 와서는 2000년대의 상가와 아파트가 앞을 가로 막는다. 텃밭과 흙담 기와지붕으로 된 고가에 사는 주민이 아직도 여럿 있으며 1960~70년대 철물점과 방앗간, 기름집은 지금도 영업을 하고 있다.

초당마을을 둘러보면 우선 이처럼 복잡한 사회적, 문화적 층위를 형성한 마을이 어디 있을까 하는 느낌이 온다. 그런데 마을에 대해 좀 더 찾아보고 무언가 알게 되면 무척이나 다양한 역사적 정체성이 얽혀 있다는 것도 깨닫게 된다. 경포도립공원 경관의 연장이기에 주변에 조성된 습지와 송림으로 인해 우선 아름다운 경관을 이루고 있는 마을이라는 느낌이 다가온다. 그런데 좀 더 마을을 캐들어 가면 그 안에서는 독특한 지역 이미지와 풍부한 문화적 자산, 그리고 수많은 문화상품의 소재들이 널려있음을 알게 되는 것이다. 이를테면 이미 문화상품으로 자리 잡은 초당두부가 있고, 시인 허난설헌의 생가가 있던 터가 남아 있다. 그리고 마을이 경포호鏡浦湖를 끼고 있어서 마을을 지나 걷다 보면 경포호 둘레에서는 저명한 정자들을 볼 수 있다. 그리고 초당마을은 그 자체가 고고학 유적이요 문화재 분포지역이다. 그래서 마을에서는 집을 짓기 전에 발굴을 하면 신석기시대 집자리와 동예시대 취락이 노출되고 금동관金銅冠이 나오는 신라고분군도 발굴된다.

이와 같은 풍부한 문화자산이 이곳 주민의 삶에는 되려 부담으로 다가오기도 한다. 한편으로는 경포호라는 자연공원으로 인해 규제되고 다른 한편으로는 6~7천년간 퇴적된 문화재가 사적으로 지정됨으로써 마을의 개발을 문화재보호법이 가로막고 있다. 실제로 주민은 땅값의 하락으로 상대적 박탈감을 안고 있는데다 집 한 채를 지으려 해도 사전 구제발굴조사로 인한 경제적 손실을 입고 있으니 당사자들이 억울함을 느끼게 되는 것은 당연한 일이 아닐까 하는 생각이 든다.

아주 오랜 역사를 거쳐 온 초당마을이 요즘 들어 커다란 전환기를 맞이한 듯싶다. 마을 남쪽 끝자락에 있던 작은 구릉 한 가운데에는 삼국시대 하슬라의 토착 성주가 묻힌 커다란 고분이 자리 잡고 그 둘레에는 그보다는 조금 작은 무덤들이 둘러싸고 있었다. 이 대형고분이 발굴되고 주변의 고분들도 모두 조사되고 난 뒤 그 구릉을 깎아내고 평지로 만들어 지금의 초당현대아파트가 들어섰다. 도시화라는 절차가 초당마을 남쪽에서부터 시작된 셈이다.

도시 변두리라면 우리나라 어디서나 볼 수 있는 변화, 즉 아늑하고 정서가 깃든 전통마을이 사라지고 낯설고, 어설프고, 문화적 감수성은 찾아 볼 수 없는 도시경관이 대신 들어서는 과정이 시작된 것이다. 그러나 초당마을은 다행스럽게도 이 도시화 과정이 전면적으로 그리고 빠르게 진행된 것 같지는 않다. 마을 한 편은 고층아파트가 들어섰지만 다른 한쪽에는 100년 된 경관이 그대로 남아 있어 초당마을이 지금처럼 복잡한 마을경관을 가지게 된 것이다.

경포호수와 이어지는 습지와 송림에서 시작하여 1960~70년대 정서가 깊게 배어 있는 옛집과 골목들을 마주하다가 2000년대 개발된 아파트와 상가로 이어지는 이 독특한 마을의 모습이 과연 이곳 초당마을에 사는 주민들이 원하는 모습일까? 그리고 이곳을 찾아오는 방문객들에게 과연 초당마을은 어떠한 느낌을 줄까? 수려한 자연공원과도 같은 경관과 수 천 년 동안의 문화재가 퇴적된 공간에 아파트를 세우는 한편 정서와 향수를 담은 옛집들을 손쉽게 헐어내고 새집을 지어버리는 무심한 개발이 초당마을에 가져다 준 것이 무엇일까? 그러한 마을의 변모가 개개인이나 마을공동체의 삶에 긍정적인 것이며 주민들이 진정으로 원했던 것일까? 초당마을의 손상된 의미, 잃어버린 장소, 토막난 역사와 경관을 과연 주민들이 원했던 것일까? 그리고 더욱 궁금한 일은 6~7천년을 이어온 초당마을이 앞으로 어떠한 모습으로 바뀌어 갈까 하는 의문이다.

이러한 의문과 단상斷想들이 우리로 하여금 이 책을 펴내게 된 동기라고 할 수 있다. 이 책에는 2008년도 후반에 시작되어 2009년도까지 이어진 강릉원주대학교 인문학연구소 문화콘텐츠위원회(이하 콘텐츠회)의 활동이 담겨 있다. 콘텐츠회는 우리 지역의 문화자산을 탐구하는 연구모임이다. 흔히 하는 이야기지만 "가장 지역적인 것이 가장 세계적인 것이다" 하는 말이 있다. 한 구석에 치우쳐 있는 문화라도 그 독특한 개성으로 인하여 보편적인 언어로 풀어내기만 하면 가장 세계적인 것으로 될 수 있다는 뜻이리라. 우리 강릉에는 오랜 역사를 통해 이 지역에 퇴적되어 있는 풍부한 문화자산을 가지고 있다. 어떤 것은 널리 알려진 것도 있지만 아직 숨겨져 있는 문화자산이 많이 있다. 이와 같이 잠을 자고 있는 지역의 문화자산을 발굴해내고 보편성의 토대 위에 의미를 부여하여 널리 알리고 나아가 관광자원으로, 혹은 문화상품으로 발전시킬 수 있는 연구를 하고자 모인 팀이 우리 콘텐츠회이다. 우리 콘텐츠회에서 시도했던 '강릉의 문화자산 탐구' 첫 번째 주제는 단오제의 어제와 오늘 그리고 미래에 대한 연구였다. 1년 6개월에 걸친 연구와 토론 끝에 그 성과를 묶어 인문학술총서 제1책『강릉 단오제의 전승과 비전』을 출간했다. 다음으로 우리 콘텐츠회의 작업으로 엮어낸 인문학술총서 제2책은『하슬라 군주 이사부의 우산국 복속』이었으며 우리가 세 번째로 주목한 것이 초당마을이었다.

우리 문화콘텐츠위원회의 구성원들은 인문학을 공부한다는 공통점 말고는 서로 전공분야가 너무 다르다. 각자의 전공분야를 강의하고 관심이 깊은 각자의 연구영역에 몰두하다 보면 따로 시간을 내서 지역의 역사·문화, 그리고 그와 관련된 외국의 사정 등을 연구한다는 것이 결코 수월한 일은 아니었다. 그럼에도 우리가 몸담고 사는 지역사회에 유익한 연구를 해야 한다는 인문학자의 사명감이 그러한 어려움을 극복할 수 있도록 해주지 않았을까 생각해 본다. 시간에 쫓기는 가운데 여러 차례의 발표회와 토론회를 열고 연구 성과를 모으면서 어려운 점도 많았다. 하지만 한 가지씩 주제를 바꾸어가며 새로운 영역으로 연구를 확장하면서 느끼는 흥미와 서로 다른 분야의 동료들과 토론하면서 새 지식을 얻어내는 기쁨도 있었다.

이 책은 초당동의 경관, 역사, 문화자산에 대한 발굴이고 연구이면서 동시에 이를 어떻게 활용해볼 것인가에 대한 모색이 담겨 있다. 콘텐츠회의 공동연구자들은 지금까지 초당마을의 역사와 지금의 모습 그 자체를 관찰하고 연구하고 있지만 앞으로 어떻게 변해 갈 것인가에 대해서도 관심이 많으며 그래서 '마을가꾸기'라는 부제를 달았다. 사실 초당마을가꾸기는 주민의 몫이 크다고 생각한다. 그러나 초당마을 주민이 마을가꾸기에 대해 어떤 의지가 있는가? 주민으로서 무언가 주인의식이나 마을에 대한 책임감과 같은 것이 있는가? 에 대해 생각해보면 의심스러운 느낌이 앞서고 그래서 걱정스러운 생각마저 든다. 초당마을의 토박이 주민은 이제 얼마 남지 않았다. 새롭게 마을에서 향토음식점을 열거나 공예품 제작판매소를 차린 주민들에 의해 초당동은 새로운 주목을 받기도 하지만 아파트 입주자나 세입자로 들어온 주민들에게 '마을가꾸기 자치회'의 결성을 권해보자는 생각에 앞서서는 망설여지지 않을 수 없었다.

문화콘텐츠위원회가 나서서 '초당마을가꾸기'를 위해 초당주민과 대화의 장을 마련해 보기도 했다. 지난 2009년 12월 21일 초당동사무소 회의실에서 초당두부를 한상 차려서 학술세미나 겸 주민토론회를 개최하였다. 초당동에 오래 거주해 오신 주민들이 큰 호응을 해주시고 지자체와 언론에서도 큰 관심을 보여주었다. 지역의 교육계, 문화예술계의 인사들도 참석해주시고 조언을 아끼지 않으셨다. 우리 콘텐츠회 공동연구자들은 이것이 초당동을 전통문화생태마을로 가꾸어 나가는 사업의 시작일 뿐이라고 생각한다. 앞으로 더 많은 일이 남아 있고 우리 콘텐츠회의 연구도 계속될 것이며 마을에서 필요한 일이 있으면 달려갈 것이다. 이번 초당마을 연구에는 최명희 강릉시장님, 권혁문 문화관광국장님, 최갑석 문화예술과장님께서 물심양면의 도움을 주셨다. 그리고 우리 콘텐츠회의 사업을 이모저모 도와주신 최상만동장님, 그리고 초당마을 이야기를 구성지게 들려주신 정태환 강릉시문화예술진흥위원회 상임이사님께 감사의 말씀을 드린다. 그리고 문화콘텐츠위원회의 활동을 항상 후원해주시는 인문학연구소의 김무림 소장님, 잘 팔리지 않을 책의 출판에 선뜻 응해 주신 김영진 사장님께 진심으로 감사드린다.

2009년 12월 31일
강릉원주대학교 인문대학
문화콘텐츠위원회 위원일동

| 차례 |

초당 마을공동체의 역사와 문화

이규대 강릉원주대학교 사학과 교수

Ⅰ. 머리말

마을은 생활문화 공간이면서 사회구조상 기층단위의 공동체이다. 여기에는 오랜 공동체 생활에서 구축되어 온 인적·물적 자산이 전승되고 있으며, 이를 체득한 주민들의 자기 발전을 위한 현재적 가치가 구현되고 미래지향적인 삶의 양식이 전망되고 있다. 또한 마을 공동체는 비록 주민구성이 소수의 규모이지만 과거와 현재와 미래가 동일선상에 놓이는 생활문화공간이며, 비록 작은 공간 규모이지만 좌우의 연망 관계 속에서 공존하는 생활문화공간이다. 이렇듯 마을 공동체는 전후좌우의 연망 속에서 공존하면서 기층의 토속적이고 원형질적인 문화를 담은 생활문화의 보고로 규정할 수 있다.

마을의 역사와 문화는 곧 주민들의 생활문화이고, 생활문화의 규명은 그 주민들의 주체적 역량과 생활의 역동성을 제대로 풀어내야 한다는 지향점을 갖는다. 이러한 점에서 전통사회에서 편찬된 지리지地理志와 읍지邑誌[1], 근대사회에서 편찬된 생활실태나 취락분포에 대한 조사보고서[2] 같은 유형은 그 연혁沿革과 시대적 현황파악이라는 의미에도 불구하고 일정한 한계가 지적될 수 있으며, 이러한 한계는 해방 이후 촌락사회의 제도와 조직 그리고 사회구조와 그 변화상의 의미를 규명하면서 극복되어 왔으며[3], 1980년대를 전후하여 지방사회에 대한 관심이 제고되면서 촌락공동체에 대한 방대한 자료수집 정리와 함께 객관적인 사실을 파악하고 그것들의 인과因果관계에 기초한 사회변화상이 규명되고 있는 실정이다[4].

마을의 역사와 문화를 제대로 알고 제대로 알리려는 것은 새로운 시대에 대한 전망을 얻기 위한 것이다. 전통적인 생활습속을 계승하고 새로운 문화를 도입하면서 발전을 모색해 온 마을의 주체적 역량을 규명하고, 이로부터 자기 정체성에 대한 주민들의 자긍심을 고양할 수 있다면 그것은 새로운 발전을 위한 추동력이 될 수 있을 것으로 본다. 이를 위해 일차적으로 생활문화 전반에 걸친 자료의 수집과 정리가 요구되며, 이를 토대로 그 시절에 그러한 일이 어떻게 일어날 수 있는가를 철저하게 검증하여 마을 문화의 보편성과 특수성을 규명함으로써 새로운 도약을 위한 주체적인 역량이 제고될 수 있을 것으로 본다.

초당 마을은 그 빼어난 경관과 환경으로 일찍부터 사람이 살만한 주거공간으로 주목받으면서 생활문화의 다양성을 확보하고 있다. 이에 기반을 두고 이제 전통문화생태마을로 재도약을 이루려는 움직임은 여러 방면에서 짚어진다. 초당마을의 풍광은 이미 전근대사회에서 관동지역의 제일로 정평을 얻고 있으며, 식생활문화에서 가닥을 잡은 초당순두부는 지역의 브랜드로서 이미지를 굳혀가고 있다. 그동안 산견되던 매장유물이 계획적으로 발굴되면서 사적지로 지정되었고, 양천 허씨陽川 許氏일가의 문학성에 기반을 둔 선양사업이 활발하게 전개되면서 문화마을로서 이미지를 다져가고 있으며, 최근에는 마을의 북쪽 외곽을 돌아 강문천과 합류하는 하천을 전형적인 생태습지로 정비하려는 시정정책에 힘입어 친환경 녹색마을로서 이미지를 굳혀가고 있다.

물론 이러한 상황은 마을의 역사와 문화를 기반으로 추진되는 것들이다. 초당 마을은 비교적 많은 역사와 문화에 대한 연구 성과를 보유하고 있다. 매장문화재, 별신굿, 솟대, 양천 허씨 일가의 문학성 등에 대해서는 주목할 만한 성과를 이루어 내고 있다[5]. 그러나 이러한 성과에도 불구하고 초당 마을의 사회변화상을 발전적으로 이해하고 이로부터 마을의 문화적 역량과 그 주체적 역량을 규명하기 위해서는 여전히 많은 과제를 안고 있다. 이러한 과제를 의식하려는 것은 잠재된 전통마을의 인적·물적 자산을 재인식하고, 이로부터 초당 마을의 문화적 특성과 역량을 담보하는 문화콘텐츠개발을 위한 인문학적 담론의 다양성을 제고하고자 한다. 특히 현재 구축되었거나 진행 중인 문화사업의 틈새로부터 야기되는 사회적 갈등을 극복하는 방안도 이로부터 마련될 수 있을 것으로 기대해 본다.

이러한 시각에서 여기서는 먼저 초당마을의 발전적 사회변화상을 주목하고자 한다. 이를 위해 조선시대 행정편제상에서 초당마을의 존재양태를 파악하고, 이로부터 마을의 분동分洞 양상을 주목하여 그 동인을 마을의 입지조건과 농법의 발달을 연계하여 파악함으로서 그 발전적 의미를 규명하고자 한다. 다음은 마을의 공동체적 결속과 화합을 위한 사회질서의 변화상을 주목하고자 한다. 이를 위해 성황제, 솟대, 동계, 향약, 촌계, 등의 존재와 그 변화상을 파악하고, 이로부터 주민들의 의식의 성장과 이에 기초한 사회질서 변화의 발전적 의미를 규명하고자 한다. 끝으로 초당 마을의 근대적 기운을 주목하고자 한다. 이를 위해 20세기 벽두에 설립되는 근대학교로서 초당의숙과 노동야학회로서 창동회의 실체를 파악하고, 이로부터 잉태되는 초당 마을의 주체적 역량과 항일 구국정신은 강릉지방 3·1독립만세운동의 추동력이 되고 있음을 밝혀 그 발전적 의미를 규명하고자 한다.

Ⅱ. 면리체제의 편제와 초당마을의 사회변화

조선시대 지방사회는 3단계로 편제되었다. 먼저 전국을 8도道 체제로 나누고, 각 도내에서는 군현제郡縣制로 편제되었으며, 다시 각 군현에서는 면리面里체제로 그 하부구조를 획정하였다. 여기서 주목하려는 면리체제는 대개 조선 초기까지는 전국의 군현이 모두 방위면체제 즉, 동면, 서면,

남면, 북면, 내면으로 파악되며, 이후 지방사회의 인구의 증가와 산업의 발전을 배경으로 기존의 방위면이 분화발전하면서 고유의 지역명칭을 갖춘 면리체계로 정착되어 갔다.

이러한 이해에 근거하여 초당마을을 살펴보면, 이 마을은 적어도 고려말엽 조선 초기까지는 읍치邑治 즉 읍의 거점을 중심으로 하여 그 북쪽에 형성된 마을로서 이른바 '북면'으로 편제되었을 것이다. 이 점은 강릉의 각종 읍지邑誌에서 읍성邑城의 북문北門을 기준점으로 이 방면의 마을들의 거리가 산정되고 있는데서 살필 수 있다. 예컨대 향호리香湖里는 관문官門으로부터 북쪽으로 60리 거리에 위치한다고 파악되고 있다[6].

조선후기에 접어들면서 '북면'은 발전적인 사회변화에 조응하여 분화하는 양상을 보이고 있다. 이 시기에 북면은 적어도 7개의 면面으로 분화 발전하는 것으로 파악된다. 즉 북일리면北一里面, 북이리면北二里面, 정동면丁洞面, 가남면嘉南面, 사화면沙火面, 연곡면連谷面, 신리면新里面이 그것이다. 좀 더 구체적으로 보면 [표-1]에서 보는 것처럼 북일리면은 대창역·당북리·초당리 등 3개 리里로 구성되며, 북이리면은 임당리, 교동리, 홍제리, 산황리, (성곡리) 등 4(5)개 리로 구성되며, 정동면은 유천리, 조산리, 사전리 등 4개 리로 구성되며[7], 가남면은 경호리, 일희정리 등 2개 리로 구성되며, 사화면은 일애일당리, 이애일당리, 노동리 등 3개 리로 구성되며, 연곡면은 동덕리, 현내리, 마곡리 등 3개 리로 구성되며, 신리면은 사기리, 교황리, 주문진, 향호리 등 4개 리로 구성되고 있다[8].

[표-1] 《관동읍지》 북일리면의 촌락과 호구 수

구분	마을 이름	호수	인구
북일리면	대창리	民戶 195戶	男丁 282口, 女丁 389口
	당북리		
	초당리		

이러한 양상은 조선전기 북면이 분화 발전하는 양상으로 이해되지만, 좀 더 세밀하게는 북일리면과 북이리면은 그 명칭에서 시사하듯 직접적으로 분화되는 형상이라 할 수 있으며, 정동면과 가남면은 그동안 열세였던 마을의 경제적·사회적 독자성이 강화되면서 형성되는 것으로 이해될 수 있다. 이렇듯 4개의 면은 경포호수를 에워싸고 형성되는 자연지리적 환경을 공유하면서 발전하는 형세라는 점에서 분화 발전하는 양상으로 이해될 수 있다. 다만 나머지 사화면, 연곡면, 신리면은 각기 다른 자연지리적 환경을 갖고 있다는 점에서 그 독자적으로 성장하는 형태로 이해될 수 있겠다.

이러한 면리제의 변천을 유념할 때, 초당마을은 북일리면에 편제되어 있으며, 북일리면은 면리제가 분화하기 이전단계의 북면에 대비될 수 있으며, 이 점은 초당마을이 강릉지역에서는 비교적 일찍부터 마을단위로 성장하였음을 시사한다고 하겠다. 이러한 의미는 초당마을과 함께 파악되는 대창리에 남아 있는 유적과 유물로서 그 논거가 마련될 수 있다. 즉, 대창리는 고려 시대 이래로 대창역大昌驛이 위치했던 마을이며[9], 이곳에는 적어도 신라말엽까지 소급될 수 있는 당간지주幢竿支柱가 남아 있으며[10], 또한 그 이전시기까지 소급될 수 있는 예국고성濊國古城의 위치로 파악되고 있다[11]. 더욱이 고대사회 마을공동체의 신앙적 유제遺制라고 할 수 있는 솟대가 이곳 초당마을에 전승되고 있다[12]. 이러한 양상은 대창리와 인접한 초당마을이 강릉지역에서 이미 고대사회 이래로 마을단위로 성장하고 있었음을 시사한다고 할 것이다.

아울러 이러한 면리제의 변화상은 이곳 초당마을 주민들의 생활상이 일차적으로 대창리와 당북리로 연계되는 일직선상에 놓이고 있음을 시사한다고 하겠다. 물론 조선후기의 사회상이 농경사회의 발전을 모태로 상업과 수공업의 발전으로 확대되는 역동적인 양상이었다는 점에서 주

그림1.1 예국고성의 성벽 모습[13)]

민들의 생활상을 일정지역으로 한정할 수는 없을 것이다. 그러나 적어도 위의 3개 리가 초당마을과 가장 인접해 있으며, 또한 가장 긴 역사를 갖는 마을들이라는 점에서 상호적인 영향이 가장 큰 일차적인 생활권으로 이해할 수 있을 것이다.

Ⅲ. 마을공동체의 성장과 분화와 초당마을의 변화

위에서 초당마을의 행정편제를 살펴보았거니와, 이제 이후 근대사회에 이르면서 초당마을의 변화를 파악해 보고자 한다. 1931년 조선총독부에서 출간한 『생활상태조사』에서 강릉면江陵面으로 편제된 초당리草堂里는 146호戶에 883구口로 호구가 파악된다. [표-2]에 보는 바와 같이 이 호구수가 갖는 의미를 인접한 마을과 연계하여 살펴보면, 대창리大昌里는 82戶에 459口이며, 당북리堂北里는 75호에 411구이며, 포남리浦南里는 126호에 776구로 파악된다. 이 점에서 초당리는 3개 리 중에서 가장 호구수가 큰 마을로 이해된다. 아울러 이전 시기에 남일리면으로 편제되었던 강문리와 견소리 일원이 같은 강릉면으로 편제되고 있다.

[표-2] 《생활실태조사》 초당리 인근의 마을분포와 호구 수

구분	행정리	자연촌락	행정리호수	자연촌호수	행정리인구	자연촌인구
강릉면	…					
	대창리	대창리	82호		459구	
	당북리	당북리	75호	62호	411구	336구
		옥가리		13호		75구
	포남리	모동	162호	31호	776구	192구
		산양동		31호		190구
		포남리		35호		219구
		운곡리		29호		175구
	초당리	초당리	146호		883구	
	강문리	강문리	35호		191구	
	송정리	송정리	122호		682구	
	견소리	견소리	67호		385구	

이와 아울러 주목되는 변화는 당북리堂北里가 내적으로 당북리와 옥가리로 분화되고 있으며, 당북리는 62호에 336구이며, 옥가리는 13호에 75구로 나타난다. 19세기에는 파악되지 않았던 포남리浦南里가 새로이 편제되고 있음을 볼 수 있으며, 포남리는 다시 내적으로 모동慕洞, 산양동山陽洞, 포남리浦南里, 운곡리雲谷里 등 4개 리로 분화되고 있다. 그리고 모동은 31호에 192구이며, 산양동은 31호에 190구이며, 포남리는 35호에 219호이며, 운곡리는 29호에 175구로 파악된다. 이 같은 마을의 분화 양상은 견소리와 강문리 사이에 송정리가 편제된 데서도 살필 수 있으며, 여기서 주목되는 점은 견소리 67호에 385구이고 강문리가 35호에 151구인데 반해 새로이 형성되는 송정리가 122호에 682호로 더 규모가 큰 마을이 형

성되고 있다는 점이다[14].

이러한 양상을 정리하면 기존의 초당리와 당북리 사이에 적어도 5개의 마을 즉 옥가리, 모동, 산양동, 포남리, 운곡리 등이 새롭게 형성되고 있음을 의미하며, 아울러 초당리와 인접한 곳에 송정리가 새로이 형성되고 있음을 의미한다. 이와 아울러 주목되는 점은 모동, 산양동, 포남리, 운곡리를 포함하는 포남리는 126호에 776구이며, 송정리는 122호에 682구로서 146호에 883구인 초당리와 함께 인근에서 규모가 큰 마을로 분류된다는 점이다[15].

이와 같은 마을의 존재양태는 자료가 편찬된 1931년 당대의 양상이기는 하지만, 그 변화는 보다 일찍부터 시작되었을 것이고 이미 변화된 생활양태가 채록되었을 것으로 보는 것이 합리적이라고 보겠다. 다만 19세기 중반에 편찬되는『관동읍지』에서 이러한 변화상이 파악되지 않는 점을 염두에 두면[16], 위에서 주목해 온 마을의 분동과 호수의 변동은 적어도 19세기 후반으로부터 나타나는 것으로 이해될 수 있다고 하겠다.

다음은 초당리·송정리·포남리가 모두 농촌 마을이라는 공통점을 갖고 있으며, 이 점은 농경사회의 변화를 배경으로 마을이 성장하였음을 의미한다고 하겠다. 이에 유념하면 3개 리의 가운데 자리 잡고 있는 하평下坪이 농경지로 개간되는 상황을 예상할 수 있다. 하평은 늪지대이며, 이 광활한 늪지대가 수전으로 개간되는 변화는 마을의 분동과 호수의 증가 즉 인구밀집양상의 추동력이 되었을 것으로 짐작된다는 점이다. 이러한 늪지대 즉 하평의 개간사업은 역사 일반에서 조선후기 사회 산업의 특징으로 이해되고 있으며, 이곳 강릉지역의 경우 조금 늦은 감은 있지만 예외는 아니었음을 시사하는 것으로 볼 수 있다. 이점이 전제된다면 초당리와 송정리 사이에서 전개되었던 이른바 '억지다리 뺏기'라는 민속놀이 또한 이러한 산업의 발달을 배경으로 이해될 수 있을 것으로 본다[17].

그림1.2 남대천변에서 바라본 하평들

그림1.3 초당동과 하평들, 그리고 남대천

다음으로 초당 마을의 성장을 들 수 있을 것 같다. 인근에 새로운 마을이 형성되는 상황에서 초당 마을은 분동 상황이 파악되지 않는 점으로 보아 자체의 결속력을 바탕으로 성장하였던 것으로 파악된다. 이러한 양상은 1931년 당시의 인구분포에서 단일 촌락으로 호수에서 가장 큰 규모로 파악되고 있다는 점에서 살필 수 있다고 하겠다. 아울러 위에서 언급한 '억지다리 뺏기'와 같은 풍속은 인근한 마을과 유대를 공고히 다져가는 양상으로 이해될 수 있다고 하겠다.

특히 여기서 주목하고자 하는 것은 초당리의 포구인 강문리의 성장 시기이다. 1931년에 편찬된『생활실태조사』에서 죽도봉은 강문리 북쪽과 견소리 동쪽으로 그 위치가 지정되고 있다[18]. 따라서 여기서 강문리는 지금의 안목으로 설정될 수 있다. 또한 1933년에 편찬되는『증수임영지』에서 1916년에 북일리면·북이리면·남일리면을 합쳐서 강릉읍으로 행정구역을 개편하였음을 밝히고 있으며[19], 이 당시에도 강문진리는 남일리면 소속의 강문을 지칭할 뿐 초당리 포구인 강문은 파악되지 않고 있다[20]. 이러한 점을 염두에 두면 초당리 포구가 강문리로 편제되는 것은 적어도 1930년대 전후한 시기에 마을이 발전하면서 이루어졌다고 볼 수 있으며, 그동안 초당리와 미분화 상태였던 것으로 보아야 할 것이다.

요컨대 초당마을은 조선후기에 들어서 마을 남쪽으로 전개된 늪지대 즉 하평이 수전으로 개간되는 사회경제의 변화 편승하여 인구가 밀집되면서 성장하는 양상을 보이고 있다. 이 같은 성장은 인근한 마을에서도 병행되고 있었다. 비교적 규모가 큰 마을이었던 송정리와 포남리는 인근한 마을에서 분동하여 성장한 마을이었다. 이에 비해 초당마을은 기존의 질서와 결속력을 기반으로 새로이 인구가 유입되면서 성장한 것으로 이해된다. 이로서 초당마을은 자체 결속력을 강화하여 성장을 도모하였고 인근한 마을들과 횡적인 교류를 강화하면서 주사지동主事之洞으로서 입지를 확립하고 있었던 것으로 이해된다. 특히 초당리의 포구에 강문리가 행정적으로 편제되는 시기는 1930년대를 전후한 시기로 설정될 수 있으며, 그동안 초당리와 미분화 상태에 놓여 있었다고 할 수 있다.

Ⅳ. 초당마을의 공동체 운영질서의 변천

마을의 역사와 문화에서 공동체의 운영질서는 주민들의 생활 질서로서 주목된다. 여기에는 마을 구성원들의 자기 발전을 위한 의지가 담겨 있으며, 아울러 공동체의 결속을 도모하기 위한 노력과 의지가 투영되고 있다. 그러기에 생활 질서는 주민들 자의식의 소산이라 할 수 있으며, 이러한 의식은 사회경제적인 변화와 국가 사회지도이념의 변화에 조응하여 변화 발전을 모색하면서 성장하였으며, 이러한 역동성으로 생활 질서는 마을 마을마다의 개성과 보편성이 확보되고 있다.

초당 마을의 공동체 질서를 살필 수 있는 기제로서 세 가지를 주목하고자 한다. 먼저 성황당城隍堂이다. 성황당 문화는 마을의 안녕과 결속을 도모하는 의례이면서 아울러 공동체의 상징적 기구이다[21]. 마을 구성원들의 합의에 따라 자신들의 당신堂神을 설정하고 제의를 통해 마을의 안녕과 결속을 도모하며, 아울러 이 마을과 저 마을을 구분하는 자신들의 독자성과 주체성을 상징하는 공동체의 상징적 제의 기구인 것이다. 이러한 의미는 마을이 분동分洞하는 경우 성황당이 함께 분화되고 있다는 점에서 살필 수 있다[22]. 또한 마을의 성황제를 치제하기 위해 동계洞契를 구성하여 운영하고 있으며[23], 그 제수를 마련하기 위해 도가都家가 설치 운영되는 데서도 살필 수 있다.

초당마을의 존재양태는 당초 북일리면 초당리로 파악되며 지형적으로 경포호수와 바다에 연접해 있다는 특성을 갖고 있다. 조선후기 사회경제적 변화에 조응하여 인구가 늘어나는 추세에서도 초당 마을은 여전히 하나의 마을로서 성장하였다. 주변의 인근 마을들이 분동을 통해 새로운 마을이 형성되어 발전되고 있었음에도 초당 마을은 단일 마을로서 성장하고 있었다. 이러한 마을 지형적·변천사적 특성을 염두에 두면 초당 마을에는 1개의 성황당이 설정되는 것으로 이해될 수 있다. 그러나 현재 초당 마을 일원에는 3개의 성황당과 진또배기 성황 즉 솟대가 전승되고 있다.

그 하나는 마을 서쪽의 춘갑봉에서 동서쪽으로 흐르는 산줄기의 봉우리인 당재봉에 위치해 있으며, 당신堂神으로 신목神木이 설정되어 있으며 또한 "성황지신위", "토지지신위", "여역지신위"라고 한 3개의 위패가 설정되어 있다[24]. 또 하나는 이른바 권촌權村 즉 건너마을에 하나가 설정되어 있으며, 이 성황당 바로 곁에는 솟대가 설치되어 있

그림1.4 당재봉 성황당의 당목과 3개의 위패

그림1.5 권촌 성황당

그림1.6 1930년대 강문교와 성황당. 강문교 넘어 바다쪽에서 초당마을과 대관령 쪽을 향하여 본 모습이므로 이 사진에 나오는 성황당은 위치로 보아 권촌 성황당일 가능성이 크다(강릉 해람출판기획 제공).

다. 그리고 또 하나는 죽도봉 산자락에 위치해 있으며, 3칸 기와 건물의 성황당에는 성황신의 위패가 있으며, 족두리를 쓰고 손을 단정히 모은 한복 차림의 여신女神과 부채를 들고 있는 좌우 시녀侍女들이 그려진 화상이 게시되어 있다.

이러한 현재의 상황을 마을의 변천사와 연계하여 성황당이 분화되어 가는 양상을 이해해 보고자 한다. 먼저 당재봉 설정된 성황당은 초당 마을의 중심에 위치해 있다는 점에서 가장 일찍 형성된 것으로 볼 수 있다. 다음으로 권촌權村의 성황당은 이른바 건너 마을에 안동권씨 일가가 집성촌을 이루면서 새로이 설정되는 것으로 파악된다. 초당 마을 권촌의 형성은 강릉지역 북촌에 세거하던 안동권씨 중 별제공別提公이 이곳으로 이주하였고, 그 후손들이 세거하면서 형성되는 것으로 이해된다. 여기서 별제공은 선조 5년1572에 출생하여 장사랑將仕郎과 와서별제瓦署別提를 역임한 제순悌純으로 파악된다. 이렇게 볼 때 권촌의 형성 시기는 임란壬亂 이후로 설정될 수 있으며[26], 이에 근거하여 권촌의 성황당 역시 임란 이후로 설정될 수 있을 것으로 본다.

다음으로 죽도봉의 산자락에 위치한 성황당 즉 강문동 성황당은 이곳의 해사海事가 점차 비중을 갖게 되고 어업에 종사하는 사람들이 집단적으로 거주하게 되면서 새로이 형성되는 것으로 보인다. 이렇게 볼 때, 강문리가 마을로서 독자성을 갖추는 시기는 초당 마을이 팽창되는 데서부터 비롯되는 것으로 볼 수 있으며, 그 시기는 하평이 전답으로 개간되면서 초당·송정·포남 마을이 함께 인구가 밀집되면서 팽창하던 시기와 맞물려 있을 것으로 보인다. 이 점은 이 지역에 전승되는 각종 지리지에서 이곳 강문 마을이 파악되지 않고 있으며, 이는 아직 마을의 독자성을 확보하지 못하였던 데서 비롯되는 양상으로 이해된다. 따라서 죽도봉 성황당은 권촌 마을의 성황당 보다 늦은 조선후기로 설정될 수 있을 것이다.

그리고 이곳에는 죽도봉에 얽힌 부래도浮來島 설화가 전승되고 있다[27]. 이곳 죽도봉이 오죽헌 뒷산으로부터 떠내려 왔다는 부래도 설화이다. 여기서 주목되는 점은 이 설화는 남일리면 강문진리남항진, 젠주와 동일한 구도를 갖고 있다는 점이다. 즉 남항진과 이곳 초당리에 동일한 이름을 갖은 죽도봉이 있으며, 젠주 죽도봉은 전주에서 떠내려 왔고 초당리 죽도봉은 오죽헌 뒷산에서 떠내려 왔다는 점이 차이가 있을 뿐 동일한 구도의 부래도 설화라는 점이다. 더욱이 젠주의 포구와 초당리의 포구가 공히 강문江門로 불리고 있다. 이러한 양상은 두 곳의 지형적 특성이 유사한 데서 비롯되는 것으로 보이며, 남항진의 포구가 보다 이른 시기부터 포구로서 기능하였던 점을 염두에 두면 초당리의 설화는 이곳 강문리가 독자성을 갖추면서 생성되었을 것으로 이해 될 수 있다. 이곳 죽도봉 성황당에 모셔진 여신상女神像이 대략 70여년 전에 제작된 것으로 파악되는 것은 그 중수형태로 이해될 수 있을 것이다. 이렇게 볼 때 당재봉 성황당이 가장 이른 시기에 설정되었고, 이어서 죽도봉 성황당이 설정되었으며, 가장 늦은 시기에 권촌 성황당이 마련되었음을 살필 수 있다고 하겠다.

그리고 초당 마을의 특이한 점은 역시 솟대 신앙이다. 솟대는 짐대·진또배기·조간鳥竿이라고도 불린다. 현재에는 이 또한 진또배기성황이라고 하여 성황으로 인식되고 있으며, 이른바 약 3~5m 정도의 긴 장대를 세우고 그 꼭대기에 오리 세 마리를 올려놓고 북쪽을 향하게 하였다. 이러한 형상에 근거하여 풍재·수재·화재風災·水災·火災 즉 삼재三災를 막는 액막이라는 의미로 인식되고 있으며, 또한 오리의 생태적 특성에 근거하여 다산多産과 풍요豊饒를 의미하는 것으로 인식되기도 한다. 그러나 이러한 형태와 인식에도 불구하고 그것의 기능과 유래에 대한 논거의 확보는 여전히 과제로 남아 있는 듯하다. 그리고 솟대의 당초 위치는 버스 정류장 근처 우물가였던 것으로 고증되나 현재에는 권촌 성황당과 짝하여 건립되어 보존되고 있다.

다음으로 이러한 초당 마을 일원의 성황당의 분포 상황을 동해안 어촌 마을의 보편적 양상인 숫 성황당할아버지 성황당과 암 성황당할머니 성황당 구조와 연계할 때 어떻게 설명될 수 있을까[28]? 이러한 문제는 현재까지 이어지고 있는 초당 강문 마을의 별신굿이 새로운 문화콘텐츠로 발전하기 위해서는 그 정형이 추구되어야 한다는 점에서 마땅히 주목되어야 할 당위성을 갖는다. 지금의 상황은 건너마을 즉 권촌 성황당을 숫 성황당으로 하고 죽도봉 성황당을 암 성황당으로 설정하는 것으로 보여 진다. 이러한 양상은 가장 근거리에 두 개의 성황당이 위치해 있으며, 또한 권촌 성황당과 진또배기 성황당이 같은 장소에 설정되고 있는 데 근거를 두고 있는 듯하다. 그러나 여기에는 한 가지 고려할 점이 있다. 진또배기 성황당의 위치가 당초 버스정류장 근처의 우물가로 설정되고 있다는 점이다. 이렇게 진또배기의 당초 위치를 설정할 때, 초당 강문 마을의 별신굿은 세 곳의 성황당을 포함하는 것이 되며, 이것은 동해안 어촌 마을의 보편적인 정형에서 벗어나는 것으로 이해될 수 있다.

그림1.7 강문교 교량공사 준공식(1963년)

그림1.8 죽도봉과 강문마을을 연결하는 지금의 강문교

그림1.9 진또배기 모양 가로등: 죽도봉 성황당 근처 경포해변의 가로등은 진또배기의 형태를 하고 있다.

그림1.10 죽도봉: 그 꼭대기에 지금은 호텔이 들어서 있다.

이러한 상황을 유념할 때, 초당 강문 마을의 성황제는 권촌 마을의 성황당을 숫 성황당으로 하고 죽도봉 성황당을 암 성황당으로 설정하는 것이 그 정형으로 인정될 수 있다. 마을의 변천사와 현제의 관행을 인정할 때 이러한 구도는 그 정형으로서 의미를 갖는다. 다만 이러할 때, 진또배기 성황은 어떤 형태로든 그 성격이 규명되어야 한다는 과제를 안게 된다. 진또배기를 성황으로 인정할 때 그것은 숫 성황과 암 성황 연계구도가 설정되기 이전의 모습으로 설정할 수 있을 것이다. 그리고 그것은 적어도 초당·강문·권촌 마을이 분화되기 이전 시기로 소급될 수 있을 것이다. 이러한 점에서 진또배기는 성황제의 보다 원초적인 의미를 가지며, 나아가 초당 마을이 분화되기 이전의 마을공동체의 신앙적 의미를 갖는다고 할 수 있을 것이다.

다음 공동체적 질서를 모색하기 위한 기제로서 '억지다리 뺏기' 풍속을 들 수 있다. 이 풍속은 송정리와 초당리 간에 이루어졌다[29]. 이 점에서 이 풍속은 조선후기에 연행된 놀이 문화로 이해될 수 있다. 또한 두 마을 사이에 놓인 하평이 경작지로 개간되는 경제적인 변화로 이른바 '억지다리'의 필요성이 제고되면서 나타나는 풍속으로서 이해될 수 있다. 요컨대 조선후기 하평이 농지로 개간되는 사회경제적 변화를 배경으로 농경생활의 필요에 의해 다리의 준설이 요구되었고, 이에 두 마을이 함께 노동력을 제공하면서 생성되는 풍속으로 이해될 수 있다.

물론 다리 준설을 위한 노동력의 차출은 이른바 "동역洞役"으로 운영되었다[30]. 그리고 동역의 운영은 양 마을 간에 '피차분반彼此分半'이라 하듯이 균일하게 노동력이 차출되었을 것이다. 이를 위해 두 마을 간에는 동임洞任들로 구성되는 회의가 열렸을 것이고, 각각의 마을에서는 동회洞會를 열어서 마을 구성원들의 합의를 도출하고 이에 근거하여 두레를 구성하는 농군農軍들이 동원되었을 것이다. 그리고 매년 농정이 시작되는 봄철에 준설되었을 것이다. 이 점은 '억지다리 빳기' 풍속이 음력 2월 6일 좀생이 날에 연행되었다는 데서 살필 수 있다[31]. 이 때 연행된 놀이는 작은 돌을 이용하는 '석전石戰'이었다고 하며, 이 또한 사질沙質이 강한 다리 노면에 작은 돌을 깔아서 견고하게 하려는 의도에서 비롯되는 것으로 이해될 수 있을 것이다.

다음으로 공동체의 질서를 이해하기 위해 주목되는 것이 동계洞契와 동약洞約이다[32]. 먼저 동계는 촌계村契라고도 불리며, 마을 공동체의 각가지 일을 주관하기 위한 조직이다. 예컨대 동내에서 각종 대소사에서 필요로 하는 그릇과 밥상 등을 공동으로 마련하여 운영하기도 하고, 혼인에 필요한 가마와 혼례복을 공동으로 마련하여 운영하기도 하며, 상장례에서 요구되는 상여와 상두꾼을 마련하고 그 운영을 주도하기도 하며, 성황제와 같은 제례를 운영하기 위한 조직이기도 하다.

이처럼 동계는 다양한 기능을 갖고 있으며 대개는 주민 구성원 전원을 대상으로 조직된다. 그러나 초당마을에서 보듯이 안말과 건너마을, 권촌權村 등으로 마을이 분화되면서 동계 역시 소동계小洞契, 중동계中洞契, 대동계大洞契 형태로 분화 발전되고 있음을 살필 수 있다. 이것은 마을이 자연촌을 중심으로 분화되면서 자연촌 자체로 구성되는 소동계, 몇 개의 자연촌이 합동하여 구성되는 중동계, 각 자연촌락이 함께 참여하는 대동계 등으로 이해될 수 있으며, 이러한 양상은 그 기능에 따라 조직되는 형태라고 할 수 있겠다.

동약洞約 조직은 보다 이념적인 성향을 갖는다는 점에서 동계와 구별될 수 있다. 그리고 동약에서 그 자체 규약은 향약鄕約의 4대 덕목德目을 표방하고 있다는 점에서 그 성격이 유사하며[33], 다만 마을 단위에서 운영된다는 차이점을 보이고 있을 뿐이다. 이 점에서 동약은 풍속의 교화를 통해 성리학의 가치를 구현하려는 목적을 지니고 있으며, 과실過失에 대해서는 일차적으로 도약장都約長이 자체적으로 규제하지만 여전히 개과천선改過遷善하지 않을 경우에 官에 고발하여 징치하도록 규정하여 관부官府와 연계되어 있다는 특징을 갖는다[34].

그리고 동약의 또 하나의 특징은 반상간의 신분질서를 엄격히 규정하고 있다는 특징을 갖는다. 이 점은 풍속교화는 다름 아닌 신분질서의 유지에서 비롯되는 것으로 보고 있던 시대적 상황을 반영하는 것이라 할 수 있다. 동약 조직 내에 상계上契와 하계下契가 구성되고 있음은 이러한 신분질서가 규정되고 있음을 시사한다[35]. 그러나 이러한 동약의 특성으로 그 조직의 운영은 단속적으로 이루어지는 원인이 되고 있다. 조선후기 급격한 사회변화 속에서 기존의 신분질서를 유지하려는 성향의 동약 조직이 한계에 봉착하고 있음을 의미한다. 이 점은 역설적으로 하층민의 입지가 강화되는 추세로 이해할 수 있으며, 동약의 내용 또한 점진적으로 하층민의 입장을 반영하는 추세로 개정작업이 이루어지고 있음을 살필 수 있다.

초당 마을에서는 앞서 살펴 본 동약의 운영에 앞서 면약面約 즉 면단위에서 향약이 운영되었다. 이 사실은 현재 전승되는『北一里·北二里面鄕約節目』에서 파악된다[36]. 이 자료는 철종 6년1855 강릉부사로 임명된 유후조柳厚祚에 의해 부임한 지 2년이 되는 동왕 8년에 작성되었다[37]. 그리고 같은 시기에 작성된 '정동면향약절목丁洞面鄕約節目' '성산면향약절목城山面鄕約節目' 등의 자료가 현재 전승되고 있으며, 이들 자료에는 각기 28개씩의 官印이 찍혀 있다[38]. 이 점에서 이 시기 면단위에서 운영된 향약은 새로이 부임한 부사府使에 의해 지방사회 교화 방책으로 시행되었음을 살필 수 있다. 그리고 비록 부사에 의해 추동되었으나 이 면약의 운영은 부사가 체직된 이후까지도 지속되었고, 그 중간시기에 면단위의 결속이 와해되면서 동약 형태로 운영된 것으로 파악된다.

그 내용을 살펴보면, 향약의 4대 덕목을 표방하면서 먼저 덕업상권 조목에서는 가족관계와 마을에서의 행동 규범이 제시되어 권장되고 있다. 다음 과실상규 조목에서는 벌칙을 상·중·하벌上·中·下罰로 나누고, 상벌을 다시 상·중·하벌로 구분하고, 중벌을 다시 상·중·하벌로 구분하고, 하벌을 다시 상·중·하벌로 구분하였다. 이로서 벌칙을 모두 9등급으로 구분하고 각기 그 등급에 해당하는 행위를 제시하였다. 그리고 별도로 〈하민약조下民約條〉를 두어서 하민下民 즉 피지배층에게 해당되는 벌칙을 두었으며, 이것 역시 앞에서와 같이 9등급으로 구분하여 제시하였다. 다음으로 예속상교 조목과 환난상휼 조목을 두어 모범이 되는 행동 규범을 제시하였으며, 다음으로 〈별립약조別立約條〉를 두어서 관부의 공공질서를 어지럽히는 자들에 대한 규제를 별도로 규정하고 있으며, 끝으로 면약의 운영세칙을 제시하고 있다.

이렇듯 향약은 창선징악彰善懲惡을 위한 주민 교화에 목표를 두고 있다. 이를 위해 면단위에 치덕자齒德者로서 도약정·부약정都約正·副約正 각 1인, 문학자文學者로서 직월直月 3인, 소민小民 중에서 근실한 자를 리정里正 1인으로 하여 그 조직체계를 갖추었다. 그리고 당시 향약운영의 특징은 〈하민약조〉를 두어 대민과 하민의 적용 규칙을 별도로 두고 있다는 점이며, 이 점은 하민을 공공의 규제 속에 포함시키고 있으며, 이것은 이전 시기에서 하민을 사적인 규제대상으로 설정하고 있었던 상황과 비교되는 것으로 이제 하민들의 사회적 입지가 그만큼 성장하고 있었던 사회상을 반영하는 것으로 이해될 수 있다. 이러한 인식은 대민과 소민은 명분과 귀천이 비록 다르지만 상도常道를 굳게 지켜가는 것은 같다는 데서 비롯되는 것이었다[39].

다음은 〈별립약조〉를 두어서 대소상하민을 막론하고 장리長吏를 모함하거나 향교나 서원의 임원을 쟁탈하는 자나 의리를 돌보지 않고 잔민殘民들을 침학하는 자에 대해서는 관부에서 직접 치죄하겠다는 의지를 드러내고 있다. 이러한 양상은 향약조직의 기능을 교화敎化에 한정시키고, 대소상하민을 막론하고 정무政務에 간섭하지 못하게 하려는 의도를 보이는 것으로 이해될 수 있다.

다음은 이교청吏校廳 즉 관속官屬들도 별도로 향약을 운영한다는 점이다[40]. 전직 호장들 중에서 인망이 있는 사람으로 도도청都都廳, 부도청副都廳, 유사有司 각 1인을 임명하여 규검糾檢 과죄科罪 시벌施罰 강신講信 등을 절목에 따라 운영한다는 점이다. 이 점은 관속들의 부정과 비리를 단속하려는 의도로 보이며, 관속들의 전횡으로 말미암아 야기되는 사회적 갈등을 해소하려는 의도에서 비롯되는 것으로 이 시기 향약운영의 특성으로 이해될 수 있다고 보겠다.

다음은 이 시기 향약에서는 춘추春秋로 강신례講信禮라는 집회를 가졌으며, 향약소鄕約所는 갑자기 창건하기 어렵다는 점을 감안하여 각 면에 소재한 향교·향사당·서당 등 공공의 기구를 사무소로 활용하도록 권장하였다[41]. 그리고 각 면 향약소에는 각각 5양전兩錢씩 관비官費로 그 운영경비를 보조해 주었으며[42], 각 향약소에서는 자체 수합전收合錢을 10양兩 5전戔을 마련하여 모두 15양 5전의 경비를 마련하였던 것으로 파악된다[43]. 그리고 당초 향약조직은 상계上契 24명과 하계下契 9명으로 구성되었다[44]. 이러한 양상은 당시 향약의 시행을 추동하였던 강릉 부사 유후조의 의지를 반영하는 것으로 이해될 수 있다.

끝으로 이 시기 면단위에서의 향약 시행은 부사의 추동에 의해 시도되었으며, 관속과 대소상하민 각자의 행동규범에 의거하여 신분질서를 재정립하고 비리와 횡포를 배제하여 사회적 갈등을 해소함으로서 사회질서를 확립하려는 의도에서 비롯되었다고 할 수 있다. 그러나 이러한 시도에도 불구하고 이것은 관주도형의 향약시행으로서 한계를 갖는 것이었다. 먼저 부사의 시행의지에 따른 것이었기에 부사가 체임된 이후 그 시행의 보장이 어려웠다는 점을 지적할 수 있다. 다음은 면단위에서 시행되고 있으나 면내의 각 마을단위의 이해관계가 상충하는 상황에서 내적 갈등을 극복하기 어려웠을 것으로 짐작된다. 이 시기 부세운영은 면리제面里制를 근간으로 공동납共同納 형태로 이루어졌으며, 이로부터 면내에서 각종 부세가 분담되는 과정에서 마을 단위로 이해관계가 첨예하게 대립되는 상황이 전개되고 있었다[45]. 다음은 신분질서를 재정립하려는 시도가 강하게 투영되고 있으나 이미 이 시기는 사회경제적 변화에 편승하여 반상간의 신분질서가 동요되고 있었고 이것을 거스르기 어려운 상황으로 치닫고 있었다는 점에서 향약의 운영은 한계에 직면하고 있었다.

한편 이러한 상황이 전개되면서 면단위의 결속이 무너지면서 향약은 동단위에서 운영되는 형태로 바뀌어 갔으며 이것이 곧 동약洞約이다. 그리고 동약도 신분질서의 구축보다는 환난상휼이나 예속상교와 같은 풍속교화와 상부상조의 기능을 유지하는 형태로 바뀌어 갔으며, 더욱이 20세기를 전후한 시점에서 동약도 그 한계로 말미암아 조직이 해체되거나 동계洞契로 흡수 통합되어 일원화 되는 양상을 보이고 있다[46]. 이러한 조직의 변화와 함께 동계의 기능 또한 성황제의 치제나 상부상조의 기능이 존속될 뿐 신분질서에 대한 내용은 동계 규약에서 일체 배제되는 양상을 보이고 있다. 그리고 이러한 유형의 동계 운영은 지금까지도 그 영향을 받고 있다고 보여 지며, 이 마을에 세거해 온 주민들을 중심으로 그 유습이 전승되고 있다고 하겠다.

Ⅴ. 초당마을의 근대적 기운

20세기 벽두의 초당마을은 시대적 사회변화의 특성이 응축되었다고 할 만큼이나 급격한 사회변화를 격고 있었다. 사립학교의 설립과 운영을 통한 신문화의 수용, 사립학교에서 동문수학한 학생들의 창동회昌働會 결성과 학문수학활동, 3·1독립만세운동의 선봉적 역할 등으로 이어지는 역동적인 사회상은 초당마을의 성격을 규정짓기에 충분한 것이었다[47].

먼저 주목되는 것이 초당의숙草堂義塾이라고도 불리는 초당 영어학교이다. 이 사립학교는 초당마을의 부호인 경암鏡巖 최용집崔溶集씨에 의해 1906년에 설립되었다. 그는 자기 집 사랑채를 학교로 운영하였으며, 그 운영비를 거의 전담하였던 것으로 알려지며, 또한 교원의 위촉을 비롯하여 학사 일정 전반에 걸쳐 필요한 지원을 맡아 왔던 것으로 알려지고 있다[48].

이로서 초당의숙의 개교가 갖는 의미는 몇 가지로 정리될 수 있다. 먼저 이 시기가 일본제국주의에 의한 을사보호령 체제였다는 점에서 초당의숙은 구국의지를 담고 있다는 점이며, 이 점은 경암 선생의 구국의지와 시국관으로 이해될 수 있을 것이다. 다음은 교육의 공백기를 메워간다는 의미를 갖는다. 즉 이 시기는 중앙 정부에 의해 향교교육이 폐지되고 아직 신교육체제가 발현되기 이전 단계로서 교육의 공백기였으며, 초당의숙은 이러한 상황을 극복하는 의미를 갖는다. 또 하나의 의미는 당시 사립학교의 설립과 운영은 서울은 물론 전국에서 뜻있는 인사들에 의해 추진되고 있었다. 이 점에서 경암 선생의 초당 마을은 이러한 시국의 변화를 읽어내는 역량을 보이고 있다는 점을 들 수 있을 것이다.

이 학교는 입학을 위한 특별한 자격규정이 있었던 것 같지는 않으며, 초당 마을과 인접한 마을의 학생들이 제한 없이 입학할 수 있었으며, 대략 20세에서 10세 전후의 학령 분포를 보였던 것으로 알려지고 있다. 그리고 이들은 국어·한문·일어·역사·지리·산수·영어·체육 등의 학과목을 수학하였으며, 이러한 교과과정은 과거의 향교교육과 대비하여 이른바 '신학문'으로서 규정될 수 있는 것이었다[49]. 특히 영어 과목이 채택된 사실로 이 학교는 영어학교로 불리기도 하였다.

이러한 성격은 교습을 담당하였던 인사들의 성향과도 맞물려 있는 것으로 보인다. 교사 요원으로는 몽양夢陽 여운형呂運亨이 주목되며, 이 무렵을 전후하여 출강하였던 윤치호尹致昊, 여운일呂運一, 주기용朱基容 등은 당시 급변하는 정세를 간파하고 여기에 부응하는 교육과정을 마련하였던 것으로 파악된다[50]. 그리고 이들은 초당의숙을 전담하기 보다는 이웃한 동진학교·화산학교·우양학교 등에 출강하면서 상호 교류하였으며, 아울러 상호 연합하여 시국토론회를 비롯하여 운동회를 개최하였던 것으로 알려지고 있다[51].

이 학교는 1909년에 폐교되었다. 1908년 10월 1일에 발령된 '사립학교령'으로 보호령체제 하에서 일제의 감시와 탄압이 극에 달하였고, 이러한 상황에서 연합운동회 중에 이를 감시하던 일본인 순사와의 충돌이 빌미가 되어 폐교된 것으로 전해지고 있다. 이로서 초당의숙은 약 4년 간 존속되었다고 할 수 있으며, 비록 짧은 기간이었으나 구국의지와 항일정신을 고취하였다는 점에서 그 영향은 실로 지대하였다고 할 수 있다. 그리고 이 학교에서 동문수학한 학생들은 자신들을 중심으로 노동야학회인 창동회

昌働會를 결성하여 운영함으로서 자생력을 갖추어 갔다고 할 수 있다[52].

한편 초당영어학교의 영향은 향후 초당마을의 동향에 방향타 역할을 하는 것으로 보인다. 먼저 학생들이 불렀던 운동가·행보가運動歌·行步歌의 가사가 채록되어 전하며[53], 이로부터 철저했던 구국의지와 항일정신을 가늠할 수 있다. 그리고 이 운동가와 행보가는 학생들 뿐 아니라 지역 내에서 애창하게 됨으로써 그 파장과 효과는 확장되고 있음을 살필 수 있다.

특히 주목되는 점은 운동가 중에서 '풋볼'·'베이스볼' 등의 경기 종목이 파악됨으로써 당시 이 같은 근대경기종목이 도입되고 있음을 살필 수 있다. 이 같은 사실은 당시 교사로 활약했던 몽양 여운형이 우리나라 초대 축구협회장을 역임한 사실로 그 신뢰성이 확보될 수 있다. 이러한 점에서 당시 '풋볼'의 도입은 오늘날 강릉축구의 모태로서 의미를 갖는다고 할 수 있겠다. 더욱이 강릉지방에서는 1920, 30년대에 오늘날 단오제端午祭의 전신인 단양제端陽祭에서 "관동단양제축구대회"가 개최되었으며, 여기에 함흥·장전·제천 등지의 축구팀이 참여하였던 것으로 파악되고 있다[54]. 이로서 초당 마을에서 비롯되는 '풋볼'은 불과 20~30년을 경과하면서 오늘날 남북한의 지방 축구팀이 참가하는 대회를 경영할 만큼 역량이 제고되고 있음을 살필 수 있으며, 그것은 초당 마을의 '풋볼'이 오늘날 강릉축구의 모태가 되고 있음을 시사한다고 할 수 있다.

다음으로 근대 사립학교에서 비롯되는 구국정신과 항일정신은 학교가 폐교된 이후로는 재학하였던 동문들로 구성되는 창동회昌働會를 통해 계승되는 것으로 보인다. 창동회는 노동야학회로 성격이 규정될 수 있으며, 초당 마을 사람들이 주축을 이루고 있었다고 이해된다. 이 창동회가 주목되는 것은 이들의 구국 항일정신이 1919년 3·1독립만세운동으로 이어지고 있다는 점에서 이다.

강릉 3·1독립만세운동의 주역은 초당 사람 최돈옥崔燉玉 씨였다. 그는

그림1.11 경포호수가의 3·1운동 기념탑

당시 23세의 열혈우국청년으로서 고종高宗의 인산因山에 참여하였다가 파고다공원의 독립선언식장에 참여하였으며, 이곳에서 지방의 독립운동을 확산시키라는 지시를 받고 돌아 왔다. 그리고 그는 고향에 돌아와 창동회의 지도자이며 야학회 교사이기도 하였던 당시 32세의 최희집崔熙集 씨, 당시 31세였던 최진규崔晉圭 씨와 함께 만세운동을 조직화 해 갔으며, 강릉중앙교회 교인이면서 초당 사람인 최돈제崔燉濟 씨를 통해 교회에서 태극기를 제작하였다. 또한 이들은 창동회의 야학생들을 선창부先唱部와 해산방지부解散防止部로 조직하여 독립만세운동을 적극적으로 이끌었다[55].

현재 경포호수 초입에 건립된 3·1독립만세운동 기념공원에는 기념탑과 아울러 독립유공자들의 흉상胸像이 제작되어 그 분들의 구국을 위한 희생을 추모하고 있다. 여기에 초당마을 출신으로 최돈옥1897~1968, 최이집1898~1964, 최진규1888~1955, 최영방1883~1951, 박장실1889~1952 등 5분의 흉상이 제작되어 설치되었으며[56], 현재 이곳에 모셔진 9분의 독립유공자 중 5분이 초

그림1.12 기념탑 둘레에 모셔진 초당동 출신의 3·1만세운동 주역 5인 중에 최돈옥씨의 흉상

당 마을 사람이며, 창동회의 회원이었던 것으로 파악되고 있다.

이상에서 살핀 바와 같이 근대의 초당 마을은 '독립운동가의 마을'로 그 성격이 규정될 수 있다. 마을 사람들에 의해 근대사립학교가 개설되었고, 여기에 근대 선각자들의 사상과 학문이 이입되면서 근대의식과 항일정신이 잉태되었고, 그것은 다시 마을의 노동야학회인 창동회를 통해 확대 재생산되면서 계승되어 갔으며, 이 같은 마을의 정신과 역량은 3·1 독립만세운동의 추동하는 동력으로서 승화되어 갔다고 할 수 있다.

특히 여기에는 마을 구성원들의 전적인 동참이 있었고, 그러기에 3·1 독립만세운동 이후 이들이 겪어야만 했던 무수한 고초가 있었음을 간과할 수 없을 것이다. 그리고 이로부터 초당마을 사람들의 제국주의에 대한 저항정신은 훨씬 강고해 졌을 것으로 이해될 수 있을 것이다. 이 점을 주목하려는 것은 해방정국에서 초당 마을이 겪게 되는 제반 양상들을 바르게 이해하고 그 당위성을 실체적으로 규명하기 위해서 이다. 이 부분은 지면을 달리하여 정리할 과제로 남겨 두고자 한다.

맺는말

조선 초기 방위면方位面 체제에서 초당草堂마을은 북면北面으로 편제되었고, 조선 중기에 이르러 북면이 북일리면北一里面과 북이리면北二里面으로 분화 발전하는 과정에서 초당 마을은 북일리면 초당리로 편제되었다. 이 시기 초당리는 당북리堂北里, 그리고 대창리大昌里와 함께 북일리면을 구성하였고, 북일리면은 민호民戶 195호 정도인 것으로 파악되고 있다. 이들 3개 마을에는 원삼국시대의 예국고성濊國古城, 삼국시대의 대창리 당간지주幢竿支柱, 그리고 고려시대부터 법제화 된 대창역大昌驛이 자리 잡고 있었으며, 이러한 사실은 초당 마을이 이미 고대사회에서부터 호구戶口가 밀집되었고, 이 지역의 주론지동主論之洞으로 성장하였음을 보여준다고 하겠다.

초당 마을은 조선후기에 이르러 급격히 팽창하면서 대리大里로 성장하는 것으로 파악되었다. 이러한 변화는 초당 마을뿐만 아니라 인근한 주변의 마을에서 함께 나타나고 있었다. 즉 조선 중기 면리제面里制에서 파악되지 않았던 북일리면의 포남리浦南里와 남일리면南一里面의 송정리松亭里가 후기에 새롭게 편제되고 있었다. 이렇듯 이 시기 초당 마을을 비롯한 주변 마을의 성장은 마을의 남쪽으로 전개되는 하평下坪 즉 늪지대가 전답田畓으로 개간되면서 비롯되는 것으로 파악되었다. 다만 마을의 성장 형태에서 초당리는 기존의 마을을 중심으로 호구가 밀집하면서 팽창하였던 데 비해 포남리와 송정리가 성장을 토대로 새롭게 편제되는 마을이었다는 차이점을 보이고 있었다. 이러한 성장의 결과로서 의미를 갖을 수 있는 1931년의 호구조사에서 초당 마을은 146호에 883구, 포남리는 126호에 776호, 대창리는 82호에 459구, 당북리는 75호에 441구로 파악됨으로서 초당 마을은 여전히 이 지역의 주론지동主論之洞의 위상을 갖고 있었다고 볼 수 있다.

조선 후기 사회에서 초당 마을은 향약鄕約과 동약洞約, 그리고 동계洞契(촌계村契)를 조직하여 운영하면서 주민들을 교화하면서 결속과 화합을 위한 내적 질서를 구축하고, 성황제를 치제하고 "억지다리 뺏기" 풍속을 실현하면서 인근 마을과 유대를 강화해 간 것으로 파악되었다.

철종 8년1857에 시행된 향약은 관주도형이었다. 강릉 부사 유후조에 의해 추동되었으며, 초당 마을은 북일리면을 단위로 결성되는 향약조직에 편제되었다. 이 시기 향약은 주민의 교화를 표방하고 있었으나 그 실은 상민上民 주도로 동요하고 있던 신분질서를 확립하여 지방의 사회질서를 재정립하려는 성향이 강하다는 특성을 갖는 것이었다. 그러나 이 시기 향약은 부사가 체임과 면리제가 부세의 공동납의 단위가 되면서 파생되는 마을 간의 갈등, 면 단위의 운영체계는 한계에 봉착하는 것으로 파악되었다. 그리고 이어서 동약이 마련되고 있었다. 동약은 초당 마을만의 향약조직이며, 동민의 풍속교화를 표방하고 있었으나 역시 상민 주도로 신분질서의 확립을 통해 마을의 안정을 도모하려는 성향을 띠고 있다는 점에서 향약의 연장선상에 놓이는 것이었다. 물론 동약은 초당 마을의 자치적 성격을 갖는 것이었지만 과실자過失者의 치죄治罪를 관권官權에 의존하였으며, 이러한 특성은 자치적 운영의 한계로서 동약이 지속적으로 운영될 수 없었던 시대적 상황을 보여주는 것이라 하겠다.

한편 초당 마을에는 동계촌계가 결성되어 있었다. 이 동계 조직은 향약과 동약이 운영될 때 그 하부조직으로 포용되기도 하였지만, 향약과 동약이 해체된 상황에서 가장 늦은 시기까지 초당 마을의 결속을 다지는 서민 주도의 생활조직이었다. 동계에서는 동회洞會를 통해 구성원들의 공론을 수렴하여 혼례婚禮와 상장례喪葬禮를 위한 가마와 상여를 비롯한 각종 생활도구들을 마련하여 운영하였으며, 나아가 각종 절기의 민속을 주관하는 기능을 이행하였던 것으로 파악된다.

특히 하평下坪이 전답田畓으로 개간되면서 송정동과 함께 연행하였던 "억지다리 뺏기" 민속 역시 서민 주도의 동계조직에서 주관하였으며, 또한 마을의 성황제를 치제하였다. 동계에서는 도가都家를 지정하여 당재봉 성황당에서 치제하였으며, 죽도봉 산자락에 암 성황당이 마련되면서 동해안 어촌 마을의 보편적인 숫 성황당과 암 성황당이 연계되는 성황제의 정형을 확보하였던 것으로 파악된다. 이러한 양상은 20세기 벽두를 전후하여 초당 마을의 외연이 확장되어 가는 추이를 보여 주는 것으로 짐작되며, 지금은 강문리 별신굿에서 성황제의 정형을 살필 수 있다.

근대 이행기에 초당 마을은 시대변화의 추이를 읽어 내는 역량을 보이면서 신문화이 수용을 추동하고 있었다. 1906년 경암鏡巖 최용집崔溶集에 의해 초당영어학교가 개설되고, 여운형呂運亨, 윤치호尹致昊, 여운일呂運一, 주기용朱基容 등 젊은 나이의 우국지사들이 교사로 활약하면서 향교·서당 교육과 구별되는 신학문이 수용되었다. 이른바 신식 학과목이 이수되었고, 마을 솔밭 궁弓터에서는 강릉지역에 설립되었던 사립학교들과 함께 근대 구기球技 종목을 비롯한 연합체육 활동이 이수되었으며, 국가國歌, 청년가青年歌, 운동가運動歌, 애국가愛國歌, 행보가行步歌 등 애국가요가 보급되었다. 그리고 이 같은 신문화 수용의 파장은 강릉권 전역으로 확산되면서 치욕적인 을사조약 이후 항일정신의 지역적 기반이 되어 갔다.

초당영어학교는 4년 남짓 운영되다가 일제日帝가 발령한 '사립학교 보호령' 체제하에서 당국의 압력으로 1909년에 폐교되었다. 폐교 이후 초당마을에서는 당시 학생들을 주축으로 노동야학회인 창동회昌働會가 결성되어 자생력을 갖추어 갔으며, 이들은 지속적으로 신학문을 수용하면서 일제에 대한 저항의식을 고취하여 사회적 역량을 제고해 간 것으로 파악된다. 초당 마을에서 잉태된 근대 구기 종목은 1920년대에 이르러 강릉단양제에서 함흥·장전·제천 등지의 축구팀이 참여하는 축구경기로 발전하였으며, 노동야학회인 창동회는 강릉감리교회 신도회·강릉국민학교 동창회와 함께 강릉지역 3·1독립만세운동의 주역으로 활약한 것으로 파악되었다.

이 시기 초당 노동야학회의 교사이면서 창동회 지도자였던 최돈제崔燉濟, 최돈옥崔燉玉:1897~1968, 최이집崔灝集:1898~1964, 최진규崔晉圭:1888~1955, 최영방崔永邦:1883~1951, 박장실朴章實:1889~1952 등은 고종 인산에 참여하여 파고다 공원의 만세운동에서 태극기를 받아 오거나 강릉에서 태극기를 제작하면서 창동회 야학생들을 선창부先唱部와 해산방지부解散防止部로 조직하여 이 지역의 3·1독립만세운동을 이끌었던 것으로 파악된다. 그리고 이제 이들의 행적은 독립유공자로 평가되어 국가보훈의 반열에 올랐으며, 강릉지역의 기념탑공원에 그 흉상이 제작되어 후인들의 추앙을 받고 있다. 이렇듯 근대이행기의 초당마을은 근대사조를 잉태하면서 이 지역의 주론지동主論之洞으로서 위상을 확보하고 있었다.

1) 『三國史記』·『高麗史』·『世宗實錄』등의 地理志를 예로 들 수 있다.

2) 善生永助,『朝鮮の聚落』,昭和 8年, 朝鮮總督府 ; 朝鮮總督府,『生活狀態調査-江陵郡』, 昭和 6年 등을 들 수 있다.

3) 高承濟, 1977,『한국촌락사회사연구』, 일지사.

4) 이해준, 1996,『조선시기 촌락사회사』, 민족문화사 ; 이규대, 2009,『조선시기 향촌사회 연구』, 신구문화사.

5) 강릉대학교박물관, 1995,『강릉의 역사와 문화유적』; 관동대학교박물관, 1994,『명주군의 역사와 문화유적』.

6) 『關東邑誌』江陵 坊里. 自官門北距…香湖里 六十里.

7) ()의 내용은『여지도서』에서 파악되는 내용이다.

8) 이상의 면리의 내용은『關東邑誌』江陵 坊里條에서 정리하였다.

9) 『高麗史』권 82, 志 권36, 兵 2, 站驛. 溟州道掌二十八 大昌·橫溪·珍富,….

10) 강원도, 1993,「강릉 대창리 당간지주」『강원문화재대관-국가지정편』, p.48-49.

11) 임영지간행위원회, 1975,「명승고적」『임영강릉명주지』, p.217.

12) 장정룡, 1995,「강릉시의 민속문화」『강릉의 역사와 문화유적』, 강릉대학교박물관, p.628.

13) 조선총독부, 1916『조선고적도보』, P. 941.

14) 조선총독부, 1931,「부락의 현상」『생활상태조사』, p.165.

15) 조선총독부, 1931,「부락의 현상」『생활상태조사』, p.165.

16) 『關東邑誌』강릉 조에서 파악되는 先生案의 마지막은 고종 5년(1868)으로 파악된다.

17) 김기설, 2008,『강릉고을 이름 유래』, 강릉문화원, p.205.

18) 조선총독부, 1931,『생활실태조사』, p.164. 竹ノ島峯 江門里の北 見召里の東聳立す.

19) 강릉고적보존회, 1933,『증수임영지』, 坊里及戶口. 江陵邑 舊 北一里·北二里·南一里 大正丙辰並合改稱江陵面.

20) 강릉고적보존회, 1933,『증수임영지』, 坊里及戶口. 洪濟里, 校洞里, 浦南里, 草堂里, 松亭里, 江門津里, 見召津里.

21) 이규대, 2009,「19세기 동계와 동역」『조선시기 향촌사회 연구』, 신구문화사, p.27-30.

22) 이규대, 2009,「19세기 동계와 동역」『조선시기 향촌사회 연구』, 신구문화사, p.278.

23) 이규대 · 방동인,「고청제사홀기」『영동지방향토사연구자료총서(1)』, p.138.

24) 강릉문화원, 1999,「초당동 서낭당」『강릉의 서낭당』, p.281.

25) 초당리 주민 권오철, 최만집 씨의 증언.

26) 1983년,『安東權氏樞密公派大譜』. 悌純 字純之 隆慶壬申四月二十日生…將仕郎瓦署別提.

27) 장정룡, 1995,「강릉시의 민속문화」『강릉의 역사와 문화유적』, 강릉대학교 박물관, p. 576.

28) 상릉문화원, 1999,「초당동 서낭당」『상릉의 서낭당』, p.281.

29) 김기설,『강릉고을 땅이름 유래』, 강릉문화원, p.205.

30) 이규대,〈19세기 동계와 동역〉,《조선시기 향촌사회 연구》, 신구문화사, 2009, 278쪽 참조.

31) 김기설,《강릉고을 땅이름 유래》,강릉문화원, 205쪽.

32) 이규대 · 방동인,「초당동 동약계 절목」『영동지방향토사연구자료총서(1)』, p.136.

33) 이규대 · 방동인,「초당동 동약계 절목」『영동지방향토사연구자료총서(1)』, p.136.

34) 이규대 · 방동인,「초당동 동약계 절목」『영동지방향토사연구자료총서(1)』, p.144. 若爭辯不服 則告官治罪.

35) 이규대 · 방동인,「초당동 약령」『영동지방향토사연구자료총서(1)』, p.144. 下契中 擇可任者 爲庫直 一人使喚二人.

36) 이 자료는 현재 초당동에 전승되고 있으며, 주민들의 뜻에 따라 강릉오죽헌시립박물관에 소장될 것으로 전망된다.

37) 『北一里·北二里 兩面鄕約節目』. 上之九年丁巳正月 日 知府豊山柳厚祚 書于溟仙閣.

38) 이규대 · 방동인,『영동지방향토사연구자료총서(1)』, p.38, 62.

39) 『北一里·北二里 兩面鄕約節目』. 小民名分貴賤雖不同 而秉彝之天則一也.

40) 『北一里·北二里 兩面鄕約節目』. 吏校廳 亦擇定前啣吏戶 有人望者 爲鄕約所都都廳副都廳有司各一人 糾檢科罪施罰等節 亦依上條.

41) 『北一里·北二里 兩面鄕約節目』. 各面鄕約所猝難創建 府近各面 則或鄕校鄕射堂 設春秋講信…若有書堂各面 則以書堂爲處所.

42) 『北一里·北二里 兩面鄕約節目』. 自官辦出若干財 以五兩錢式 劃付於各面.

43) 「契錢并錄」『北一里·北二里 兩面鄕約節目』. 官出錢 伍兩 收合錢拾兩伍戔 合已上錢拾伍兩伍戔.

44) 『北一里·北二里 兩面鄕約節目』. 이 자료에 상계와 하계의 명단이 작성되어 있으며, 여기서 하계는 평민 중에서 근실한 자들로 구성되었다고 보여 진다.

45) 이규대, 2009,「19세기 동계와 동역」『조선시기 향촌사회 연구』, 신구문화사, p.273-307.

46) 이규대 · 방동인,「초당동 입령」『영동지방향토사연구자료총서(1)』, p.140.

47) 강릉 3·1독립만세운동 기념탑건립 추진위원회, 1999,「근대교육기관의 설립과 운영」『강릉지방 3·1독립만세운동사』, p.49.

48) 강릉문화원, 1979,「강릉 초당영어학교」『임영문화』3, p.125.

49) 조기현, 1978,「강릉지방 3·1만세운동」『임영문화』2, p.129.

50) 강릉 3·1독립만세운동 기념탑건립 추진위원회, 1999,「근대교육기관의 설립과 운영」『강릉지방 3·1독립만세운동사』, p.48-51.

51) 강릉문화원, 1979,「강릉 초당영어학교」『임영문화』3, p.125.

52) 강릉문화원, 1979,「강릉 초당영어학교」『임영문화』3, p.125.

53) 강릉문화원, 1979,「강릉 초당영어학교」『임영문화』3, p.126. "던지고 받아치는 빼이스볼 풋볼은 분분함이 靑天白日 쏘낙비로다." ; 강릉 3·1독립만세운동 기념탑건립 추진위원회, 1999,「근대교육기관의 설립과 운영」『강릉지방 3·1독립만세운동사』, p.52-55.

54) 이규대, 1997,「강릉축구의 도입기」『강릉지방 축구100년사』, 강원도·강원도축구협회, p.10-15 ; 이규대, 1997,「강릉축구의 정착기」『강릉지방 축구100년사』, p.19-33.

55) 강릉문화원, 1979,「강릉지방의 三一運動」『임영문화』3, p.123-124. (이 자료는 당시 75세였던 초당리 崔璟圭 옹의 증언에 의해 정리되었다.)

56) 강릉 3·1독립만세운동 기념탑건립 추진위원회, 1999,『강릉지방 3·1독립만세운동사』, p.155-163.

부록 : 새로이 발굴된 향약 자료

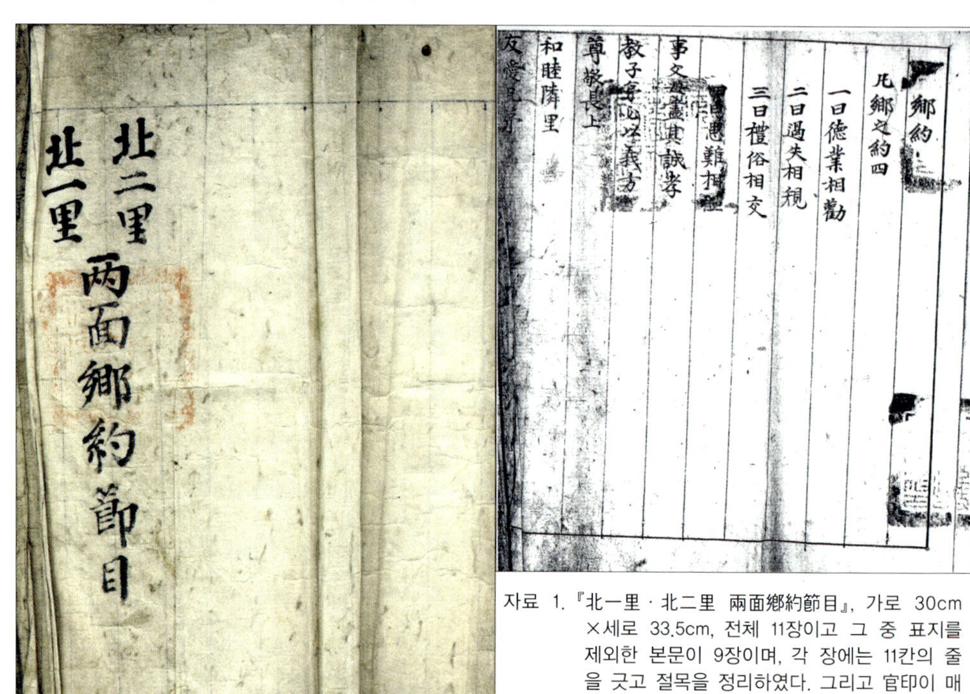

北一里 北二里 兩面鄉約節目

鄉約

凡鄉之約四

一曰德業相勸

二曰過失相規

三曰禮俗相交

四曰患難相恤

事父母盡其誠孝

敎子弟必以義方

尊敬長上

和睦隣里

友愛兄弟

자료 1. 『北一里 · 北二里 兩面鄉約節目』, 가로 30cm ×세로 33.5cm, 전체 11장이고 그 중 표지를 제외한 본문이 9장이며, 각 장에는 11칸의 줄을 긋고 절목을 정리하였다. 그리고 官印이 매장과 중간에 날인되어 전체 30개가 날인되었다.

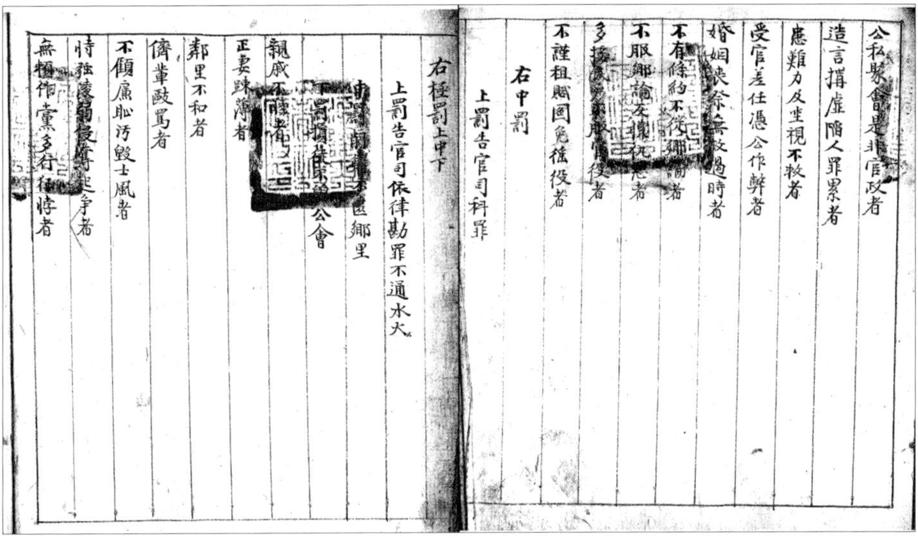

公私聚會[illegible]是非官政者

造言搆虛陷人罪累者

患難力及坐視不救者

受官差任憑公作弊者

婚姻喪祭無故過時者

不有條約不從鄉[illegible]者

不服鄉論反懷[illegible]者

多接[illegible]役者

不謹租賦圖免徭役者

右中罰

上罰告官司科罪

右極罰上中下

上罰告官司依律勘罪不通水火

[illegible]鄉里

[illegible]公會

親戚不睦者

正妻疎薄者

鄰里不和者

儕輩毆罵者

不顧廉恥汚毁士風者

恃强凌弱侵奪起爭者

無賴作黨多行狂悖者

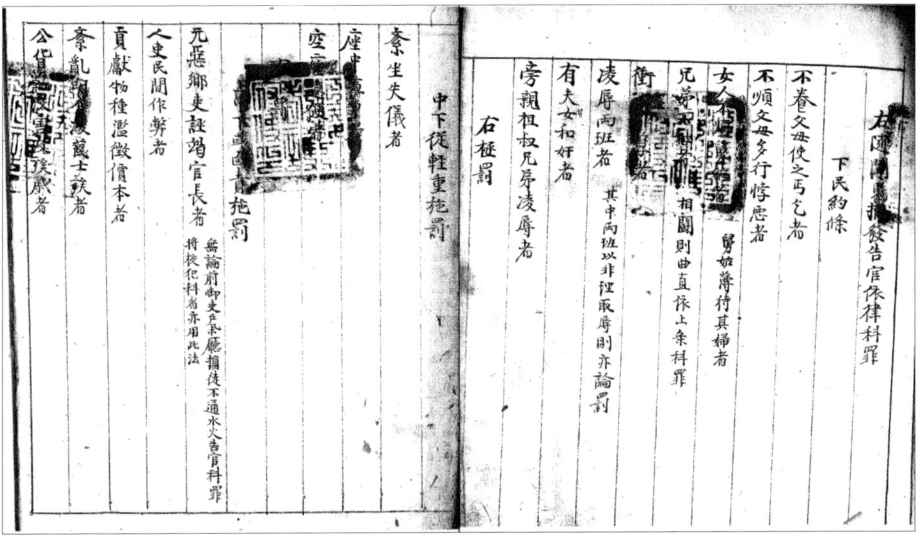

右隨聞[illegible]發告官依律科罪

下民約條

不養父母使之丐乞者

不順父母多行悖惡者

女人[illegible]者 舅姑薄待其婦者

兄弟[illegible]者 相鬪則曲直依上條科罪

衡[illegible]者

凌辱兩班者 其中兩班以非理取辱則亦論罰

有夫女和奸者

旁親祖叔兄弟凌辱者

右極罰

中下從輕重施罰

齋生失儀者

座中[illegible]

空[illegible]

[illegible]施罰

元惡鄉吏誣陷官長者 無論前御史戶長廳損徒不通水火告官科罪 將校犯科者亦用此法

人吏民間作弊者

貢獻物種濫徵價本者

[illegible]凌蔑士族者

公[illegible]族戚者

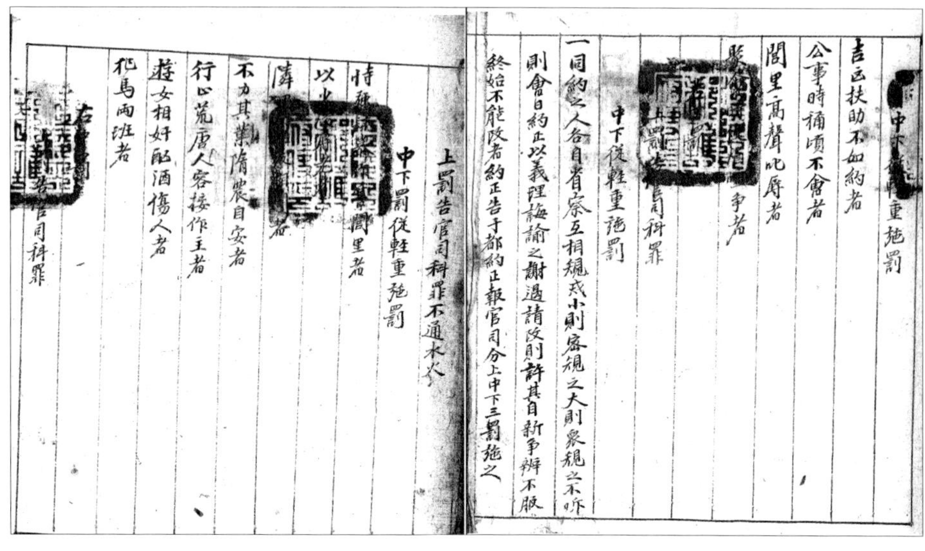

中下從輕重施罰
吉凶扶助不如約者
公事時稱頉不會者
閭里高聲叱辱者
[illegible]爭者
[illegible]官司科罪
中下從輕重施罰
一同約之人各自省察互相規戒小則密規之大則衆規之不听
則會日約正以義理誨諭之謝過請改則許其自新爭辯不服
終始不能改者約正告于都約正報官司分上中下三罰施之

上罰告官司科罪不通水火
中下罰從輕重施罰
恃勢[illegible]閭里者
以小[illegible]
濟[illegible]者
不力其業惰農自安者
行止荒唐人客接作主者
游女相好酗酒傷人者
犯馬兩班者
右[illegible]告官司科罪

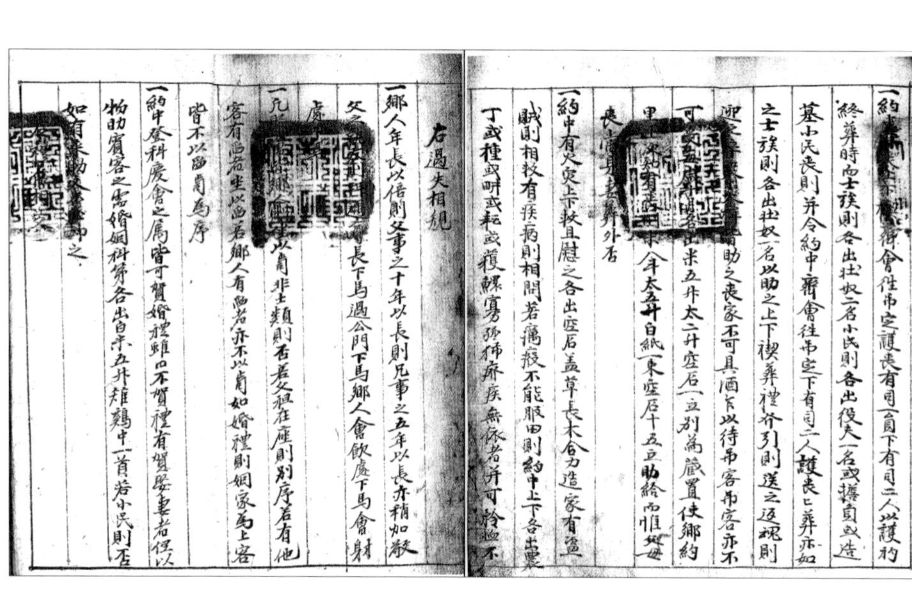

一約[illegible]會往弔定護喪有司一員下有司二人以護約
終葬時而士族則各出壯奴二名小民則各出役夫一名或擔負或造
墓小民喪則并令約中齊會往弔定下有司二人護喪亡葬亦如
之士族則各出壯奴一名以助之上下禊葬禮亦引則送之返魂則
迎之[illegible]助之喪家不可具酒食以待弔客弔客亦不
可[illegible]出米五升太二升空石一立別爲藏置使鄕約
里[illegible]年太五升白紙一束空石十五立助給而惟父母
長[illegible]外否
一約中有火災卞救且屋之各出空石蓋草長木合力造一家有盜
賊則相救有疾病則相問若癘疫不能服田則約中上下各出農
丁或種或耕或耘或穫鰥寡孤獨癃疾無依者并可矜恤不

右過失相規
一鄕人年長以倍則父事之十年以長則兄事之五年以長亦稍加敬
父之[illegible]長下馬過公門下馬鄕人會飮處下馬會射
處[illegible]
一凡[illegible]以角非士類則否若父祖在座則別序若有他
客有齒者坐以齒若鄕人有齒者亦不以角如婚禮則姻家爲上客
皆不以齒角爲序
一約中登科慶會之屬皆可賀婚禮雖曰不賀禮有饋遺者但以
物助賓客之需婚姻科第各出白米五升雉鷄中一首若小民則否
如有[illegible]助之

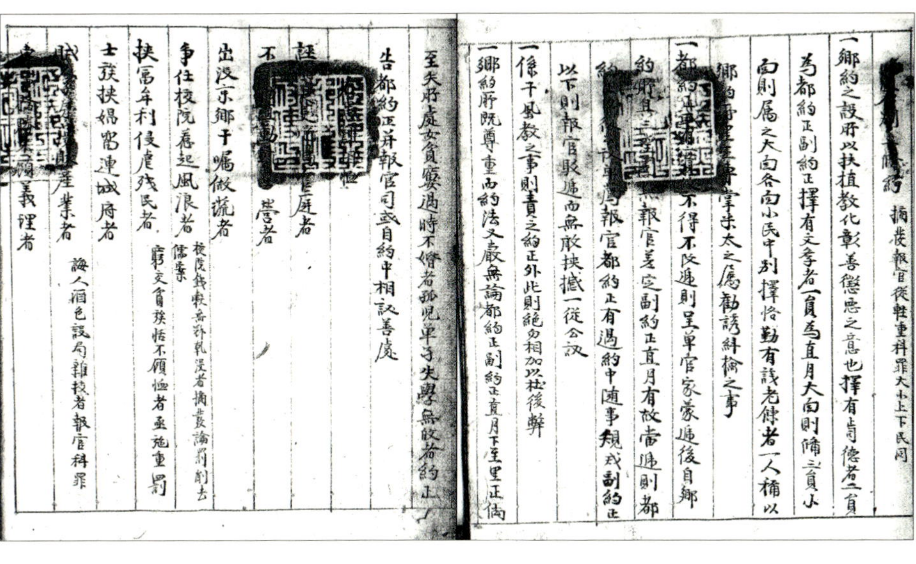

[illegible]約 摘發報官從輕重科罪大小上下民同

一鄉約之設所以扶植教化彰善懲惡之意也擇有齒德者一員

為都約正副約正擇有文學者一員為直月大面則備三員小

面則屬之大面各面小民中別擇恪勤有識老健者一人補以

鄉約[illegible]掌朱太之屬勸誘糾檢之事

一都約[illegible]不得不改遞則呈單官家蒙遞後自鄉

約所[illegible]報官差定副約正直月有故當遞則都

約[illegible]報官都約正有過約中通事規式副約正

以下則報官貶遞而無敢挾憾一從公議

一係干風教之事則責之約正外此則絶勿相加以杜後弊

一鄉約所既尊重而約法又嚴無論都約正副約正直月下至里正[illegible]

至夫府庭女貪[illegible]過時不嫁者孤兒單子失學無依者約正

告都約正并報官司或自約中相議善處

誣[illegible]庭者

不[illegible]營者

出没京鄉干囑倣就者

爭任校院惹起風浪者 校院錢穀吞竊乾沒者摘發論罰削去儒案

挾富牟利侵虐殘民者 窮交貧族恬不顧恤者亟施重罰

士族挾娼富連城府者

[illegible]産業者 誨人酒色設局雜技者報官科罪

[illegible]義理者

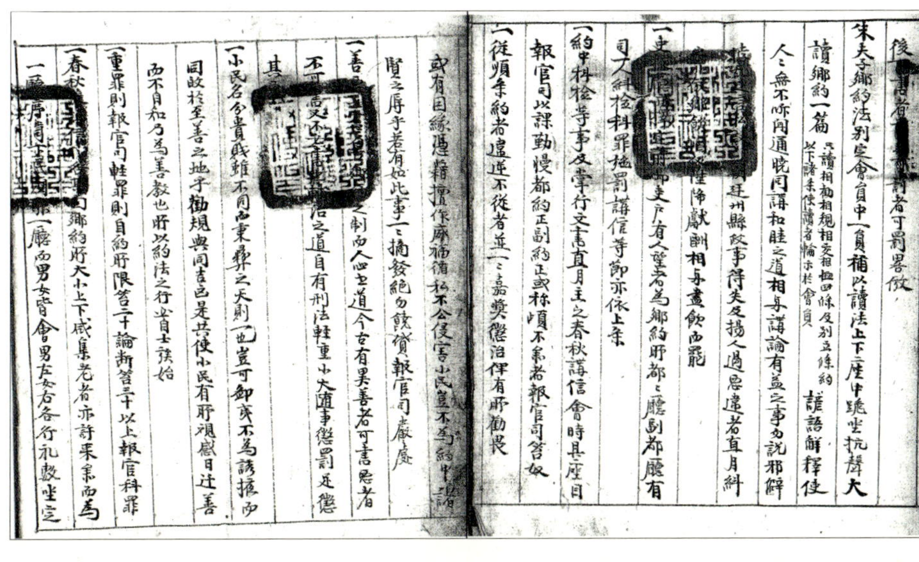

後[illegible]書者[illegible]罰者可罰署倣

朱夫子鄉約法別定會員中一員補以讀法上下座中跪坐抗聲大

讀鄉約一篇 次讀相勸相規相交相恤四條及別立條約 以下諸未備讀者輪示於會員 諺語解釋使

人人無不所內通曉同講和睦之道相與講論有益之事勿說邪僻

[illegible]廷州縣政事得失及揚人過惡違者直月糾

[illegible]惟脩獻酬相與盡歡而罷

一[illegible]吏方有人望者為鄉約所都都廳副都廳有

司[illegible]糾檢科罪捻罰講信等節亦依上条

一約中糾檢等事及掌行文書直月主之春秋講信會時具座目

報官司以課勤慢都約正副約正或旅頃不來者報官司笞奴

一從順來約者違逆不從者並一一嘉獎懲治俾有所勸畏

或有因緣遷藉擅作威福循私不公侵害小民宜不為約中諸

賢之所乎若有如此事一一摘發絶勿饒貸報官司嚴處

一善[illegible]之制而人心世道今古有異善者可書惡者

不可[illegible]治之道自有刑法輕重小大隨事懲罰以懲

其[illegible]

一小民名分貴賤雖不同而秉彝之天則一也豈可卻戒不為誘掖而

同歸於至善之地乎勸規興同吉邑是共使小民有所觀感日遷善

而不自知乃為善教也所以約法之行必自士族始

一重罪則報官司輕罪則自約所限笞二十論斷笞三十以上報官科罪

一春秋[illegible]鄉約所大小上下咸集老者亦許來會而為

一廳[illegible]一廳而男女會男左女右各行礼數坐之

[illegible]爲府名碩輩出素稱關東之冀北而郎
愚伏先生遺化之地也夫何挽近以來風韵漸退俗習日渝
不其有識者之所可慨也耶 不佞猥以鹵莽來守是邦
已兩周歲而竊有所憂歎者深矣蓋好善惡惡人之常情
國之典憲則勸善於彰癉惡於勵乃聖人
[illegible]也古者鄉約之法刱始於藍田增損於紫
[illegible]之刊行諺解退陶夫子之又爲折衷其爲法
令非不盡美而世衰人遠莫之或行未有甚於此鄉豈不
惜哉但古今不同習俗各殊則妄自條約顧不免爲迂闊
之歎然不佞不揆僭越敢加增删四約則略倣呂氏罰條則
專用

一既設鄉約所則不可無錢穀自約中結稧鳩聚略干財使直月里
正約各直月以備春秋講信時及諸般需用之資
一約[illegible]面擇出伶俐無弊者二名使之舉行
一各面鄉約[illegible]約建廳近各面則或 鄉校鄉射堂設春秋
講[illegible]所若有書堂各面則以書堂爲廳所似可使宜
一自官辦出若干財以五兩錢式劃付於各面約所創設之際添補
於結稧中以爲永久措振無或乾沒不至報官科罪

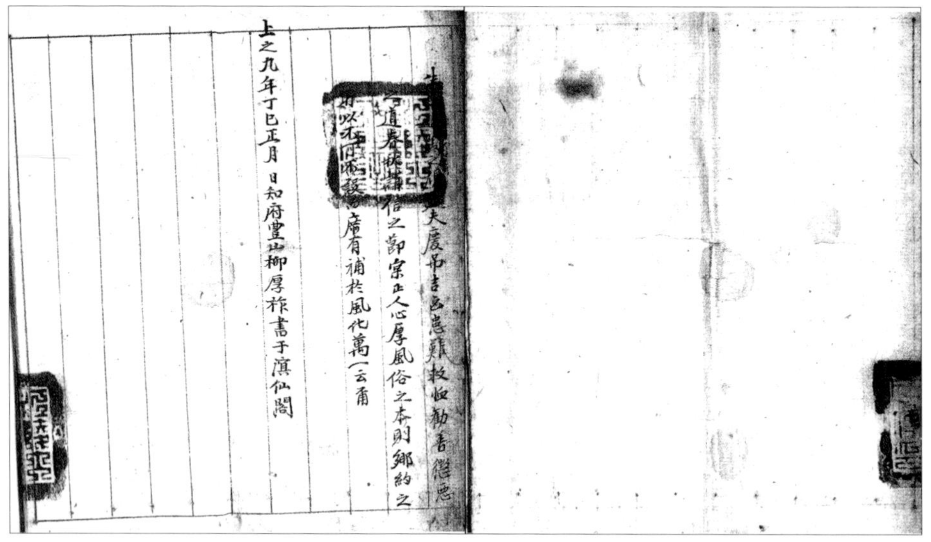
朱[illegible]夫慶弔吉凶患難救恤勸善懲惡
[illegible]道春秋講信之節宗正人心厚風俗之本則鄉約之
[illegible]庶有補於風化萬一云爾
上之九年丁巳正月 日知府豊山柳厚祚書于瀛仙閣

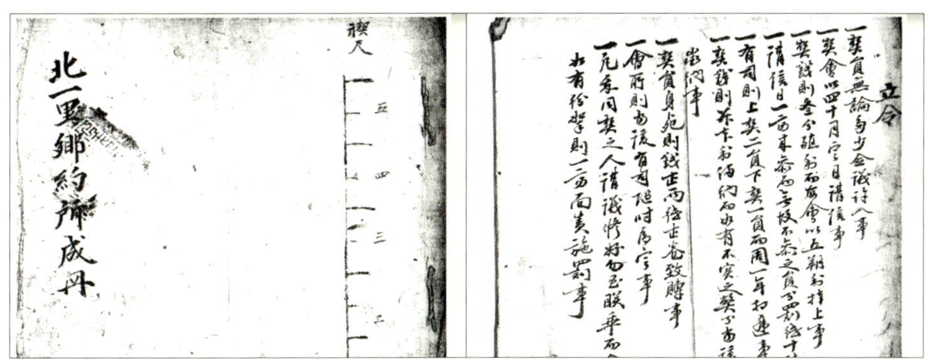

자료 2. 『北一里鄕約所成冊』. 가로 30cm×세로 33.5cm, 전체 6장이고 그 중 표지를 제외한 본문이 4장이며, 각장에는 6칸의 줄을 긋고 上契와 下契의 명단을 기록하였다. 그리고 官印이 표지에 1개와 契錢 부분에 2개 날인되어 전체 3개 날인되었으며 맨 뒷장에는 府使의 手決이 있다. 표지의 이면에는 후대의 것으로 보이는 "立令"이 9개 항목으로 적기되어 있다.

朴夢說 乙丑

孫萬大 奴 戊辰

朴夢贊 奴 戊辰

韓鎮義 奴 己卯

朴民秀 奴 庚辰

張鎮文 奴

金喆演 丁亥

崔敦三

崔周鳳 聖晉

崔允溥 戊子

崔在衡 癸巳

下楔

朴思說 奴 乙丑

韓致沆 乙丑

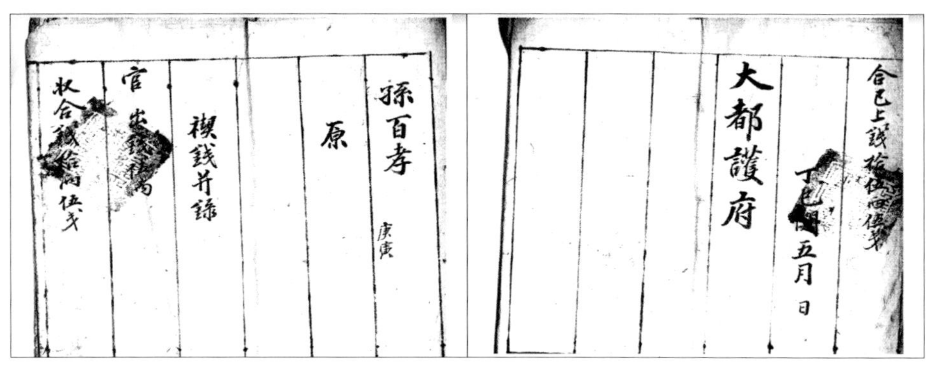

孫百孝 庚寅

原

楔錢幷錄

官出錢拾兩

收合錢拾兩伍戔

合已上錢拾伍兩伍戔

丁巳年 五月 日

大都護府

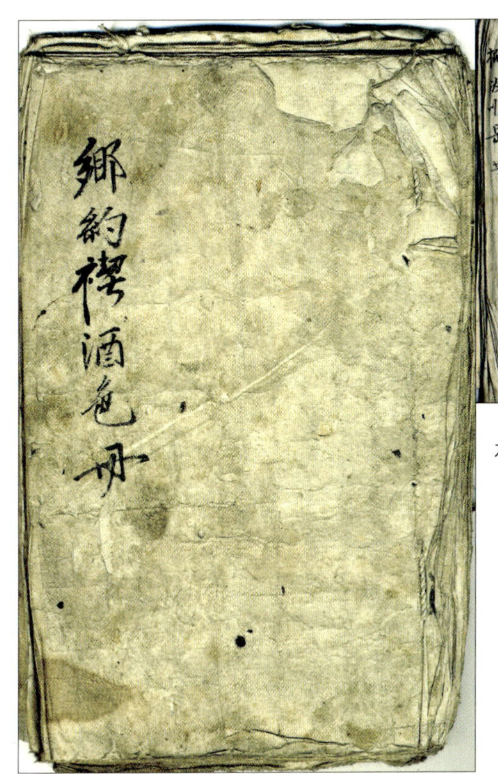

자료 3.『鄕約契酒色册』. 가로 16cm×세로 24cm, 전체 36장이다. 매년 4월과 10월에 개최되는 집회에 음식(술)을 담당하는 자들의 명부로 보인다. 그리고 기록의 형식은 "權奴戊山 甘" "崔婢玉遺 苦" 등 노비의 이름으로 구분하였으며, 음식(술)을 종류별로 분담하였던 것으로 보인다.

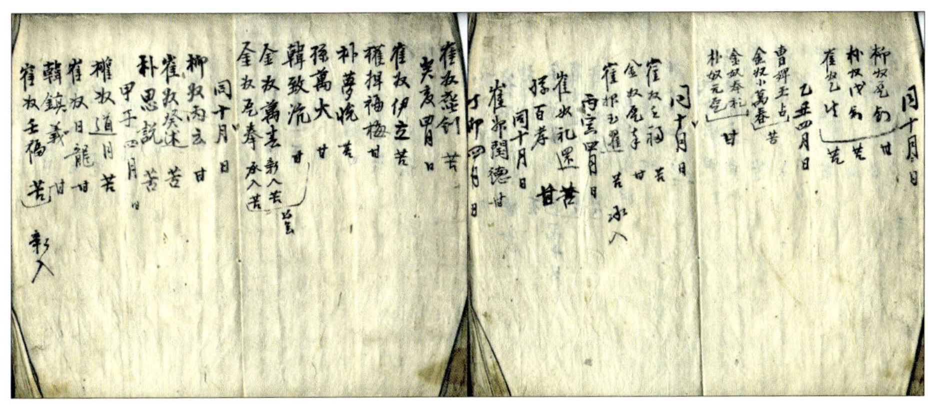

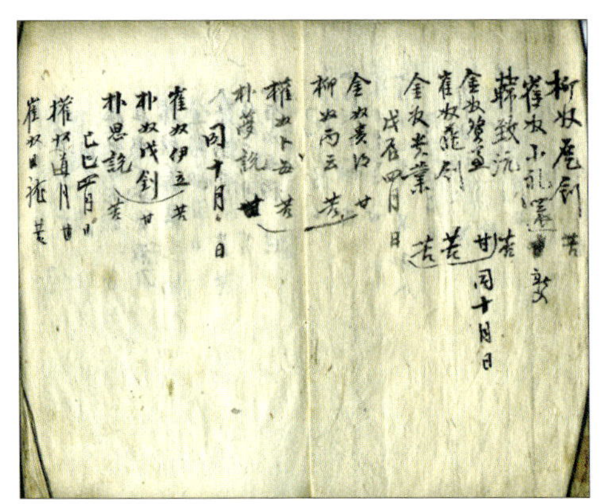

자료 4.『回文』. 가로 32cm×세로 22cm, 전체 수 십장을 한권의 책으로 묶었으며, 그 중 제일 마지막 한장을 여기에 수록하였다. 그 내용은 契會의 날자와 장소를 공지하는 것이며, 공지 대상이 10명으로 나타나는 것은 향약계가 이들 중심의 계로 운영되고 있음을 보여 준다.

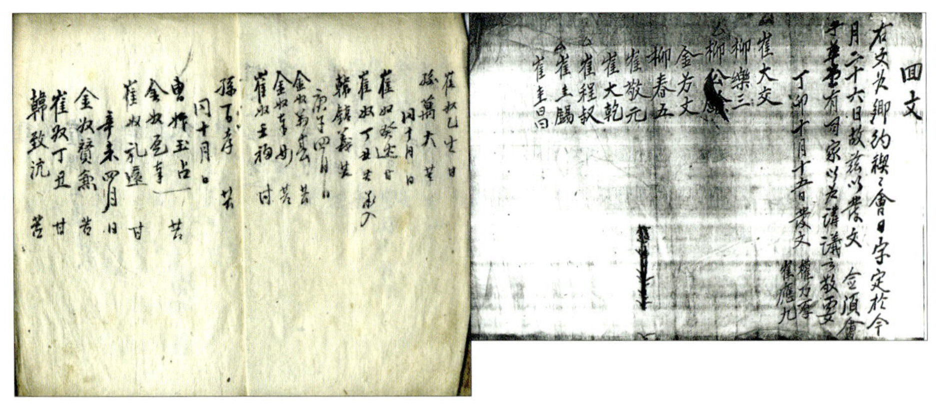

자료 5.『錢簿』. 가로 22cm×세로 32cm, 전체 수 십장을 한권의 책으로 묶었으며, 책 표지에 "檀紀四 二八四年"으로 적기되어 이해에 새로이 제책하였음을 보여 준다. 매 장에는 계전의 현황이 기재되고 "傳 000, 受 000"를 기재하여 그 담당자들을 밝히고 있다.

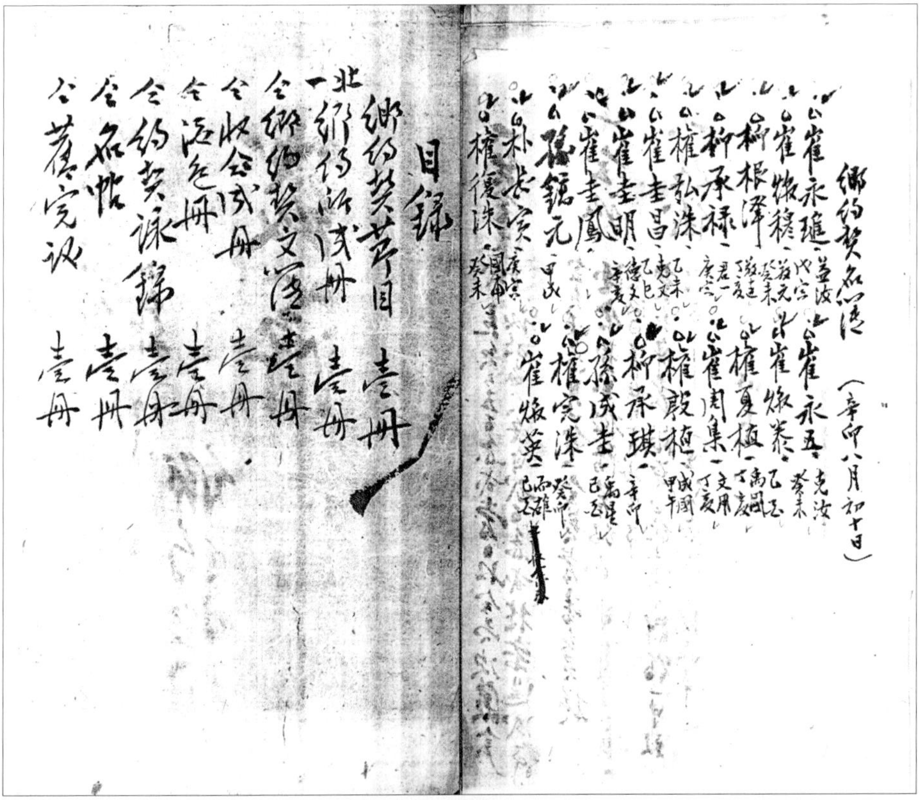

辛卯八月十日以會計

會付以壹萬兩也 (各人五百兩式 二十人分)

會上以壹萬兩也 權弘洙在

債 權弘洙

受 崔永五

辛卯九月十一日以會計

債盡以壹萬兩也

一. 葬金送式 每人各五百兩式 當日收合而次 發會 設時每人各自貳百兩式 於喪送給事

一. 會設 會員順番月一會 會費當番負擔 酒食費不超過節約事 會設日字每月十日爲定事 葬員身喪時厚白紙壹束 一甲致

一. 照儀 照事 (但代金不許而現品事)

以上

債 崔熾稷

受 權浚洙

辛卯十一月廿日以會計

債盡以壹萬八千兩也

會付以貳千兩也

會接上以貳萬兩也

債 權復洙

受 崔機泰

以四千兩 餘但以倒

會接上以壹萬四千兩也

債 崔永五

受 崔熾稷

辛卯十二月八日以會計

債盡以壹萬四千兩也

會付以四千兩也

會接上以壹萬八千兩也

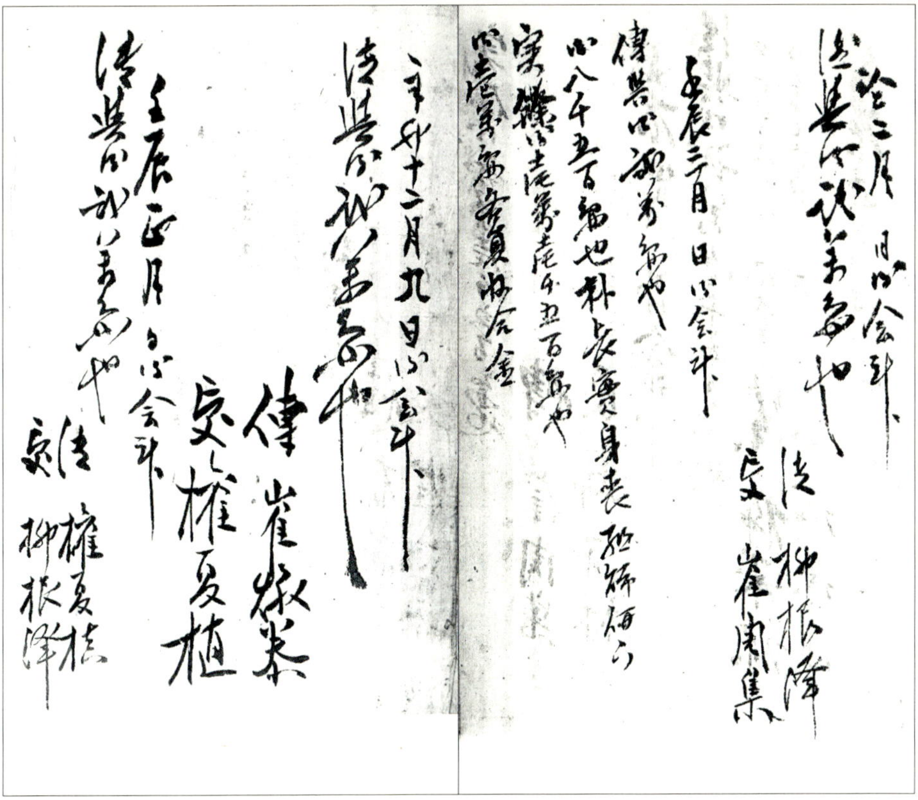

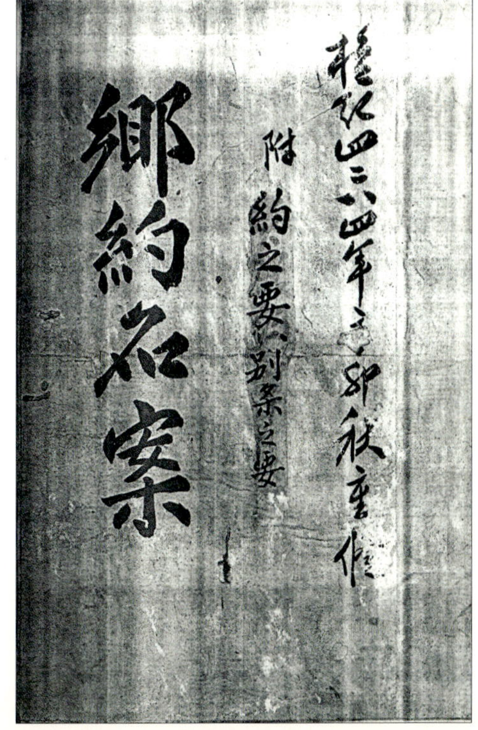

자료 6.『鄕約名案』. 가로 18cm×세로 28cm, 전체 12장이며, 5장은 同約員 19명의 명안이고, 4장은 규약의 내용을 적기하였다. 이 책의 표지에 "檀紀四二八四年"을 적기하여 문서의 작성 연대를 밝혀 놓았다.

序

傳云欲修其家者先修其身欲修其身者先誠其心可不勉哉吾東鄉約之顛末厥惟舊矣而詳載於柳相公之下臣條約又悉先輩亦之壬宗序文不必疊架於而一鄉之正名分厚風俗寔由乎鄉約之所致矣嗚乎世變人堂教替於上俗改於下鄉約条目竟歸文具呼可悲哉今

鄉約名案

附

約之要

別条之要

將底然後振也嗚乎勉之哉

光武壬寅後五十年辛卯秋

同約員

仙 崔永進 益汝 戊寅

仝 仙 崔燉穆 敬元 癸未

仝 崔永五 極汝 癸未

我等于同約人數至壬宗先輩之獨依約之四而遂操前規罰則與其他約立科条則煩者簡之或疎者密之雖不敢自謂得中而至於勸規交恤之道可一世各能誠其心修其身齊其家則鄉約条目瞭然洞具於中先自修飭以起鄉人鄉人等無疾視而做之則吾東之鄉約

仝 仙 崔周集 文用 丁亥

仝 仙 柳承祿 君一 庚寅

仝 柳承琪 辛卯

仝 仙 權殷植 成國 甲午

仝 仙 權復洙 國甫 癸未

仝 仙 崔爀恭 應三 乙巳

仝 仙 權夏植 禹國 丁亥

仝 仙 柳根澤 敬達 丁亥

仝 崔煥華 仲權 庚戌

仝 仙 孫成圭 禹星 己巳

仝 仙 崔圭明 德文 辛亥

仝 崔圭鳳 牧隱 乙卯

仝 仙 權弘洙 乙未

仝 仙 金振泂 丁酉

仝 崔煥稷 辛丑

仝 權完洙 癸卯

仝 仙 崔圭錫 乃鉉 甲辰

仝 仙 崔圭昌 克文 乙巳

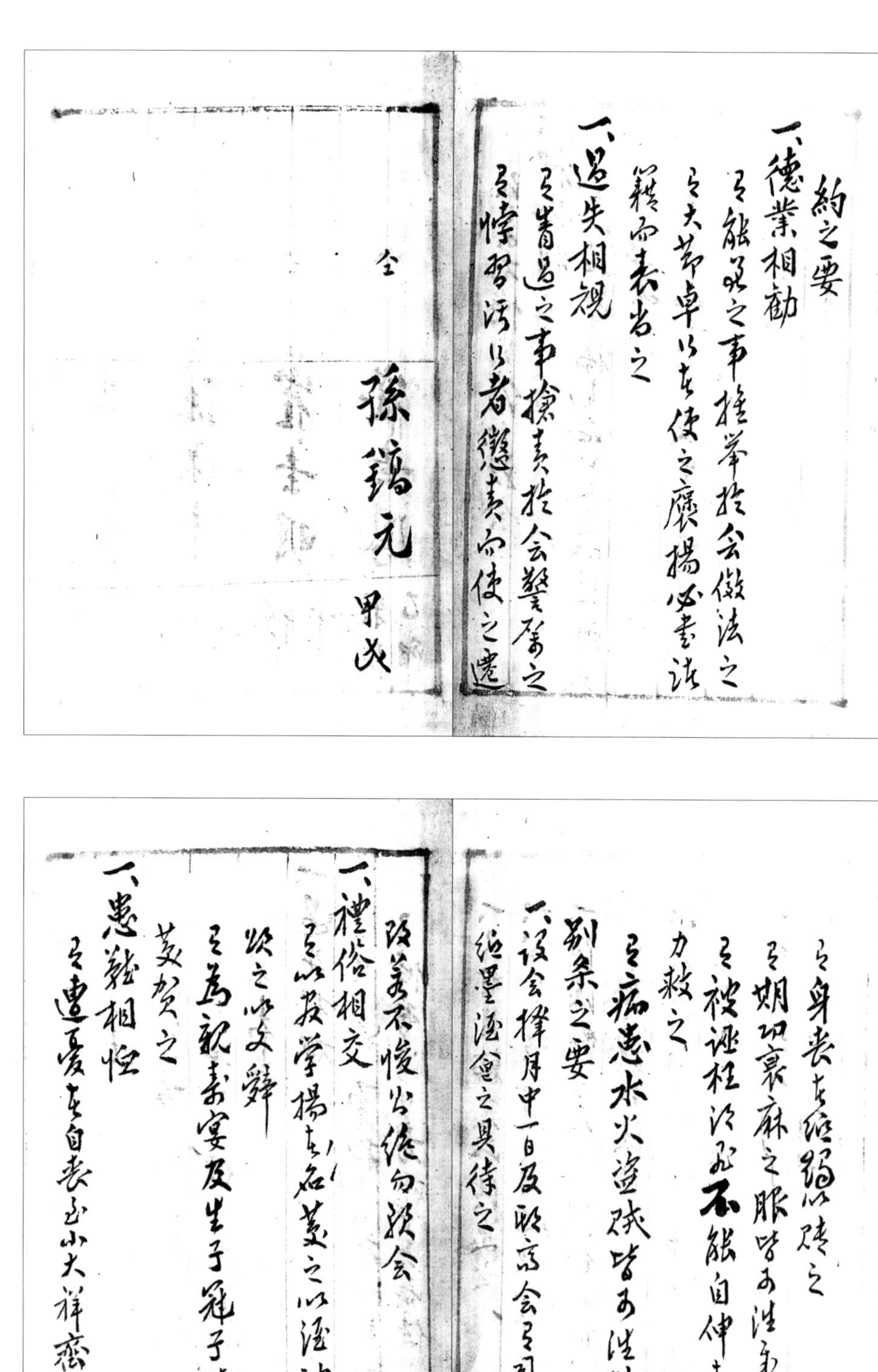

約之要

一、德業相勸

凡能爲善之事 推擧於會 徵諸之

凡大節卓然者 使之褒揚 必書諸

籍而表旌之

一、過失相規

凡有過之事 擯責於會 警戒之

凡悖習濫行者 懲責而使之遷

仝

孫鎬元

甲戌

凡身喪者 給緡以賻之

凡期功衰麻之服 皆有恤禮之

凡被誣枉以至不能自伸者 合

力救之

凡病患水火盜賊 皆有恤救之

別條之要

一、設會擇月中一日 及期齊會 凡司先到

紙墨酒食之具待之

改善不悛必絶而黜會

一、禮俗相交

凡以文學揚名者 慶之以酒醴 或

賀之以文辭

凡爲親壽宴及生子冠子 皆有

慶賀之

一、患難相恤

凡遭憂者 自喪至小大祥 齊會恤之

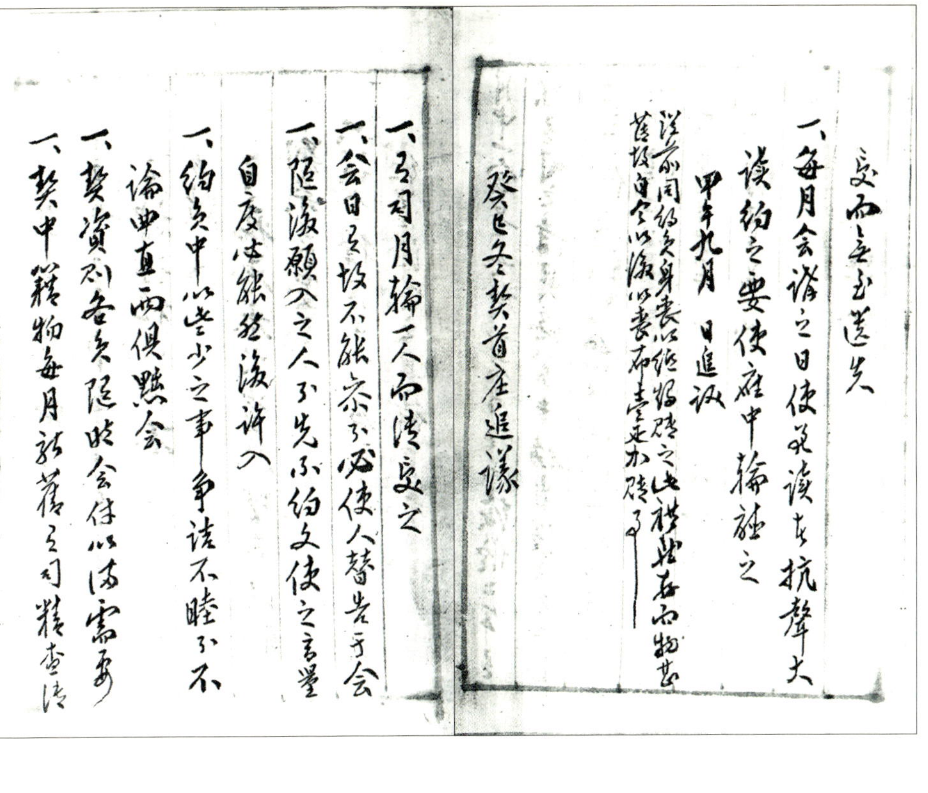

更而定式遂失

一、每月会講之日使[illegible]讀者抗聲大讀約文要使座中稱誦之

甲午九月 日追議

從前同約員身喪以[illegible]

癸巳冬契首座追議

一、有司月輪一人而隨窠定之

一、会日有故不能參者必使人替告于会

一、隨後願入之人不先以約文使之商量自度其能然後許入

一、約員中以些少之事争詰不睦者不論曲直而俱黜会

一、契資則各員隨時会付以備需要

一、契中雜物每月於替有司精查清

本契員身喪後承入員則以現米壹斗定禮次而奬繼述之義

月中一会是吾契之不可廢而續僅二年有餘有司之待具酒食者務省後此不可謂吾輩儒者設如從詢議自今以後如左

[illegible]遂定事

一、當日[illegible]二盃、廿一盃外不許事

一、當日午[illegible]以上不許事

丁亥秋追議

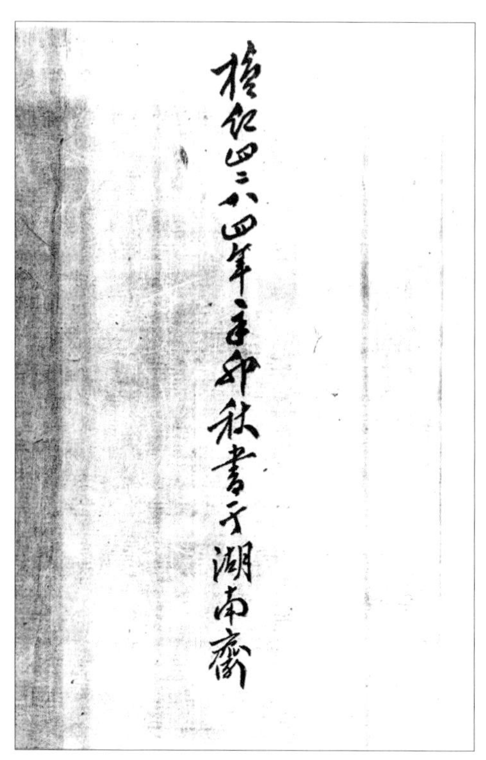

자료 7. 『名帖』. 가로 11cm×세로 23cm, 전체 6장으로 구성되었으며, 전면에는 계원들의 명부를 부전지로 작성하여 탈부착이 가능하도록 하였고, 뒷면에는 "立令"과 "追議" 를 기재하였다.

五朔剝捧上事

一 諸信一齊來參而無故不參之員乙罰錢十兩事

一 有司乙上禊二員下契一員周年相遞事

一 契員乙[illegible]木[illegible]納而如有不實之弊乙當該有司擔納事

一 契員身死乙錢壹兩錢式卷致賻事

一 此所乙當該有司隨付爲定

事

一 凡我同禊之人諸誼偕好勿至睽乖而會中如有行學乙一齊面責施罰事

丙戌四月二十[illegible]日

追議

一 禊員身死自今以後賻布正租代錢代以致賻事

一 如來者追入之員乙本條外正租參斗另[illegible]一盆施行事

一 禊員身喪各以較詞致

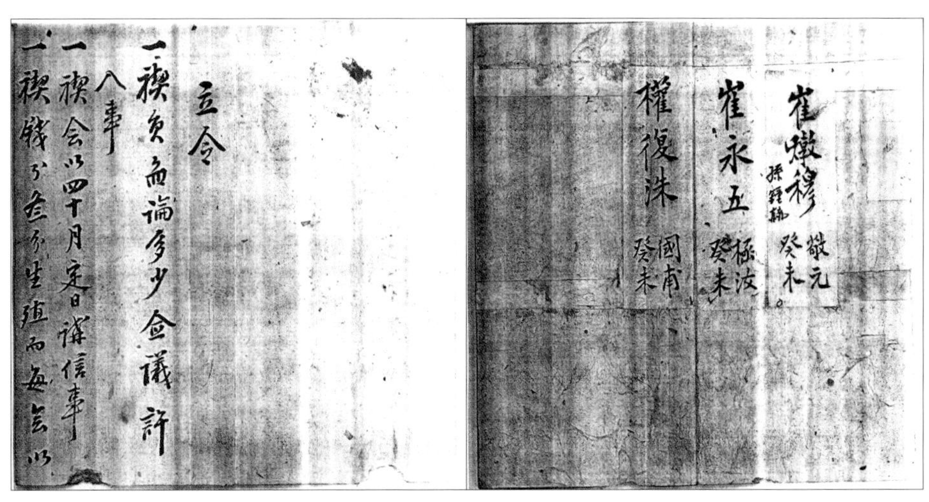

立令

一 禊員無論多少僉議許入事

一 禊会以四十月定日諸信事

一 禊錢乙無分生殖而每[illegible]以

崔[illegible]穆 敬元 癸未 孫鍾赫

崔永五 極汝 癸未

權復洙 國甫 癸未

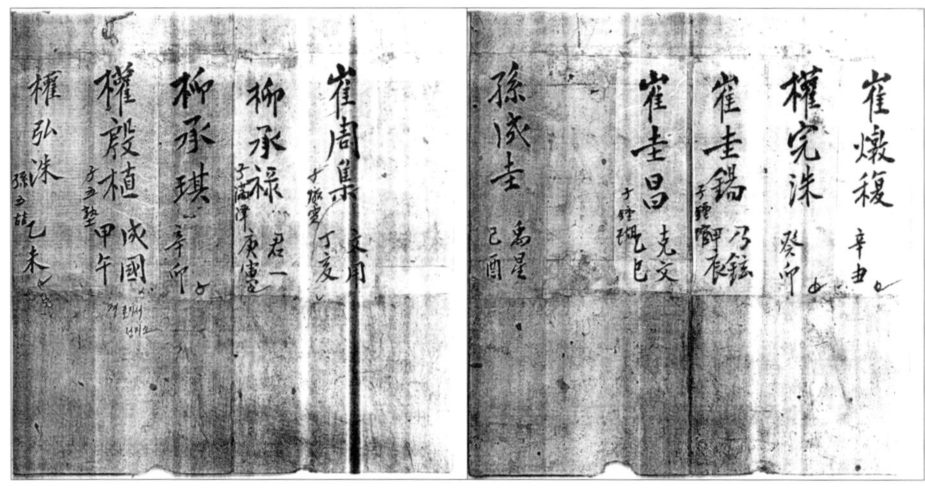

崔熀馥 辛丑
權完洙 癸卯
崔圭錫 乃鉉
崔圭昌 克文 乙巳
孫漢圭 禹星 己酉
崔周集 文用 丁亥
柳承祿 君一 庚寅
柳承琪 辛卯
權殷植 成國 甲午
權弘洙 乙未

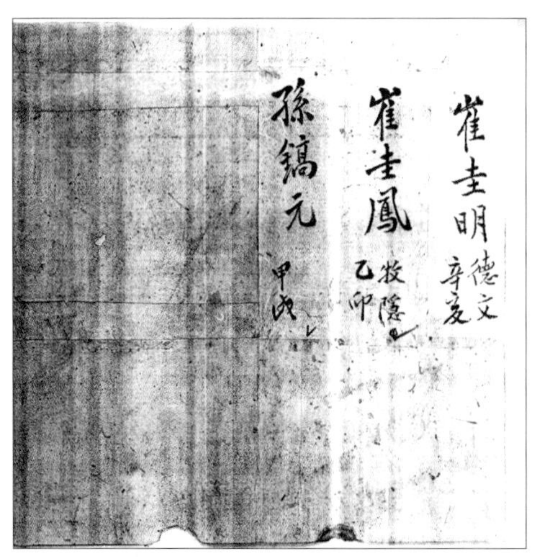

崔圭明 德文 辛亥
崔圭鳳 牧隱 乙卯
孫鎬元 甲戌

초당마을의 문화재와 경관

이성주 강릉원주대학교 사학과 교수

Ⅰ. 머리말

강릉 초당마을에서 동쪽으로 향하면 긴 솔밭과 바다가 보이고 북쪽으로는 푸른 경포호수와 맞닿아 있으며, 거기서 다시 서쪽으로 향하면 너른 들판이 펼쳐진다. 들판 그 너머에는 눈발이 그치고 해가 나면 흠씬 다가왔다가는 봄이면 아른아른 물러가기도 하는 대관령이 보인다. 초당마을이 자리 잡은 장소를 지형학적으로 말하면 사구지대이다. 사구지대는 동해안으로 따라 하천이 바다로 들어오는 곳에는 어디에서나 볼 수 있는 경관이다. 초당마을 사구는 운정천雲亭川이 오대산 끝자락에서부터 강하구 즉 강문江門까지 실어온 모래를 바다가 다시 밀어 올려서 쌓이게 된 모래톱이다. 사구는 물길을 안내해온 구릉의 끄트머리에 생겨나는 것이 보통이며 강 입구가 막히면서 물이 주변 저지로 퍼지면서 경포호와 같은 석호가 생성된다. 송림이 감싸 안은 사구지대에 자리 잡은 초당마을은 주변의 바다와 석호, 그리고 습지가 어우러져 아름답고 아늑한 공간을 연출하고 있다.

사구 지대는 우리나라 동해안에 살던 인류가 신석기시대에 접어들면서 맨 먼저 정착생활을 시도한 장소였다. 해안을 따라 신석기시대 유적이 입지하는 지형 중 가장 보편적인 장소가 사구이며 초당동 사구에도 융기문토기 단계에 이미 사람이 들어와 살기 시작했음이 확인된다. 어로와 채집을 생계의 주요한 수단으로 삼았던 신석기시대인들은 구릉의 끝자락에 새로 만들어진 모래언덕에 주거를 정했던 것 같다. 이후 원삼국시대를 거쳐 삼국시대에 이르기까지 고대인들에게 사구는 가장 선호되는 주거지역이었던 것 같다. 그러나 오직 청동기시대인만은 사구지대를 떠나 구릉에 취락을 조성하고 살았지만 원삼국시대에 접어들면서 사람들은 다시 초당동 사구로 옮겨와 살았고 이때부터 대규모 취락을 만들어

갔다. 적어도 그 후 1천여 년간 존속했던 초당의 마을은 동해안 일대에서 가장 번성했던 마을이 아니었을까 한다.

최근 발굴조사를 통해 알려진 사실이지만 원삼국시대에서 삼국시대에 걸쳐 강문-초당마을에서는 한나라 화폐인 오수전五銖錢도 나오고 일본열도로부터 수입된 토기인 하지키土師器도 출토되어 당시 고대 교역의 거점이었던 것 같다. 이러한 점을 생각하면 원삼국시대에는 초당마을이 문헌에 나오는 예국濊國을 형성한 집단의 주거영역이 아니었을까 추측해본다. 5세기 이후 강릉은 신라에 속하게 된다. 하슬라로 불렸던 신라 지방정치세력의 지배계층은 초당마을을 중심으로 석곽이나 목곽과 같은 매장시설 안에 풍부한 부장품을 껴묻은 고분을 축조하여 대규모의 고분군이 조성되기에 이른다. 이런 고분군이 강릉 일원 곳곳에 자리 잡고 있는데 매장시설의 규모로 보나 부장품의 질이나 양으로 보나 영동 일원에서는 최고위계의 고분군이 역시 초당동고분군이었던 것 같다. 사실 초당마을의 고대 무덤들이 강릉지역의 여러 지역집단을 통합한 최고 수장계층의 고분이라는 점 때문에 사적으로 지정되었던 것이지만 삼국시대의 무덤들은 초당마을의 역사 중에 작은 한 토막에 불과하다. 선사와 고대에 걸쳐 초당마을의 역사를 간단히 더듬었는데 고려, 조선시대에도 초당마을은 곳곳에 산재한 당대의 유구들로 보아 인간거주가 지속되었던 것이 분명하다.

초당마을은 아름답고 서정적인 경관을 지니고 있으며 오랜 역사와 풍부한 문화자산을 담고 있다. 사구를 따라 남북으로 길게 형성된 초당마을의 북쪽 끝은 경포호수에 닿아 있어 습지와 송림이 어우러지고 백년이 넘은 옛집들이 자리잡고 있다. 여기에서 남쪽으로 조금 내려오면 100년된 고가古家와 1960~70년대의 정취를 담고 있는 가옥들, 그리고 최근의 건물이 오래된 골목길을 따라 배치되어 있으며 그 너머에는 최근의 아파트들이 들어서 있다. 그리고 초당마을 전체에 걸쳐 신석기시대로부터 삼국시대에 이르는 매장문화재가 퇴적 되어 있다. 초당마을에서는 서로 다른 경관, 서로 다른 시기의 문화자산과 건물, 서로 다른 역사적 정체성들이 복잡하게 얽혀 있는 양상과 전통마을 속에서 도시화가 진행되는 모습을 볼 수 있다. 그런데 흥미로운 사실은 지금까지 개발을 주도하는 지자체나 외부의 방문자들, 그리고 심지어는 마을공동체 안의 주민들도 그러한 변화에 대해 깊이 있는 사색과 논의를 해 본적이 없었다는 점이다.

지금까지 그래왔듯이 앞으로도 초당마을은 어떠한 형태로든 변해갈 것이다. 다만 지금까지의 변화가 초당마을의 과거와 현재, 그리고 미래에 대한 깊은 사색 없이 진행되어 온 일이라면 앞으로의 변화는 개발의 주도자, 지역주민의 관찰과 자각 그리고 깊이 있는 논의를 바탕으로 진행되어야 할 것이다. 또한 지금까지의 변화가 경제적인 이득이나 즉각적인 편리함에 이끌려왔다면 앞으로는 자연공원 주변의 경관과 지하의 문화재, 그리고 마을 곳곳에 남아있거나 숨겨져 있는 역사적 유산과 서정적 흔적을 가꾸고 드러내는 방향으로 초당마을이 변해가야 한다고 믿는다.

초당마을의 연구는 초당마을의 미래를 위해 필요하다. 초당마을의 역사, 문화자산, 민속, 인물, 경관, 정체성 등에 대한 연구는 초당마을의 미래 모습을 가꾸는데 필요한 재료이며 그 기초가 될 것이다. 초당마을의 연구를 모은 이 책은 그러한 취지로 발간하게 되었다. 이 책에서 필자가 맡은 과업은 매장문화재 즉 고고학 자료를 통한 초당마을의 선사 및 고대문화와 그 정체성의 변화에 대한 논의를 진행시키고 아울러 경관 역사에 대한 간략한 검토를 하는 일이다.

Ⅱ. 왜 초당마을인가?

마을은 단순히 행정적으로 구획된 것이든 자연지형으로 분리되어 단위화 된 것이든 주거의 집합체 이상의 관계성과 역사성, 그리고 정체성을 가지고 있기 마련이다. 마을은 종종 사회와 문화, 그리고 역사를 연구하는 기본단위로 이해되어 왔다. 그래서 각 분야에서 특정한 학술적인 목적으로 가지고 마을에 관심을 가지고 연구한 성과들이 많이 축적되어 있다. 이와 같은 학술적인 목적 이외에 마을을 조사하고 연구하는데 있어서는 여러 가지 이유가 있을 수 있다. 종전의 마을 조사는 연구자 개인의 차원에서 한정된 분야의 관련 자료를 수집하기 위해 이루어지는 것이 보통이었다. 민속학이나 인류학 혹은 향촌사 분야에서 자료를 수집하기 위해 마을을 조사했던 사례들이 대표적이라 할 수 있다. 그러나 이러한 조사는 조사기간이나 비용이 제한될 수밖에 없고 전면적인 조사라기보다는 연구 목적에 필요한 한정된 자료의 수집에 그칠 수밖에 없었다.

최근 들어 마을에 대한 조사에 상당한 예산이 투입되고 장기간의 조사가 기획되어 광범위한 대상과 범위에 걸쳐 자료가 수집 기록되는 사례가 늘어나는 것을 볼 수 있다. 그러한 사례의 대부분은 일종의 구제조사의 성격을 가진 마을조사로서 댐의 공사로 수몰될 마을이나 신도시 조성 혹은 재개발 등으로 사라지는 마을을 대상으로 이루어진다[1]. 이러한 조사는 사업기관이나 개발업자가 조사비용을 대고 역사, 민속, 가족 친족 및 기타 사회관계, 언어, 지명, 생업 등을 전반적으로 조사하고 기록하여 보고서를 발간하게 된다. 그리고 최근 국립민속박물관의 조사단이 전국적으로 대상 마을 선정하여 집중조사를 벌이는 경우인데 2000년대에 들어와 야심찬 기획으로 조사 기록사업이 추진되어 왔다[2]. 이 조사에서는 특히 생활사, 개인사, 및 구술사 자료가 풍부하게 기록되는 것이 특징이라 할 수 있다.

학술적인 조사든 구제 조사이든 아니면 특정 기관에 의한 기획조사이든 마을조사의 공통적인 목적이라 할 만한 것은 사라져가는 마을, 그 속에서 살아가는 사람들의 관계와 삶의 형태 등을 상세히 기록하여 자료로 축적해두고자 하는 목적의식이 강하다. 이에 비해 우리가 초당동에 대해 우리가 관심을 가지고 연구하는 이유는 마을 그 자체가 가지고 있는 특별한 의미와 가치 때문이다. 최근의 도시화로 초당마을의 문화자산 경관이 지닌 가치와 의미들이 손상을 입고 있으며 서서히 변질되어 가고 있는다는 문제의식이 또한 우리가 초당마을에 주목하게 된 이유라고 할 수 있다. 왜 우리는 초당마을에 주목하는가에 대해 간단히 요약하면 다음과 같이 말할 수 있을 것이다.

첫째, 지금으로부터 적어도 8천년전 신석기시대부터 존속해 온 마을로서 풍부한 문화자산, 기억, 의미가 퇴적되어 있으며 지금의 마을은 근세의 고가古家부터 1960년대와 2000년대가 공존하는 마을이기에 독특한 장소성을 지닌 마을이다. 둘째, 강릉지역에서 인구가 밀집되어 분립된 마을로서는 독특한 사회적, 문화적 층위를 형성한 마을이고 고대로부터 지금에 이르기까지 누적되어온 복잡한 역사적 정체성을 가지고 있는 마을이기 때문이다. 셋째, 경포도립공원 경관의 연장이기에 주변에 조성된 습지와 송림으로 인해 특이한 경관을 이루는 마을이며 경포 주변의 역사와 다양한 문화재와 함께 하나의 문화경관의 벨트를 형성하고 있기 때문이다. 넷째, 독특한 지역 이미지와 풍부한 문화적 혹은 문화상품화의 소재들, 예를 들어 초당두부, 금동관金銅冠, 시詩, 경포호鏡浦湖, 원림園林 등과 함께하는 마을이기 때문이다. 다섯째로는 8천년간에 걸친 마을 오랜 역사로 인해 문화재가 지하에 겹겹이 퇴적되어 있기 때문에 국가사적으로 지정되었으나 마을의 주민들은 개발제한으로 인한 상대적 박탈감을 가지고 살고 있기 문화재로 인해 더 낳은 삶의 질을 보장받을 수 있는 방안이 모색되어야 하기 때문이다.

우리가 초당마을에 주목하는 이유가 마을의 문화적, 경관적인 자산이 지닌 의미와 가치 때문이라면 우리 인문학 연구자들의 연구 목표는 당연히 그 의미와 가치를 찾아내고 그것을 정의하는 작업이어야 할 것이다. 그리고 그러한 연구가 마을의 미래를 가꾸고 초당마을 주민의 삶이 더 나은 어떤 것이 되는데 활용되어야만 한다고 생각된다. 그래서 초당마을을 연구하는 우리 인문학 연구자들의 공통된 목표가 있다면 다음과 같이 정리해 볼 수 있을 것이다.

첫째, 초당이라는 전통문화마을의 역사적 정체성을 재구성해 가는 작업이 필요하다. 초당마을의 역사적 정체성, 즉 지금 초당마을의 친족집단, 지역공동체, 개인의 정체성들을 정돈하여 미래의 초당마을을 어떻게 가꾸어 나갈 것인가를 모색할 수 있는 바탕을 마련해야 한다. 그리고 초당마을 그 자체의 사회문화적, 역사적 정체성을 정리하는 작업은 지금 도시화, 문화재 보존, 경관의 파괴, 주민의 심리적 정서적 유대감의 해체 등의 문제를 극복하고 초당마을 미래의 모습을 그려낼 수 있는 근거가 될 것이다. 특히 근대사의 과정에서 초당동은 3.1운동을 주도했던 마을로 나타난다[3]. 이와 같이 가장 가까운 과거의 초당동 주민의 역사적 활동들은 지금 주민들의 정체성 의식의 형성에 중요한 토대가 되리라고 여겨진다.

둘째, 우리가 피상적으로만 알고 있는 초당마을이 가지고 있는 여러 모습들, 이를테면 경관, 문화재, 인물, 문학 등이 하나의 지역, 지역문화, 지역사로서 어떤 성격과 의미를 지니고 있는지 구명하는 작업이 일차적으로 필요하겠지만 이를 넘어서 좀 더 일반적이고 보편적인 시각에서 초당마을의 문화적 혹은 경관적 자산에 대해 해석하는 연구가 인문학적 연구의 과제가 되어야 한다고 본다.

셋째, 초당동마을 일대 사적지정으로 인한 개발제한에서 오는 주민의 상대적 박탈감과 같은 것을 해소하기 위해서는 초당동의 문화자산을 토대로 한 전시관, 그리고 초당마을이 지닌 문화 콘텐츠를 활용한 시문학도서관, 시집박물관, 민속의 숲 등의 문화기반시설을 배치하고 자연적, 문화적 경관의 정비 등을 통해 보상해 주어야 하는데 이에 대한 콘텐츠를 제공해줄 수 있는 인문학적 연구가 하나의 과제가 되어야 한다. 또한 생태, 문화기반시설 조성의 콘텐츠를 마련하는데 있어서 초당마을에 한정하지 말고 경포호수와 주변습지 및 주변경관의 정비와 관련된 연구가 필요하며 이미 어느 정도는 문화상품화가 이루어진 초당-강문-경포을 대표하는 초당두부, 고가古家, 누정樓亭, 진또배기, 시詩와 문학文學 등의 역사적 연원과 문화적 의미를 좀 더 심도 있게 연구하는 것도 하나의 과제가 될 것이다.

넷째, 사회과학적 연구의 토대를 마련해 주기 위한 인문학적 연구도 하나의 연구목표가 되어야 한다. 즉 초당마을을 생태공동체적 성격이 가미된 전통문화마을로 가꾸고 마을이 지닌 문화상품 소재의 생산·판매 및 문화기반시설의 운영에 있어 사회기업적인 경영 원리를 적용할 수 있도록 사회과학적인 연구가 이루어져야 하는데 이에 대한 인문학적 연구의 기반을 마련해 주는 작업이다.

Ⅲ. 유물과 유적을 통해 본 선사 · 고대문화의 정체성

1. 초당마을에서 이루어진 고고학적 발견

일제강점기인 1915년, 한 일본인 학자가 강릉 토성지에서 빗살무늬토기편을 발견하여 보고한 것이 강릉지역에서 있었던 최초의 고고학적 조사로 알려져 있다[4]. 해방 이후 여러 연구자들이 강릉지역에서 지표조사를 통해 중요한 유적과 유물들을 확인하여 이 지역의 고고학적 중요성이 널리 소개되었지만 학술적인 발굴조사가 정식으로 이루어진 것은 별로 없었다. 그러던 중 지난 1991년 강릉대학교 박물관에 의한 강릉 안인리유적의 발굴이 이 지역 고고학적 조사의 시발점이 된 듯하다[5]. 이후 강릉지역에서는 교동유적, 교항리유적, 병산동유적, 영진리유적, 동덕리유적 등을 비롯하여 구석기시대에서 삼국시대에 걸쳐 실로 다양한 유적들이 발굴되었지만 무엇보다 주목을 받았던 유적은 초당동 유적이었던 것 같다.

강릉 초당동유적에서 신석기시대와 원삼국시대 유물이 노출되어 학계에 보고되기는 오래 전부터이지만 정식 발굴조사는 1990년대 들어와 본격화되었다. 1990년대에 접어들면서 초당동에도 개발의 바람이 본격적으로 불어 닥치기 시작했다. 공동주택의 신축부지와 각종 개발부지에서 실시된 구제발굴조사를 통해 신라시대 고분과 함께 신석기시대 및 원삼국시대 주거지가 확인되었다. 1992년 초당동유적의 넓은 범위안에 포함되는 강문동에서 주거지가 조사되었는데, 주거지의 평면 형태는 청동기시대의 전통으로 여겨지는 장방형을 띠고 있으며, 반출하는 유물은 순수 경질무문토기만이 출토되어 원삼국시대 주거지 중 비교적 이른 시기로 추정되었다. 장방형은 예외적인 형태이고 초당동 일대에서 확인되는 원삼국시대 주거지의 평면 형태는 보통 凸자형이며 여자형이 좀 귀한 것이 특징이라면 특징이다. 주로 주거지에서 출토되는 유물은 적갈색의 경질무문토기와 회색의 타날문토기가 주류를 이루며 이따금씩 철기와 탄화곡물 등이 출토되고는 한다.

1993년 초당동에 처음으로 들어선 현대아파트의 신축부지는 구릉이 꺾이어 사구지대를 향해 뻗은 능선 말단부쯤 되는 곳에 조성되었다. 원래의 지형은 아파트 공사와 함께 지금은 사라져 버렸지만 나지막한 독립 구릉이었다. 이 독립구릉의 정상부에 이중석곽의 저명한 초당동 1호분이 노출되었고 아파트 공사부지에 포함된 구릉 사면과 주변 사구지대에서 석곽묘, 석곽옹관묘, 옹관묘 등 모두 31기의 신라고분이 조사되었다. 기대를 모았던 초당동 1호분은 이미 도굴되어 버렸기에 금동과대 1점을 제외하고 중요유물은 이미 반출되어 버렸지만 다른 무덤에서 금동관, 환두대도, 금제이식 등 강릉지역 지배집단의 위세품威勢品이 다수 출토되었다.

초당동의 두 사구지대 사이에는 저습지가 형성되어 있지만 지금은 매몰되어 약간 땅이 꺼져 보이는 정도이다. 1999년 이곳에 교회가 들어서면서 발굴이 이루어졌는데 원삼국시대 문화층은 지금보다 훨씬 낮아서 항상 물이 배어나오는 위치에 형성되어 있음이 확인되었다. 이 문화층은 원삼국시대 당시에도 물웅덩이였던 것으로 파악되는데 당시 사람들이 물가에서 제사를 지내고 난 뒤 제물과 그릇 등을 그대로 웅덩이에 쓸어 넣어 생긴 유물층이 노출되었다. 크고 작은 완형토기, 각종 목제 완과 바리 그리고 절구, 떡메 등과 같은 목기, 동아줄과 망태기, 그리고 과일 씨앗을 비롯하여 소, 돼지, 고래 등의 뼈가 확인되었다.

2000년대에 들어와서는 초당동유적에서는 매년 6~7건씩의 발굴조사가 거듭되었다. 그만큼 초당동마을에도 새로 지어지는 집이 늘어나고 개발이 계속 이루어진다는 것을 뜻한다. 2002년과 2003년에 걸쳐 강문동 일대에 여관 건물이 들어서면서 원삼국시대 주거지 4동이 확인되었고 지금까지 발견되지 않았던 신라유물이 출토되는 이른바 신라주거지가 12동 조사되었다. 초당동유적의 원삼국시대 주거지는 평면형태가 凸자형이고, 내부에서 점토띠식 노지가 확인되는 것이 보통인데 신라주거지는 보통 방형을 기본으로 하고 쪽구들이나 부뚜막이 설치되어 있었다. 원삼국시대 주거지에서는 역시 경질무문토기와 타날문단경호가 나오고, 신라주거지에서는 타날문옹과 신라토기가 출토되었으며 목제 방추차와 철제 낚시 등이 나온 주거지가 있었다. 특히 이 조사에서는 주거지의 구조는 확인되지 않았지만 원삼국 주거지에서 신라 주거지로 넘어가는 그 단계에 속하는 Ⅳ-1호 주거지가 발굴되었다. 이 주거지에서는 일본열도에서 제작되었거나 아니면 일본의 토기제작자가 건너와서 만들었을 것으로 추정되는 소형의 하지키土師器 장경호가 출토되어 초당마을은 국제적인 교류가 있었던 마을임을 확인할 수 있게 해주었다[6].

2003년 2월 강릉고등학교 교사를 새로 짓는 부지에서는 주거지 1동이 발굴되었는데, 이 주거지 바닥에서 원삼국시대 경질무문토기편과 함께 중국 한漢나라의 화폐인 오수전五銖錢이 발견되었다. 2005년 강릉 유화아파트-강릉고등학교간 도로개설 부지 발굴조사에서는 8동의 원삼국시대 주거지와 21기의 신라시대 수혈식 석관묘, 옹관묘, 제사유구 등이 조사되었다. 8동의 원삼국시대 주거지는 평면 형태에 따라 呂자형 주거지 1동, 凸자형 주거지 4동, 장방형 주거지 3동으로 구분되며, 이 중 呂자형 주거지는 초당동에서 처음으로 조사된 것이다.

최근 초당동 일대에서는 그간 강릉지역에서 별로 확인되지 않았던 신석기시대 유적이 조사되고 있다. 그 중에도 특히 원형의 수혈주거지와 다양한 부속유구가 결합된 신석기시대 마을이 유적의 북서편에서 발굴되었다. 허균·허난설헌 자료관 건립하려던 부지에서 신석기시대 주거지

4동과 야외노지4기, 할석 유구 2기 등이 발굴조사 되고, 빗살무늬토기를 비롯한 어망추, 석도, 굴지구, 장신구, 제례용구 등이 많은 유물이 출토되었다. 이어서 2005년 10월에 조사된 강릉 월송로-허균생가간 도로공사에 앞서 실시된 발굴조사에서도 할석유구 6기가 조사되어 유적의 성격에 관심이 모아지고 있다.

강릉지역에서 알려진 삼국시대 유적은 크게 주거유적과 분묘유적으로 구분할 수 있다. 초당동유적에서는 이 두 유구가 모두 확인된다. 즉 초당에는 원삼국시대 번성했던 마을이 신라에 복속된 이후에도 지속되었고 마을 옆에 당시 지배층의 고분군이 함께 조성되었다는 것을 의미한다. 신라 주거유적은 초당동 사구의 북편에 치우쳐 형성되어 있는데 사구 남쪽과 이에 연결된 구릉지대에 같은 시기의 고분군이 조성되기 때문에 자연스런 현상이라 할 수 있다. 강릉지역의 대표적인 삼국시대 분묘유적으로는 영진리·방내리고분군, 병산동고분군, 하시동고분군 등이 있지만 강릉 일대의 최고 지배집단이 남긴 고분군은 초당동유적으로 보인다.

1960년대 이래 강릉 초당동에서 선사및 역사시대 유물이 이따금 발견 신고되고 학계에 보고되기 시작하였는데 1990년대 들어서는 개발에 앞서 매장문화재에 대한 의무적인 구제발굴조사가 법적, 제도적으로 정착하게 됨에 따라 초당동유적에서는 많은 구제발굴조사가 이루어지게 된다. 다른 유적들도 그러하지만 구제발굴은 발굴비용을 대는 문제나 공사기간의 연장에 따르는 문제가 발생하고 여기에 문화재 보존의 문제가 엇갈리면서 많은 민원이 발생하게 된다. 특히 2000년대 접어들면 문화재 보존의 입장과 토지의 경제적 이용의 입장은 첨예하게 대립되기에 이르렀다.

2005년 5월, 초당동 84-2번지의 주택신축부지 사전 구제발굴에서 강릉지역의 수장급 고분이 도굴되지 않은 채 발굴되었다. 이 무덤에서는 호접형관모장식, 환두대도, 은제과대, 각종 장식마구류 등이 출토되었고 유적의 중요성을 새로 알리는 계기가 되었다[7]. 발굴 후 후속조치로 주택 건축이 불허되고 원상보존이 결정되어 6월에는 사적지정 권고안이 제출되었다. 초당동유적의 문화재적 중요성에 비추어 필요에 따라 부분적으로 발굴하고, 그 때 그때 보존 조치하는 무계획적이고 비효율적인 관리 방식으로는 초당동유적을 제대로 보존 관리할 수 없을 뿐만 아니라 민원만 증폭될 뿐이라는 사실을 깨닫게 되면서 초당마을 3개 지점의 매장문화재를 국가사적으로 지정하기에 이른다.

2. 초당마을 선사와 고대의 유적형성과정

초당동유적은 동해안 최대의 석호였던 것으로 추측되는 경포호 주변의 사구지대에 입지한다. 유적의 주변지형은 석호와 사구, 잔구성 구릉, 구릉사이의 곡저면, 석호로 유입되는 하천, 석호 사이의 습지가 매몰된 저지로 구성되어 있다. 특히 석호 주변에 있어서 인간의 점유와 토지 이용은 사구의 발달과 깊은 관련을 가지고 연동하는 경향이 있다.

신석기시대의 초당동은 운정동 안쪽까지 확대되어 있었던 경포호와 이에 버금가는 송정동 일원의 석호 사이에 위치한 구릉 말단부와 여기서 남북으로 발달하기 시작한 사구로 구성되어 있었을 것이다. 신석기시대 사구는 경포호수에 접하고 있는 안초당 마을에서 남쪽 구릉 끝자락까지에 이르는 범위로 지금보다는 훨씬 좁고 긴 형태로 발달하였을 것이다. 이때 취락은 주로 석호와 가까운 사구의 북쪽에 발달하였던 것으로 보이는데 상당히 남쪽으로 내려온 강릉교육연수원 가까이의 지점에서도 신석기시대 토기편은 채집된다.

원삼국시대에는 사구가 동북편, 즉 강문동 쪽으로 발달하고 경포호를 가로 막은 사구도 현 위치와 비슷한 범위로 형성되었다. 따라서 원삼국시대의 취락은 신석기시대 이래 형성된 사구와 강문동 쪽으로 확장된 사구에 광범하게 형성된다. 그리고 오래된 사구와 새롭게 발달한 사구 사이에는 약간의 간극이 있어 습지가 형성되었으며 이곳은 신석기시대 이래 많은 유물이 퇴적되어 있으리라 추측된다.

삼국시대에는 초당동 사구 남단에 위치한 구릉지대로부터 강릉지역의 지배집단 고분군이 사구의 가장 높은 부분을 따라 형성되기 시작하여 지금의 초당동 두부마을 가까이까지 점유하게 된다. 초당동유적에서 인구가 가장 집중되었던 시기는 아마 원삼국시대였을 것으로 보이는데 이때 주거지의 숫자가 가장 많기 때문이다. 원삼국시대에 형성된 초당동 취락유적은 신라에 복속된 이후에도 끊이지 않고 지속된다. 원래 원삼국시대 취락은 안쪽 사구와 바깥쪽 사구 거의 전면에 형성되어 있지만 신라시기의 취락은 그동안 집자리가 들어서 있지 않았던 바깥쪽 사구의 북쪽에 치우쳐 자리잡게 된다. 삼국시대 이후에도 초당마을에는 인간거주의 흔적이 이따금씩 확인된다. 통일신라시대 토기도 보이고 고려·조선시대 자기편도 보이지만 역시 뚜렷한 유구로 확인되는 양상은 잘 찾아지지 않는다.

3. 강릉지역 최초의 마을

강릉시내에서 초당마을로 들어오려면 어이넘재라고 하는 나지막한 고개를 하나 넘는다. 이 고개는 초당마을과 포남동의 경계를 이루며 고개 언저리에는 홍적세에 쌓인 고토양층이 남아 있다. 고개 근처 구릉에 자리 잡은 초당초등학교는 초당마을에 아파트가 들어서면서 인구가 늘어나자 새로 옮겨지은 학교인데 고토양층을 깎아내고 학교부지가 마련되었던 것으로 보인다. 아쉽게도 학교가 들어선 이후에 지표조사가 이루어져 유적이 전체적으로 훼손되었음을 알게 되었고 유실된 고토양층의 지표에서 긁개, 몸돌, 격지 등 석영암제의 석기가 발견되었다[8].

이 구석기 말고 가장 이른 시기의 인간 거주를 말해주는 물적 증거는 신석기시대 유물이다. 초당동의 신석기시대 유적의 양상이 제일 큰 규모로 확인된 조사는 2004년도에 이루어진 허균·허난설헌 자료관 건립부지에 대한 발굴이었다[9]. 이 발굴조사를 통해서 확인된 신석기시대 마을의 일부는 기원전 3천년 전 신석기시대 중기 후반에서 후기에 속

그림2.1 초당초등학교 부지에서 발견된 석영제 타제석기
(강원문화재연구소 최승엽선생 제공)

그림2.2 석기가 발견된 초당초등학교에서 바라본 초당마을(강원문화재연구소 최승엽선생 제공)

그림2.3 초당동마을에서 발견된 융기문토기
(관동대학교박물관의 허가로 게재)

하는 자료로 편년된 바 있다[10]. 하지만 신석기시대 초당마을은 이보다 훨씬 이른 시기에 시작되었을 가능성이 높다. 허균·허난설헌 기념관 부지에서 약간 떨어져 있는 지점에서 수로 공사로 인해 신석기시대 문화층이 일부 훼손되었는데 그로부터 수습된 신석기시대 토기편 중에는 융기문토기가 포함되어 있기 때문이다[11]. 대체로 강원도 동해안 일원에서는 무문토기와 단도마연토기가 나오는 단계를 신석기시대 가장 이른 시기로 편년하며 융기문토기와 오산리식토기가 조합되는 단계를 바로 그 다음 시기로 편년하는데 초당마을의 북편 사구지대에서는 적어도 융기문토기 단계의 신석기시대 주거가 확인될 가능성이 크다.

양양의 오산리유적이나 고성의 문암리유적과 같은 융기문토기 단계의 주거유적을 살피면 그곳에 살던 당시 사회집단은 규모가 작고 조직은 비교적 단순한 사회, 그리고 당시 주거유적은 정주성의 수준이 낮아 장기간 거주했던 취락이라고는 보기 어려운 편이라고 평가된다. 다시 말해서 당시 사구 위에 조성되었던 주거유적은 임시캠프는 아니지만 취락이라고 하기에는 규모가 너무 작은 수혈주거지 2~3동과 야외노지 정도로만 구성되어 있다. 그래서 신석기시대 이른 단계에는 사구지대를 반복 점유하면서 유구의 밀도가 낮은 상태이며, 동시기에 속하는 한 거주집단의 규모는 혈연관계에 기초한 10-20인 내외의 극히 적은 구성원으로 추측할 수 있다. 정주성도 다음 단계의 신석기인보다는 상대적으로 낮은 편이 아니었을까 짐작된다. 이들 소규모 거주공동체가 어떤 사회문화적 정체성을 보여주었는지는 잘 확인되지 않으나 강원 영동지방의 신석기시대 이른 시기 문화는 토기를 비롯한 몇몇 문화요소는 강한 지역적 정체성을 보여준다. 이 점은 한편으로 강원도 동해안이라는 환경에 적응하여 이 지역을 중심으로 한정된 이동거리를 유지하며 지내왔음을 말해주기도 하지만 다른 한편으로 이 지역 안에서는 집단 사이의 활발한 교류가 있었다는 것을 의미한다.

2004년도에 이루어진 허균·허난설헌 기념관 건립부지에 대한 발굴을 통해 초당마을의 신석기 유적은 영동지방의 신석기시대 중기에 속하는 대표적인 취락유적으로 알려졌다. 역시 사구지대에 형성된 취락이며 내륙지역과는 달리 생산도구의 성격으로 보아 여전히 어로와 채집에 의존한 사회였다. 농경과 관련된 생업보다는 석호와 바다 그리고 주변 구릉일대에 풍부한 식량감을 활용하는 어로와 채집에 중점을 둔 생계를 유지해 온 것 같다. 그러나 초당동 취락유적의 양상으로 보면 이전 신석기시대 조기 및 전기 단계의 유적과는 비교할 수 없을 정도로 규모가 커지고 추락의 내부공간이 구조적으로 발전된 상태라고 할 수 있다. 초당동 유적은 야외노지와 적석소성유구 등 취사와 생산공간을 많이 포함하고 있지만 동시기 주거지가 4기 확인된다. 물론 부분적인 구제발굴이기 때문에 그 정도 수의 유구확인에 그쳤지만 10여기 이상의 주거지가 확인될 수도 있다고 본다.

그림2.4 허균 · 허난설헌 기념관 건립부지의 신석기시대 유적 발굴조사 전경 (강원문화재연구소 2006)

그림2.5 허균 · 허난설헌 기념관 건립부지 신석기시대 3호 집자리(강원문화재연구소 2006)

그림2.6 초당동 신석기유적 출토 빗살무늬토기
(강원문화재연구소 2006)

그림2.7 초당동 신석기유적 출토 석기
(강원문화재연구소 2006)

그 정도 수의 주거지가 모여 있다면 그 취락은 주거지만으로 구성되는 것이 아니고 저장과 취사 및 토기생산 등과 관련된 유구들과 함께 공간적으로 구조화되기 마련이다. 이른 시기의 주거집단이 주거지 2~3동을 하나의 주거공동체로 형성한 15인 내외의 집단이라면 중기의 취락은 여러 주거공동체들로 구성되면서 50인 이상까지의 인구가 밀집될 수도 있을 것으로 생각된다. 당시의 생계경제가 채집에 의존했던 만큼 하나의 취락집단이 일상적으로 이용하는 공간은 적어도 반경 10km 정도는 되었을 것으로 보인다. 신석기시대 중기의 주거집단은 적절한 생계전략을 토대로 이전 단계에 비해 이동성이 훨씬 줄어 정주성이 높아진 생활을 하였을 것이고 이를 토대로 인구의 증대도 가져왔을 것이다. 이러한 변화를 초당동 신석기시대 마을유적에서 어느 정도 살필 수 있다고 본다.

특히 정주성의 증가로 국지적인 생태적 환경에 적응한 전문화되고 지역화된 생계양식으로 인해 지역문화의 특성이 점점 뚜렷해 질 수 있을 것으로 예상할 수 있다. 그러나 초당동 마을유적에서도 그러하지만 그와 같은 예측과는 상반되게 영동지방 신석기문화는 타지역의 문화요소들 예컨대 대관령 너머 중서부지역은 물론이고 동남부지역, 및 남서부 지역의 토기문양요소까지 유입되는 것을 보면 매우 특이한 현상이라고 생각된다.

4. 동예인이 그 정체성을 신라로 바꾸다

어느 지역사회에서든 정체성에 대한 관념은 그 주민들의 내재화된 의식 속에 존재하며 다양한 경로를 통해 표출된다. 정체성에 대한 관념은 우선 지역사회의 공동체적 삶의 형태에 커다란 영향을 미치며 지역사회의 전략적, 혹은 정책적 활동의 토대가 되기 마련이다. 그래서 지방자치화의 시대에 각 지역사회는 자신들의 문화적, 또는 역사적 정체성을 지역축제의 소재나 문화적 상품으로 개발하는 사례를 흔히 볼 수 있다. 그러나 강릉지역의 주민들은 선사시대나 고대로부터 역사적, 문화적 정체성을 찾으려 하지는 않으며 오히려 무관심할 정도이다. 물론 강릉의 선사나 고대의 문화가 빈약하기 때문은 결코 아닐 것이다. 강릉사람들이 선사나 고대사회에서 역사적 정체성을 찾지 아니하는 가장 큰 이유는 가

그림2.8 초당-강문동 원삼국시대유적에서 출토된 동예의 토기. 적갈색이나 흑갈색에 꽤 단단하게 소성되었지만 모래가 많이 섞인 거친 태토에 물레를 쓰지 않고 거칠게 그릇 표면을 마연하여 다듬어낸 토기이다.

까운 중세와 근세의 범일국사, 율곡 이이, 신사임당과 같은 탁월한 인물의 존재감 때문이 아닐까 한다. 중·근세의 저명한 인물에서 역사적 정체성을 찾고 나면 이 이전으로 올라갈 필요성이 굳이 절실하겠는가 하는 생각이다.

강원도 영동은 고고학 자료로 보면 원삼국시대에 독특한 문화지역이었고 예濊라는 이름의 종족이 거주한 지역이었다. 고대의 강릉에는 동예 종족의 중심지 예국이라는 정치세력이 있었으며 지금의 강릉시 한 가운데에는 남대천을 끼고 예국고성濊國古城이 자리 잡고 있었다. 『三國志』 위서魏書 동이전東夷傳에 기록된 동이의 제 종족들 중에 예濊는 고구려 및 옥저와 같은 족속이라고 언급되지만 독특한 습속과 사회조직을 가졌던 종족으로 나타난다. 그리고 고문헌에는 강릉에 예국이 있었다는 기록이 있고 예국고성이 남아 있으므로 강릉은 말하자면 동예의 중심지였다. 그래서 예국고성 말고도 해안의 사구지대 곳곳에서 원삼국시대 즉 동예시기의 취락유적이 확인되는데 그중에도 가장 대규모로 그리고 가장 오랫동안 존속했던 취락은 초당동 마을이었다.

그림2.9 초당-강문동 원삼국시대유적에서 출토된 동예의 토기. 역시 바탕흙이 조질粗質이고 그릇 표면에는 거친 마연의 흔적이 있다.

그림2.10 초당-강문동 원삼국시대 저습지 제사유적. 많은 수의 토기와 목기, 돼지뼈와 소뼈, 그리고 고래뼈, 과일 씨앗, 동아줄과 그물, 복골 등이 출토되었다.

원삼국시대 예 지역의 마을유적에서는 매우 독특한 물질문화의 양상이 나타난다. 널리 알려진 것처럼 출입시설의 형태 때문에 독특한 평면형을 지닌 이른바 철자형凸字形 혹은 여자형呂字形의 주거지가 그 첫 번째라면 주거지 내부에 발견되는 토기유물군이 거의 예외 없이 모래가 많이 섞인 태토의 중도식토기中島式土器, 경질무문토기硬質無文土器 여러 점과 회색의 타날문단경호 한 두 점이 조합되는 양상이 그 두 번째 특징이라 할 수 있다. 그런데 문제는 이 독특한 주거지 형식뿐만 아니라 중도식토기라는 독특한 토기

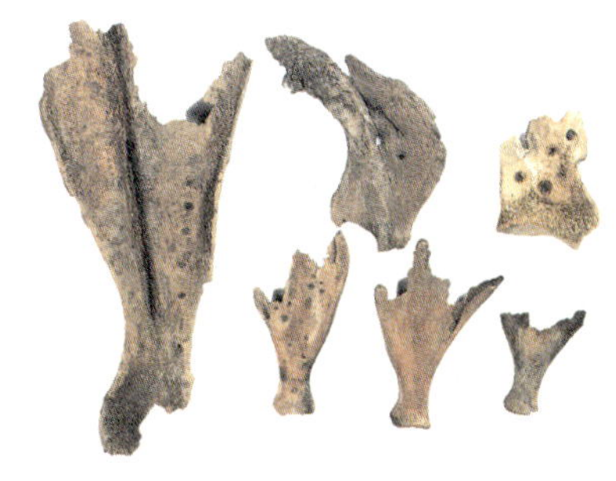

그림2.11 초당-강문동 원삼국시대 저습지 제사유적에서 나온 복골卜骨(점치는 뼈)

유물군이 과연 언제 어떤 과정을 거쳐 시작되고 발전하였는가 하는 점이다. 주거지의 구조나 토기의 제작기법이 처음부터 완성된 양상으로 시작되고 변화하는 양상도 그리 뚜렷하게 확인되지 않기 때문에 동예문화의 시작과 변천을 명확히 파악할 수 없다.

기원전 1세기까지는 남한 전역이 점토대토기와 원형 혹은 방형계 주거지가 확산되어 있어서 거의 동일한 문화상을 보여 주었다. 기원전 1세기 후반쯤에 남한의 각 지방 마다 무언가 독특한 지역문화가 나타나게 되는데 예를 들어 영남지역에는 와질토기-목관묘 문화, 서해안을 따라서는 저분구묘 문화, 그리고 한강유역과 영동지방에는 중도식토기와 凸자형, 呂자형 주거지의 유물복합체가 확산된다. 이러한 문화적 차별화를 역사기록, 즉 『삼국지』 위서 동이전의 종족구분과 맞추어보면 대개 영남지방의 문화는 진·변한에, 서해안의 문화는 마한에, 그리고 한강유역과 영동의 문화는 예에 대입됨을 알 수 있다. 그런데 다른 문화지역에서는 지역적으로 특색 있는 문화가 형성되어 가더라도 이전의 점토대토기 문화에서 점진적으로 전개되어 오는 양상이 파악되는데 유독 예지역의 문화만큼은 이전 단계의 양상과는 단절적인 모습을 보여주기 때문에 그 기원에 대한 해명이 이 지역 고고학 연구의 주요과제였다.

최근 러시아 연해주 일대의 고고학 자료가 소개되면서 그 철기문화인 끄로노우프카 문화가 이동하여 예지역에 정착함으로서 중도식토기 문화가 성립하였다는 견해도[12] 있었지만 최근 연구에서는 영동지역 점토대토기 문화의 변형요소에서 중도식토기의 기원을 찾으려는 생각을 구체화 하고 있다[13]. 기원전 1세기 후반에 다른 지역에서처럼 동예 지역에도 원삼국 문화가 시작된다. 점토대토기문화에서 동예문화로 변화되어 가면서 마을의 입지도 바뀐다. 강릉지역에도 점토대토기 단계에는 마을이 방동리유적에서처럼 구릉 위에 자리잡고 있었지만 동예시기로 접어들면서 해안 사구지대로 내려와 입지한다. 강릉에서도 북쪽으로부터 주문지 교항리유적, 동덕리유적, 초당동유적, 병산동유적, 안인리유적, 금진리유적 등 석호와 사구가 발달한 지역에는 예외 없이 동예인의 마을이 들어서게 된다.

초당동의 원삼국 마을은 대개 기원전후의 시기에 시작하여 4세기까지 약 4백년 이상 지속되었다고 보고 있다[14]. 4백년 이상 지속된 마을이기에 마을의 규모가 가장 클 뿐만 아니라, 시기적으로 변해가는 양상도 잘 드러난다. 특히 최근에 발굴 보고된 초당동-강문동으로 이어지는 사구 북쪽 편에 분포하는 주거지를 보면 몇 단계에 걸쳐 동예문화기의 취락에서 신라시기의 취락으로 변천해 가는 모습을 잘 보여주고 있다[15].

그림2.12 초당동 I-1호 원삼국시대 수혈유구 출토유물 : 중도식 무문토기의 최말기의 양상을 보여준다. 마연법에만 의존해서 그릇의 형태와 외면을 조정하지 않고 물레질이 도입된다(강원문화재연구소 2005).

그림2.13. 초당동-강문동 원삼국시대유적 IV-1호 주거지 바닥에서 유물이 출토된 모습. 오른쪽 아래가 당시 왜倭지역에서 수입된 하지키土師器식 원저장경호이다(강원문화재연구소 2007).

그림2.14 Ⅳ-1호 주거지 출토 하지키土師器식 원저장경호(강원문화재연구소 2007)

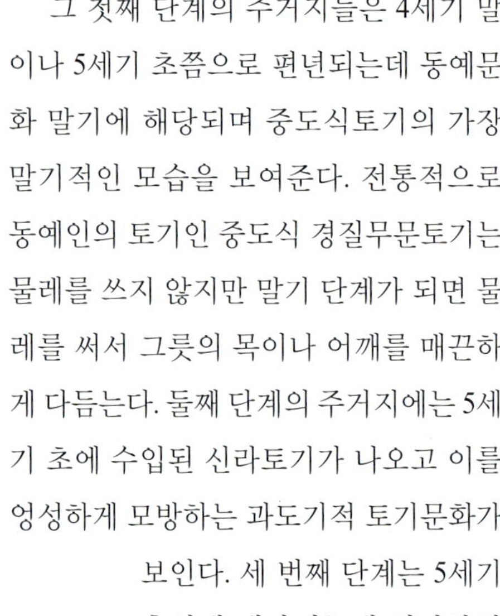

그 첫째 단계의 주거지들은 4세기 말이나 5세기 초쯤으로 편년되는데 동예문화 말기에 해당되며 중도식토기의 가장 말기적인 모습을 보여준다. 전통적으로 동예인의 토기인 중도식 경질무문토기는 물레를 쓰지 않지만 말기 단계가 되면 물레를 써서 그릇의 목이나 어깨를 매끈하게 다듬는다. 둘째 단계의 주거지에는 5세기 초에 수입된 신라토기가 나오고 이를 엉성하게 모방하는 과도기적 토기문화가 보인다. 세 번째 단계는 5세기 후엽에 해당되는데 신라양식 토기를 이제는 제대로 만들어 내기 시작하는 자체생산기에 해당되며 주거구조도 신라식의 주거를 도입하여 이 지역에 맞게 변형시켜 축조한다. 그 이전 5세기 중엽부터 초당동에는 신라고분군이 형성되기 시작하는데 5세기 후반과 6세기 전반에 걸친 약 100년이 못되는 기간이 신라고분 축조의 전성

그림2.15 초당동 2003년도 Ⅲ지구유적. 원삼국시대 凸자형 집자리가 마을을 이루고 있다가 폐기된 후 신라고분이 들어선 유적으로 동예의 문화적 정체성이 빠르게 신라화 되어가는 모습을 보여준다(강원문화재연구소 2005).

기라고 할 수 있다. 이때의 무덤들은 구릉의 말단부와 사구지대 군데군데에 커다란 봉분을 축조한 고분을 축조하였다. 구릉지대의 고분은 봉분이 아직도 잘 남아 있지만 사구지대의 고분들은 아무래도 모래성분이 많은 흙을 사용하여 봉분을 축조하였으므로 세월이 흐르면서 유실되어 지금은 있는지 없는지도 모르게 평탄화 되었다.

신라고분이 축조되었다고 해서 신라의 중심지의 사람들이 강릉으로 이주해 왔다는 뜻은 아니다. 신라와 관계를 맺고 주변지역의 정치체력의 변동을 살피면서 강릉지역의 사회집단들도 서로 통합하여 정치세력화하는데 신분적인 질서와 정치조직도 정비해 갔다. 이런 사회변동의 과정을 통해 강릉지역의 지배집단들은 신라의 고분문화를 모방 수용하여 규모가 큰 봉분에 커다란 석곽으로 매장시설을 마련하고 금공장신구金工裝身具, 장식대도裝飾大刀 장식마구류裝飾馬具類 등 신라식 위세품威勢品을 부장하게 된 것이다. 신라고분의 등장은 신라식의 이념체계를 수용하였다는 의미이고 말하자면 경주 신라지배집단의 고분군의 등급체계에 비교하여 일정 수준 아래로부터 상하의 질서가 잡힌 고분군이 형성된다는 것이다. 다시 말해서 초당마을의 지배집단이 신라고분군을 축조하게 되었다는 것은 강릉지역이 신라에 정치적으로 복속되어 신라의 문화 이념체계를 받아들이고 일정한 신라의 정치지배질서에 편입됨을 의미한다.

문헌기록 상으로 신라화가 가장 먼저 언급된 사례는 『三國史記』의기록에서 찾을 수 있다.

> "나물 니사금 42년[379]에 북변 何瑟羅에 가뭄과 누리가 있어 백성이 굶고 있으므로 죄수를 풀어주고 조세를 면제해 주었다"(『三國史記』 新羅本紀 奈勿尼師今條).

이 기록만으로는 하슬라주가 이미 신라의 영토처럼 묘사되어 있지만 고고학 자료를 통해 보면 이 기사를 그대로 취신하기는 어렵다. 문헌자료의 부족으로 고고학자료에서 신라화 과정을 연구해 왔는데 그 동안 대부분의 고고학적 연구는 신라화 과정을 신라고분의 등장으로 인해 갑자기 신라의 영토로 편입된 것으로 이해하여 왔다. 그러나 신라화의 과정은 장기적이고 단계적인 과정을 거쳐 진행되었으며 여러 물질적 사회이념적인 변동을 수반한 과정이었다. 최근 초당동 유적에서 확인된 취락과 고분군의 발굴조자료를 통해 살필 수 있는 변동의 양상은 한 지역의 정치시스템과 문화적 종족적 정체성이 변해가는 과정을 잘 보여줄 뿐만 아니라 역사적 변동 및 혹은 물질문화상의 변화를 이해하는데 중요한 자료가 되고 있다.

초당동 신라고분군과 취락유적을 통해 본 신라화의 단계는 다음과 같은 양상으로 진

그림2.16 초당동 유화아파트-강릉고 도로개설부지 7호석곽묘에서 출토된 가장 초기형의 신라고배(강원문화재연구소 2008)

그림2.17 초당동 1993년도 발굴조사 A-1호분 노출전경

그림2.18 초당동 1993년도 발굴조사 구간의 고분에서 출토된 금제태환이식

그림2.19 초당동 1993년도 발굴조사 A-1호분에서 출토된 금동과대

행되었다. 첫째, 기존 동예의 마을과 그 문화가 지속되는 가운데 신라유물이 증가하는 양상을 보이는데 강릉지역의 지배세력이 고구려의 영향에서 벗어나 신라와 긴밀한 관계를 맺으면서 신라식의 이념과 지배질서를 도입하는 단계로 이해된다(4세기 후반에서 5세기 전반). 둘째, 신라고분군이 축조되기 시작하고 마을과 고분이 분리되어 가는 양상을 보이는데 신라식 생활문화를 수용하고 신라식의 고분을 축조하며 신라의 토기 및 철기생산시스템을 수용하여 정착시키는 단계로 해석된다(5세기 중엽). 셋째로, 대형고분에는 신라식 위세품이 들어와 부장되고 취락과 고분에서 출토되는 토기와 기타 유물은 강릉지역에서 생산된 신라스타일의 물품이란 것을 알 수 있게 되는데 지역 수장층이 신라식 이념과 지배질서를 도입하고 생산체계도 신라화 되는 것으로 이해된다(5세기 후엽).

강릉은 원삼국시대 예국濊國의 중심지이며 예국시대 대규모 마을은

그림2.21 초당동 일대 연직 항공사진(1972년) ☞

바로 초당동일대에 형성되었던 것으로 보인다. 강릉의 역사적 문화적 정체성이 예국시대, 신라와 통일신라시대 그리고 고려시대로 넘어가면서 달라지고 그 중심지도 변천하는 것으로 알려져 있다. 초당동 마을은 적어도 원삼국시대에서 고신라시대까지 약 6백년간 아직 실체가 드러나지 않은 예국고성과 함께, 역사의 중심지이며 강릉 선사, 고대 문화의 정체성을 대변해 주었다고 말할 수 있다.

Ⅳ. 초당마을 경관과 변천

1. 초당동 지형 및 경관 분석

2005년도 항공사진과 유적에 대한 1m 등고의 정밀 측량도에서는 그간 이루어진 토지 형질변경으로 사구의 범위와 발달과정이 잘 드러나지 않는다. 특히 1m 등고에 의한 지도의 DEM 표시로도 지형적인 특징이 잘 드러나지 않는다. 그러나 1972년도 항공사진에서는 초당동 사구가 단일

그림2.20 초당동 일대 고사각 항공사진(강릉 해람출판기획 1969)

안초당마을
당재봉
제1사구
제2사구
제3사구
초당마을
(본동)

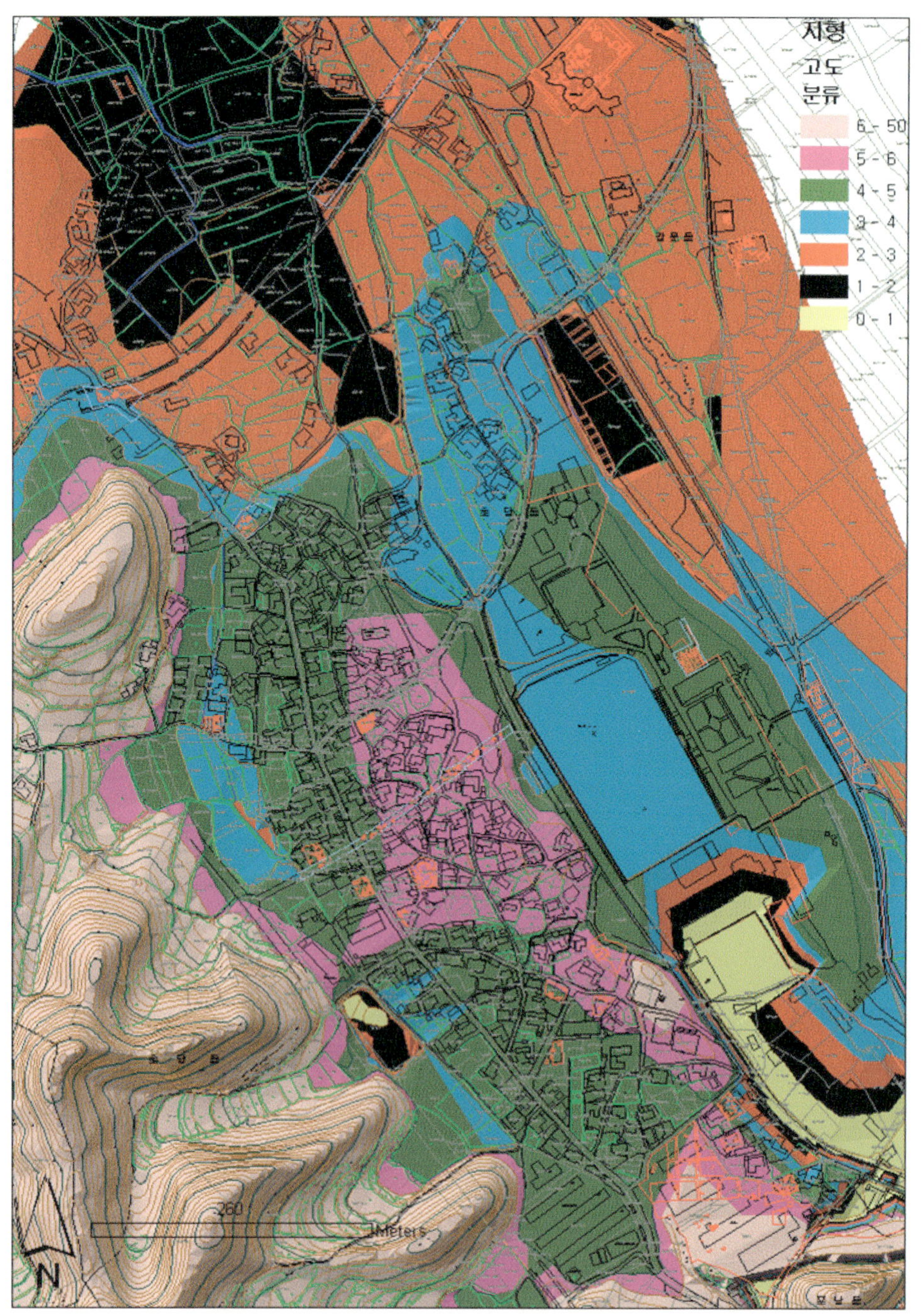

그림2.22 초당동 일대의 정밀측량조사 자료를 토대로 한 지형 DEM(지형도는 한국문화재조사기관협회 제공)

한 사구가 아니라 2중으로 발달해 있다는 사실이 분명히 드러나며 근세에 이르기 까지 초당-강문동 사구는 3단계로 발달해 있음을 알 수 있다. 농경지의 발달과 구릉 침식에 의한 습지의 매립은 근세에 급속도로 진전되었으리라 추측된다.

2. 경관의 역사

초당동에 신석기시대 사람이 처음 마을 이루고 난 뒤 지난 6천년 동안 강릉지역의 경관은 해수면의 상승과 하강에 따라 그리고 태백산맥 산줄기에서 발원하는 크고 작은 하천의 운반작용, 그리고 연안류에 의한 퇴적작용 등에 의해 끊임없이 변화해 왔다. 이와 같은 경관의 변천에 따라 인간의 활동은 경관과 끊임없이 상호작용을 하면서 인간의 개입에 의한 환경의 변모와 환경의 반응에 대한 인간 활동의 조정이 지속되어 왔다. 특히 과거 인간집단과 경관의 상호작용은 비단 당시인의 생계경제와 경관의 이용기술이란 측면에서만 검토되는 것이 아니라 경관에 대한 의미 부여와 경관을 통한 인간 사유의 변화에 대해서도 깊이 있는 논의를 필요로 한다.

동해안의 해안지형과 충적평야의 형성과정, 그리고 후빙기 이후의 산림사 연구는 다양한 자료를 통해 논의되어 왔다. 속초 영랑호의 퇴적물의 화분분석 연구[16], 주문진 신리천 주변의 충적평야 형성과 해안지형의 변화 연구[17], 양양 쌍호와 향호의 형성, 및 충적지의 발달과 인간 활동을 연계시킨 연구[18], 그리고 강릉 섬석천 일원의 충적평야 형성에 대한 연구[19] 등이 있다. 연구자들마다 해진시기에 대한 연대관의 차이 그리고 해안지형 변화의 규모나 과정에 대한 해석의 차이가 있어서 잘 요약되지는 않는다. 다만 지금으로부터 7천년 전에서 5천년 전 사이에는 강릉 일원의 하천 하류에는 충적평야를 전혀 찾아볼 수 없고 만이나 대규모 석호가 형성되어 있을 것으로 보는 점에서는 견해가 모아지는 것 같다. 이 기간 동안에 초당동은 포남동 구릉 자락에 형성된 사구지대에 해당되며 주변은 경포만이나 남대천 하류의 거대 석호에 둘러싸여 있는 경관이 아니었을까 한다.

하천 하류 연변에 충적평야가 발달하게 되는 시기에 대해 지금으로부터 3천 2백년전 해수면이 상승하면서 시작되었다는 견해가 있다[20]. 남대천이 운반해온 토사에 의해 경포호와 남대천 하류의 석호가 발달하고 병산동 일대의 사구지대가 크게 성장한다. 석호연변에는 광범위하게 습지가 형성되어 있었기에 초당동 사구의 주변은 습지에 둘러싸여 있었을 것이다. 남대천변과 운정천 그리고 섬석천 연변의 충적평야의 발달은 지금으로부터 1800년전 해면상승기에 이루어진 것으로 확인된다. 그리고 화분분석 결과 평지에서 벼농사가 시작된 시점도 대체로 이 무렵이었다고 추정되는데 대체로 동예시기에 해당된다. 그러나 강릉 교동유적에서는 적어도 2천 9백년 전에 재배된 탄화미가 주거지 바닥에서 출토된 바 있고 이 연대 역시 쌀 자체의 방사성탄소 연대측정치이기 때문에 신뢰할만하다.

선사시대부터 지금까지 초당마을 주민들의 생활의 터전이었던 사구지대의 생성에 관해서 살펴볼 필요가 있다. 초당마을 자체는 사구지대라는 지형적인 여건이 없으면 존재할 수 없었을 것이다. 초당마을 일대의 사구에는 시대에 따라 생성 시기가 다른 세 가닥의 사구가 발달해 있다. 사실 동해안의 사구는 석호의 발달 및 하천의 운반퇴적 작용과 긴밀하게 연관되며 생성되는데 지금으로부터 7~8천 년 전부터 존재했던 사구가 있는가 하면 지금으로부터 몇 백 년 전밖에 안되는 아주 가까운 과거에 형성된 사구도 있다. 가장 오래된 사구 제1사구는 초당마을의 배후 구릉지대에 연접하여 남북으로 길게 형성되어 있다. 제 1사구의 남쪽 끝은 휘어진 구릉의 끝자락에 닿아 있고 북쪽 끝은 경포호수 쪽으로 쑥 내밀듯 돌출해 있다. 이 맨 안쪽 제1사구와 배후 구릉사이는 지금은 메워졌지만 과거에 낮은 저습지였던 것으로 알려져 있다. 초당주민들은 이 저지를 '길안고랑'이라고 부르며 '예전에는 개구리가 너무 많이 살아서 밤이면 그 소음이 굉장했다'고 전한다. 이 제1사구는 융기문토기가 출토되는 것으로 보아 지금으로부터 적어도 7천 년 전 이전부터 형성되어 있었다고 볼 수 있다.

이 제1사구가 형성되고 난 후 오래 동안 사구의 형성 작용이 중단되었던 것으로 짐작된다. 해수면의 하강과 같은 현상으로 당시 생성된 사구는 지금 보다 훨씬 낮은 레벨에 위치해 있을 가능성도 있다. 강릉의 섬석천을 끼고 발달한 운산평야의 시추자료를 통해 토양분석과 꽃가루 분석을 시도해 본 결과 지금으로부터 5~6천년 전에는 해수면이 지금의 수준으로 상승해 있었고 4천년 전에는 해수면이 일시적으로 하강했으나 3천 2백년 전에 해수면이 상승한다는 분석결과를 내 놓은 연구가 있다[21). 지금으로부터 3천 2백년전 해수면이 급상승한 시기까지 초당마을의 사구형성이 둔화되거나 미미했을 가능성이 크다. 해수면 상승기에 본격적으로 형성되었던 초당마을의 제2사구에는 지금으로부터 2천년 전을 전후한 시기부터 동예인의 마을이 형성되기 시작하였다. 동예인의 마을은 제1사구와 제2사구에 걸쳐 넓게 분포하는데 두 사구지대 사이에는 낮은 저습지가 형성되어 있다. 이 저습지는 사구를 따라 길게 연장되어 있는데 저습지 북편에서는 강릉대학에서 발굴한 강문동 제사유적이 자리 잡고 있다. 제3사구는 지금 바다에 접하고 있는 해안 사구로 지금 강문마을이 자리잡고 그 남쪽으로는 사구를 따라 송림이 울창하다. 이 제3사구는 제2사구와는 상당한 거리를 두고 있으며 역시 두 사구지대 사이에는 저습지가 분포한다. 제3사구 남쪽에는 송정마을이 자리잡고 있는데 제2사구와 제3사구 사이에 형성된 저습지는 남대천까지 넓게 펼쳐져 있어 지금도 습지로 활용되지 못하는 땅이라는 이름으로 '하평들'이란 지명이 전해진다. 근세에 남대천에 둑을 쌓고 이 일대를 농경지로 개간하면서 아마 초당과 송정마을의 인구도 늘어나게 되었을 것으로 추측된다.

3. 초당동 토지이용과 정서를 담은 경관

강문동에서 안목항에 이르는 현재의 사빈해안이 만들어지고 초당동 사구지대로부터 해안까지의 저지가 매몰되어 평야지대가 되는 과정과 경포호 주변이 매몰되어 경작지화 되는 과정은 아마 근세에 들어 진행되었다고 본다. 발굴조사를 통해 조선시대 유구가 이따금씩 발견되는 것으로 보아 지금까지 이어지는 초당동 취락의 형성은 상당히 오래 전부터 진행되었던 것으로 보이며 사구의 높은 지대와 구릉의 완사면을 따라 주택이 들어서 지금의 취락이 형성되었다.

아파트를 제외하고 현재 초당동 마을의 단독주택 60~70%는 30~40년 이전에 지어진 건물로 정서와 향수를 담은 건물이긴 하지만 노후화 되어 있다. 그리고 사구지대의 건물 사이, 구릉의 사면, 그리고 주변 저지대는 경작지로 이용되어 왔다. 주변 저지대에는 논이 조성되어 있고 구릉 사면과 사구지대는 밭이나 과수원이 조성되어 있다. 한편 초당동 마을은 고가古家로서 지방문화재로 지정 보존되는 가옥은 2채에 불과하지만 100년 가까이 된 옛집이 여러 채 있다. 그리고 1960~70년대 지어진 집들이 지금까지 그대로 남은 것이 많이 있고 마을 사이에는 포장되지 않은 길이나 오래된 골목길이 마을 주민의 통행로가 되어 있다. 그리고 마을 군데군데에는 서로 경계 지워지지 않은 송림과 텃밭 그리고 집 안팎으로 누가 가꾸었다고 말하기 어려운 작은 꽃밭을 발견하기는 어렵지 않다. 강문에서 초당으로 들어오는 입구에는 초당두부를 전문으로 하는 전통 음식점이 늘어서 있다. 초당마을을 남북으로 관통하는 자동차도로 동쪽에는 방풍림을 일부 벌목해내고 지은 공공건물 강릉고등학교와 교원연수원 건물이 자리 잡고 있다. 초당마을 남서쪽 구릉하단과 곡저면은 1980년대 까지만 해도 농경지와 임야로 되어 있던 곳인데 지금은 고층의 아파트와 상가가 조성되어 있다.

초당마을의 경관은 옛 것과 새로운 것, 가꾼 것과 덜 가꾼 것, 송림, 수로와 습지, 논, 밭, 텃밭, 골목길, 농로, 버려진 철둑길 등 무척이나 다양한 요소들로 구성되어 있다. 이와 같이 다채로운 경관들이 마을 주민의 삶에 어떤 부분은 대단히 의미 있기도 하였고 어떤 부분은 의미가 적기도 하였을 것이다. 매일 만나는 주민들에게는 너무나도 익숙하여 서정적인, 혹은 향수 어린 정취가 아닐 수도 있지만 방문객들에게는 어느 것 하나 눈길을 끌지 않는 것이 없을 정도로 정서를 담은 경관으로 다가온다. 방문객들에게는 어느 곳을 가도 그 나름대로 낯설지 않은 정경이며 특히 안초당이 그러하지만 초당마을의 일부는 호수, 송림, 습지와 같은 자연의 요소가 가옥들과 절묘한 조화를 이루고 있어 방문객들의 마음을 사로잡는다.

그림2.23 초당마을의 가장자리를 따라 가꾸어진 송림. 바다쪽에서 불어오는 바람으로부터 마을을 보호하기 위한 방품림이다.

그림2.24 방품림의 겨울 풍경

그림2.25 초당마을과 경포호수 사이에 조성된 송림을 바깥에서 본 모습. 안초당마을을 감싸고 있음.

그림2.26 안초당마을 숲의 겨울 풍경

그림2.27 안초당마을 송림속의 빈터와 이른 봄의 벚꽃

그림2.28 마을 안쪽에도 군데군데에서 고송이 보임.

그림2.29 안초당 마을 집 울타리를 따라 자라고 있는 오죽

그림2.30 허균 · 허난설헌 기념관 앞의 미루나무 숲

초당마을의 구릉지대와 마을 안과 주변 곳곳에는 울창한 송림과 나무 몇 그루가 모여 있는 숲이 있다. 초당마을의 숲, 그중에도 특히 송림은 마을사람이 필요에 의해 조성해 놓은 실용적인 기능을 가진 숲이 있어 그 유래에 대한 이야기가 전해지는 것이 있다. 초당마을의 숲 중에서 해변 쪽 마을 가장자리에 길게 뻗어 있는 방풍림으로 보이는 것이 가장 먼저 눈에 들어오는 숲이다. 특히 강릉고등학교와 교육연수원의 배후 즉 초당마을 사구의 동쪽 가장자리를 따라서 늘어서 있는 소나무 숲은 뛰어난 풍치를 자랑하고 있다. 이 소나무숲을 금송禁松이라고도 부르는데 예전 마을사람들이 소나무를 심어 놓고 베지 못하게 해서 유래한 이름이다[22]. 그리고 집과 집 사이에정서적인 안락함을 주는 자연숲과 집 안팎의 원림으로서 조성한 숲이 자리 잡고 있으며 수종은 소나무가 우세하지만 벚나무와 기타 화훼목이 적절히 안배 되어 있다. 또 한군데의 아름다운 정취를 간직한 숲은 초당마을 사구지대 북쪽에 해당되는 안초당에 형성된 송림으로 이 송림은 경포호수 경관과 연결된다. 경포팔경鏡浦八景 중에 하나인 '초당취연草堂炊煙'은 바로 이 안초당의 송림 사이에 자리잡은 초가집에서 밥 지을 때 연기가 피어오르는 정경을 일컫는 말일 것이다.

초당마을은 마을 자체가 습지로 둘러싸인 사구미고지砂丘微高地에 자리 잡고 있어서 앞서 경관사에 말한 것처럼 신석기시대부터 석호와 습지로 둘러싸여 있었다. 지금은 주변 습지 전체가 경작지로 되면서 습지는 수로로 탈바꿈하여 소하천과 농수로로 변해있으나 다른 어느 마을에서도 볼 수 없는 독특하고 수려한 수변공간을 이루고 있다. 경포호수와 접하고 있는 안초당 주변도 1960년대에 논으로 개간되어 버리고 경포 호수 밖으로 돌려놓은 관개수로가 안초당을 감싸고 있다. 특히 이 일대에 대한 경지정리와 함께 인공적인 관개수로를 내어 경관이 크게 바뀐 것은 1970년대 초로 추측된다. 하지만 경포호수와 주변 습지는 초당마을에 바

그림2.31 초당마을 북쪽을 감싸고 도는 운정천의 한 갈래. 70년대 초 경지정리로 유로가 직선화되어 버려 아쉽지만 초당마을을 둘러싼 습지경관을 이루고 있다.

그림2.32 운정천의 겨울 모습. 초당마을을 지나면서 운정천의 두 갈래가 나란히 달리는데 한 갈래는 경포 호수를 거쳐 나오고 다른 갈래는 강문교 밑으로 나가 바다로 유입된다.

그림2.33 경포호수로 유입되는 운정천은 물의 흐름이 거의 없어 습지를 이룬다.

그림2.34 바다쪽으로 유입되는 운정천

그림2.35 초당마을 동쪽 외곽을 따라 도는 농수로

로 접하고 있었기 때문에 경포호수를 건너 안현동이나 오죽헌 쪽으로 가려면 안초당에서 배를 타곤 했다고 한다.

경포 주변의 누정과 초당마을의 옛집들은 경포호수를 중심으로 하여 생활권역 및 경관활용을 달리하면서 나누어진 것으로 보인다. 초당마을은 지은 연대를 정확히 알 수는 없지만 100년 남짓된 고가 두 채, 안초당의 이광로 가옥과 초당동 269번지의 최상순 가옥이 문화재로 지정되어 있다. 초당동에는 고가 이외에도 정서를 담은 건물이 많이 보인다. 1960~70년대에 지어진 민가와 함께 최근 지어진 건물 중에도 고풍스런 외관을 지닌 건물들이 곳곳에 자리잡고 있다. 30~40년 이상 된 민가들 중에는 울타리 안쪽과 바깥쪽에 작은 텃밭을 가꾼 집이 많다. 대부분의 가옥이 울타리를 두르고 있지만 낮고 완전한 차단이 아니라 밖에서 안이 들여다보이는 경우가 많아서 울타리 안쪽의 집 안뜰, 울타리 밖의 텃밭, 바깥뜰이 경계 없이 전개되는 양상을 보여 주기도 한다.

초당마을의 길道은 마을 바깥에서 마을 안으로 들어가는 길, 마을을 통과하여 지나가는 길, 마을을 에둘러 가는 길, 마을안 골목길의 네 가지 길이 있다. 길은 장소와 장소를 연결시켜주는 역할을 하지만 그저 지나쳐 버리는 공간이 아니라 통과하면서 보고 느끼는 경관이기도 하다. 길을 따라 개울이 함께 흐르고 가로수를 심어 놓거나 꽃길로 조성하는 까닭은 길을 통과하는 사람들에게 보고 느낄 수 있는 경관으로 가꾸기 위해서이다. 특히 탁 트인 경관을 통과하는 길은 각별히 서정적인 공간이 된다. 초당동 마을로 들어가는 길은 자동차 도로와 농로 그리고 철거된 기차선로가 있다. 아쉽게도 자동차도로는 아무런 배려 없이 무미건조하게 나 있다. 철로를 철거하고 포장한 길은 사람의 이용이 적기는 하지만 철로로 사용되던 시절에 조성한 소나무 가로수가 정취 있게 조성되어 있다. 농로는 전통적인 마을길처럼 구불구불한 형태는 아니며 경지정리 후 새로 낸 직선 도로지만 가로수와 노변 꽃길로 단장되어 있기도 하다.

그림2.36 초당마을 동쪽 외곽을 남북으로 달리던 철길이 철거되고 경운기가 다니는 농로로 이용하고 있다.

그림2.37 경포호수에서 안초당 마을로 접어드는 솔밭길을 강릉시에서 솔향길이라는 이름을 붙여 안내하고 있다.

그림2.38 안초당 마을 솔밭길의 봄 풍경

그림2.39 초당마을 한 가운데로 난 예전의 간선도로

그림2.40 운정동에서 당재고개를 넘어와서 초당마을로 들어서는 길

그림2.41 초당마을 본동의 골목길

그림2.42 초당동마을 가운데 있는 300번지 임야를 가로질러 난 길

그림2.43 최근 종합운동장에서 강문동까지 일직선으로 낸 4차선 자동차 도로. 남북으로 길게 형성된 초당마을을 동서로 절단하고 지나간다.

마을을 둘러가는 길은 마을 바깥을 돌고 있는 수로를 따라 가는 콘크리트 포장도로이다. 1970년대까지만 하더라도 마을에는 집과 텃밭이 교대로 배치되어 있어서 골목길과 같은 것은 보기 어려웠지만 마을 안에 가옥이 늘어나고 울타리 밖의 텃밭이 없어지면서 집과 집 사이로 난 구불구불한 골목길이 많이 생겨났다. 지금도 텃밭 가장자리를 따라 유실수와 소나무 등이 심어져 있던 것이 길과 함께 남아 있다. 지금은 마을 안 길도 대부분 포장되어 있지만 마을 안 숲과 텃밭 사이를 지나 마을 안 골목으로 이어지는 길 중에 포장되지 않은 길도 있다. 안초당에는 숲속으로 난 길이 있다. 이 길은 숲을 지나서 수로를 건너 경포호수와 연결되는데 고목이 된 소나무 숲속에 빈터가 군데군데 있고 소나무 숲 한쪽에 커다란 벚나무가 군집을 이루고 있는 곳도 있다. 허난설헌의 생가로 알려져 있는 이광로가옥 주변에는 지금도 감나무가 여러 그루 자라고 있는데 원래 이곳은 감나무 숲으로 늦은 가을에는 여기서 딴 감으로 만든 곶감을 말리느라 커다란 덕장을 만들어 놓은 것이 장관이었다고 전한다.

이와 같이 초당마을의 정서를 담은 경관의 요소, 이를테면 숲林, 습지濕地, 집家, 길道 등은 오랜 세월을 두고 마을 공동체가 가꾸어 왔거나 그저 경관 안에 살아 옮으로써 그 장소에 있게 된 것이다. 그러므로 초당마을의 공동체와 그들의 생활방식이 지속되는 한 마을의 경관은 그 정서와 함께 유지될 것이다. 그러나 아쉽게도 초당마을의 공동체적인 성격은 이미 해체되고 변질되었다고 해도 틀린 말은 아니며 지금은 그저 주택단지에 가까운 모습으로 바뀌어 가고 있다. 1990년대부터 시작된 아파트 건설로 인해 초당동 마을의 경관은 급변했다. 사구를 두르고 있는 송림이 울창한 구릉을 배경으로 나지막하게 자리 잡은 초당마을에서 고층아파트가 얼마나 낯선 경관인지는 두말할 필요가 없을 것이다. 특히 고고학적인 유적으로 초당마을을 볼 때 해안의 구릉지대를 끼고 형성된 사구유적이라는 자연경관이 매우 중요한데도 불구하고 사구지대와 구릉지대 사이에 고층 아파트를 건설함으로써 사구와 구릉을 분리시켜 버리는 결과를 초래하였다. 최근 초당동의 경관에 또 다시 커다란 상처를 준 것은 강문동-종합운동장 간의 4차선 도로의 개설이다. 이미 이 도로는 오래전 경포 호수의 호안이었던 구릉 말단부를 잘라내면서 개설되었기에 경관을 무시한 도로임이 증명되었지만 이 도로에 의해 안초당과 권촌이 초당마을에서 잘려져 나오게 된다. 말하자면 하나의 사구 위에 신석기시대부터 한 마을이었던 초당마을이 이제는 두 토막으로 갈라진 것이다. 초당마을에서 아직도 우리에게 서정적인 느낌을 주고 있는 경관은 과거의 총체적인 모습 중에 극히 단편적인 조각들에 불과하다. 물론 우리는 이를 도시화의 한 과정으로 어쩔 수 없는 것으로 간주할 수도 있겠지만 초당동이 가지고 있는 독특하고 수려한 경관과, 문화자산, 그리고 마을 역사는 도시화로 대체해 버리기는 너무나도 아까운 것임은 두말할 필요가 없다.

그림2.44 홍길동길 247번 주택. 당재봉 동남쪽 아랫자락에 자리잡은 이 집은 울타리 밖에 텃밭이 있고 문가에는 큰 나무를 심어 놓았다.

그림2.45 106-1대 주택. 한정식집으로 사용되는 이 집은 울타리를 헐고 출입구를 다른 쪽으로 돌려 놓았다.

그림2.46 이광로가옥 가을 풍경. 허균 허난설헌의 생가터에 자리잡고 있다는 이 집은 안초당 솔숲과 감나무와 벚나무 등과 어우러져 계절에 따라 아름다운 풍광을 자아낸다. 강원도 문화재자료 59호로 지정되어 있다.

그림2.47 봄에 찾은 최상순가옥. 강원도 문화재자료 61호로 지정된 이집은 마을 한가운데 솔숲을 배경으로 하고 문밖에 텃밭이 가꾸어져 있다.

그림2.48 눈이 내린 다음날 안초당 마을의 전통가옥. 지금 몇채 남지 않은 전통가옥이 허균 · 허난설헌 기념관 및 생태공원조성과 맞물려 철거될 계획이라고 하지만 주변경관과 조화를 이루고 있는 가옥들을 보존할 필요성은 충분하리라 생각된다.

그림2.49 허균 · 허난설헌기념관 및 이광로가옥으로 접어드는 길목에 자리잡은 홍길동박물관. 콩공예를 하시는 분이 농가를 손질하여 지금의 모습으로 가꾸었다. 몇 해 전부터 홍길동박물관으로 사용되는데 안에서는 홍길동 관련 고서적이 전시되어 있고 한 켠에서는 공예품도 팔고 있다.

그림2.50 교원연수원으로 들어가는 길. 초당마을 방품림과 신라고분 분포지역에 현대식 교원연수원이 들어서 있다.

V. 맺음말

오늘날 강릉의 중심 시가지는 북쪽으로는 화부산을 등지고 있으며 남쪽으로 남대천이 에워싸고 있다. 이 화부산 자락이 동쪽으로 향하여 뻗어 내려 가다 춘갑봉을 이루고 그 동쪽으로 사구가 형성되어 있는데 이곳에 초당마을이 자리 잡는다. 신석기시대에 구릉 말고는 주변이 온통 석호와 습지로 에워싸고 있는 이곳에 어로와 채집생활을 주로하던 사람들이 들어와 처음으로 마을을 이루게 된다. 청동기시대가 시작될 무렵 사구가 또 하나 생성되기 시작하여 넓어진 바닷가 초당마을에는 원삼국시대 동예인들이 새로운 터전을 이곳에 잡는다. 동예인들은 물질문화에 그들만의 정체성을 표현했으며 사구의 마을에서 발견되는 독특한 형태의 주거지와 토기유물군 등을 통해 그 양상을 살필 수 있다.

삼국시대 신라가 동해안으로 진출함에 따라 강릉지역의 토착집단들은 신라의 정치세력으로 편입된다. 초당마을을 중심으로 한 토착집단의 지배세력들도 신라 문화와 신라의 이념체계를 수용하여 신라식 고분군을 조성하게 된다. 신라식 주거지의 채용, 신라 토기의 모방 생산, 신라식 고분의 축조, 신라 중심지로부터 받아온 신라식 위세품의 부장을 통하여 전통적인 동예문화는 빠른 속도로 신라화 되어 5세기 동안 초당마을의 문화적 정체성은 빠르게 변화되어 간다. 이러한 초당마을의 오래된 역사는 시간과 함께 사라지지 않고 초당마을의 지하에 묻혀 있다.

초당마을 곳곳에서 발굴을 통해 인상적인 문화재가 노출되어 까마득한 선사시대로부터 초당마을의 역사가 재구성될 수 있었다. 최초의 신석기인의 정착과 커다란 채집사회의 마을이 형성되는 과정을 알 수 있게 되었고 불에 탄 동예인의 집터에서 그들의 문화적 특성과 그 변화를 읽을 수 있었다. 초당동 84-2번지 A-1호분의 석곽에서는 화려한 신라식 금공품과 함께 묻힌 강릉지역의 토착 수장의 모습을 찾을 수 있었다.

자연의 일부인 석호와 습지, 울창한 송림으로 덮힌 구릉을 배경으로 자연스럽게 가꾸어진 마을 숲과 정서와 향수를 담은 옛집과 울타리 그리고 텃밭, 구불구불한 길 등이 초당마을의 경관을 구성하고 있다. 이 경관은 초당마을 공동체가 적어도 수백 년 전부터 가꾸어 온 것이며 그들의 생활방식과 사고와 정서가 배어 있고 그 의미들이 퇴적되어 있다. 그러나 한편으로 무계획적이고 무반성적인 도시화로 마을이 조각나고 오래 동안 마을 공동체가 가꾸어온 경관은 급격히 훼손되었다. 이와 같은 훼손의 과정에서도 과거의 경관과 문화가 조각난 채로 살아남아 있다. 어떤 형태로든 초당마을은 변해가겠지만 과거로부터 전해오는 경관과 자산과 의미들은 제거되거나 더 이상 손상되지 않게 보호하면서 새로운 건물과 시설이 자연스럽게 도입되는 방법이 모색되어야 할 것이다.

1) 1980년대 충주댐수몰지구의 민속역사분야조사와 합천댐 수몰지구에 대한 생활실태 조사가 거의 초창기 구제 마을조사 였다. 최근의 구제조사로서 대표적인 것은 농업용저수지의 건설로 수몰되는 청도군 풍각면 성곡리 일원의 조사라고 할 수 있다.
경상북도문화재연구원, 2006,『청도 성곡리 마을지』, 경상북도문화재연구원.
한편 지자체의 지원으로 민속에 초점을 맞추어 한 마을을 대상으로 방대한 풍속과 생활사 자료를 조사해낸 사례도 있다. 그 한 예로서 안동대학교 민속학연구소에서 조사보고서를 발간한 경북 문경시 산양면 현리마을에 대한 조사를 들 수 있다.
안동대학교 민속학연구소, 2003,『반속과 민속이 함께 가는 현리마을』, (주)한국학술정보.

2) 국립민속박물관의 마을조사기록으로 대표적인 것은 도시민속조사보고서 1책으로 발간된 서울 아현동의 조사기록이 있고 2008년 전북 민속문화의 해를 기념하여 무주군 적상면 북창리 마을의 조사보고서로 발간된 것이 있다.
국립민속박물관, 2008,『아현동 사람들 이야기』, 국립민속박물관.
국립민속박물관, 2008,『잿들, 산위에 들을 일구다』, 국립민속박물관.

3) 李鐘哲,「抗日獨立運動과 江陵」『江陵市史』(上), 江陵文化院: pp. 294-304.

4) 有光教一, 1938,「朝鮮 江原道の先史時代遺物」『考古學雜誌』28-11.

5) 江陵大學校博物館, 1992,『溟州郡 安仁里遺蹟 發掘調査 略報告書』.
白弘基 1991「溟州郡 安仁里住居址 發掘調査 略報告」『제15회 韓國考古學全國大會發表要旨』韓國考古學會.

6) 江原文化財硏究所, 2007,『江陵 草堂洞遺蹟 Ⅲ』, 江原文化財硏究所.

7) 江原文化財硏究所, 2007,『江陵 江門洞 鐵器·新羅時代 住居址』, 江原文化財硏究所.

8) 최승엽·홍성학, 2001,「중부 동해안 구석기유적의 분포범위 확산을 위한 노력(1)」『博物館誌』8, 江原大學校 博物館.

9) 江原文化財硏究所, 2006,『江陵 草堂洞 新石器遺蹟』, 江原文化財硏究所 學術叢書 40책.

10) 고동순, 2004,「강릉시 초당동 신석기시대 유적조사 개보」『韓國新石器學報』7 : pp. 117-127.
임상택, 2009,「초당동 유적군과 강원 영동지역의 신석기문화」『사적 제490호 강릉 초당동유적』 주요유적 종합보고서 Ⅰ: pp. 403-414.

11) 徐美貞·高熙在, 2000,「새로 발견된 江陵 草堂洞 新石器遺蹟·遺物에 대하여」『博物館誌』1: pp. 33-55.

12) 盧爀眞, 2004,「中島式土器의 由來에 대한 一考」『湖南考古學報』19: pp. 97-112.
유은식, 2006,「두만강유역 초기철기문화와 중부지방 원삼국문화에 대한 일 연구」『崇實史學』19: pp. 97-112.

13) 沈載淵, 2009,「경질무문토기의 발생」『강원고고학의 새로운 쟁점과 시각』, 2009년 강원고고학회 추계학술대회: pp.81-98.

14) 송만영, 2009,「강릉 경포호 원삼국시대 주거지의 특징과 편년」『사적 제490호 강릉 초당동유적』 주요유적 종합보고서 I : pp. 441-460.

15) 李盛周·姜善旭, 2009「草堂洞遺蹟에서 본 江陵地域의 新羅化 過程」『사적 제490호 강릉 초당동유적』, 주요유적 종합보고서 I : pp. 461-484
박수영, 2009,「강원 영동지방의 신라화에 대한 검토」『강원고고학의 새로운 쟁점과 시각』, 2009년 강원고고학회 추계학술대회: pp. 101-132.

16) 安田喜憲·塚田松雄·金遵敏·李相泰, 1980,『韓國における環境變遷史と農耕の變化』文部省海外學術調査 1-19.

17) 백홍기·오건환, 1997,「중부동해안지역 선사유적의 분포 특성과 지형환경」『古文化』50: pp. 135-160

18) 趙華龍, 1979,「韓國東海岸における後氷期の花粉分析學的研究」『東北地理』31: pp. 23-35.

19) 尹順玉, 1998,「江陵 雲山충적평야의 홀로세 後期의 環境變化와 地形發達」『大韓地理學會誌』33-2: pp. 127-142.

20) 尹順玉, 2004,「강원 해안지역 홀로세 중기 자연환경과 인간생활」『江原地域의 新石器文化』, 제6회 강원고고학회 학술발표회: pp. 39-50.

21) 尹順玉, 1998, 앞의 논문

22) 金起卨, 1992,『江陵地域 地名由來』, 도서출판 인애사, p. 134.

강릉 초당마을 문화자산 콘텐츠 구축과 활용 방안

박영주 강릉원주대학교 국어국문학과 교수

Ⅰ. 접근의 시각

지방자치제의 본격적 실시가 이루어지면서 이제 지역은 중앙과 다름없는 하나의 단위로서, 그 위치와 크기가 서로 다를 뿐 비슷한 자격과 조건을 지닌 국가의 생명체로서 인식되고 있다. 이렇게 지역이 관심의 대상이 된 것은 세계화의 추세와 정보통신망의 발달에 힘입은 바 크다. '지역의 경쟁력이 곧 국가 경쟁력의 근간'이라는 말에서 느낄 수 있듯, 중심단위가 지역이 된 사회, 이른바 지역사회는 상호 지리적 인접성으로 인하여 지역 수준 이상의 막강한 경쟁력을 가진다.

그렇기에 지역의 역량이 곧 국가의 역량이라는 전제 아래 선진국들은 시대의 추이와 함께 지역 역량 강화에 힘을 쏟고 있으며, 그 일환으로 지역 혁신체계를 구축하는데 배전의 노력을 기울이고 있기도 하다. '지역적인 것이 곧 세계적인 것이다.'라든가, '세계적으로 생각하고 지역적으로 행동하라.'라는 말은 바로 세계화 시대에 갖는 지역과 지역문화의 중요성을 강조한 것일 터다.

지역문화는 '지역'이라는 공간적 속성을 필연적으로 반영하기에, 지역문화를 구성하고 있는 인문·사회적 제반 요소에 대한 이해가 필수적이다. 특히 세계가 다원화되고 밀착될수록 오히려 지역문화의 총화로 이루어지는 민족문화에 대한 자각은 새로운 차원의 각성을 통해 자기정체성을 확립하는 일이 절실하다. 이와 같은 자각과 실천이 뒤따르지 않을 경우, 문화적 식민상태에 빠져들거나 외래 문화에 대한 굴종과 모방이 체질화되게 되어 있다. 그런 의미에서 지역문화 연구는 '스스로의 문화적 자존심과 자신감을 찾고 깨우치며 가꾸려는 작업'이기도 하다[1].

특정 지역의 문화적 자산에 주목할 때 예외 없이 거론되는 사안은 '보존과 개발'의 문제이다. 대대로 전승되어 온 전통 문화유산을 중심으로 제기되는 '보존'의 문제와, 당대 새로운 문화적 구성요소 및 추진역량을 중심으로 제기되는 '개발'의 문제가 그것이다. 중요한 것은 두 측면 모두 결코 소홀히 여길 수 없다는 것이다. 그래서 자주 지역주민과 행정관서 사이에 충돌이나 마찰이 빚어지며, 심지어는 지역주민들 상호 간에서마저 갈등이 야기되기도 한다.

지역 문화자산의 근간을 이루는 전통 문화유산은 그곳에서 대대로 살아온 이들의 사고와 언어 그리고 행위의 일체가 구체적으로 형상화된 유·무형의 문화현상 전반을 일컫는다. 지역 고유의 특성과 미학을 지닌 채 그 지역민의 문화생활에 이바지해 온 정신적 물질적 자산인 셈이다. 따라서 어떤 지역의 문화유산은 그 지역 자연환경의 생태적 특성이 고스란히 반영된 것이면서, 향토의 시간적 공간적 역사성이 반영된 지역민의 삶과 경험의 누적적 총체라고 할 수 있다. 지역문화가 그 지역에 사는 주민들이 자신들의 역사 진행과정에서 자기화한 가치관인 동시에 경험의 총체이듯, 지역 전통 문화유산은 지역주민들의 사고의 뿌리이자 정서의 고향으로서, 현재 그들 곁에 남아 있는 생명력 있는 문화의 모습들인 것이다. 따라서 이는 지역의 공동체적 정체성을 확인할 수 있는 가장 가치 있는 자산이다.

하지만 이와 같은 지역 전통 문화유산이 오늘의 현실에서 보다 새로운 생명력과 가치를 지니기 위해서는, '그 자체로 그러한' 대상에 머무르기보다는 오늘의 위상, 특히 지역주민들의 입장과 결부된 측면을 고려하지 않을 수 없다. 주지하듯 지역 전통 문화유산은 오늘날 문화관광의 핵심요소로서 다대한 역할을 하고 있거니와, 이로 인해 오히려 지역주민들은 삶의 질 면에서 향상은 차치하고라도 불편과 불이익을 감수해야 하는 경우가 적지 않기 때문이다. '보존과 개발'의 문제는 바로 이와 같은 맥락에서 제기되는 종요로운 사안이며, 해결의 선망이자 열쇠는 요컨대 합리적 대안의 모색과 제시에 있다. 바람직하기는 당대의 새로운 문화적 요소와 합목적적으로 결합된 전통의 창조적 계승일 터다.

강릉의 '초당마을'은 강릉에서 제일 처음 생긴 마을이라는 사실은 접어두고라도, 이상에서와 같은 지역과 지역문화 연구의 의미를 추찰할 수 있는 최적의 장소이며, 지역의 문화적 자산에 결부된 보존과 개발의 문제가 지속적으로 제기되어 온 마을이다. 전국 어느 지역에 견주어 손색이 없는 전통 문화유산을 풍부하게 간직하고 있으면서, 시대의 조류와 함께 현대적 문화 문명의 요소들이 점진적으로 확산되고 있는, 이른바 전통과 현대가 병존하는 마을의 한 전형을 보이고 있기도 하다.

이 글에서는 이와 같은 초당마을의 미래지향적 비전을 제시하기 위한 기초작업의 일환으로서, 초당마을이 지니고 있는 문화적 자산의 문화콘텐츠화와 그 활용방안을 모색해 보고자 한다. 초당마을의 부문별 문화자산에 대한 정리로부터 콘텐츠 구축 및 바람직한 활용에 이르는 과정에서 제기되는 사안들에 대해 인문학적 관점에서의 접근과 방안을 모색하되, '오늘의 새로운 문화적 요소와 합목적적으로 결합된 전통의 창조적 계승'에 초점을 맞추기로 하겠다.

Ⅱ. 초당마을의 부문별 문화자산

● **지역 문화자산의 개념과 범위** 지역의 문화자산이란 다른 지역의 것과 차별화되는 핵심적인 문화소재를 말한다. 여기에는 지역 고유의 지리와 경관을 위시하여, 대대로 전승되어 온 유형·무형의 문화재, 기념물과 민속자료, 역사적 인물과 구비전승, 문화행사와 특산물 등 지역 내에 존재하는 다양한 문화적 요소들이 두루 포함된다.

●초당마을 문화자산의 의의와 가치 강릉의 초당마을은 역사적으로 오랜 연원을 지니고 있기에, 누대에 걸쳐 형성된 문화유산이 다른 어느 지역보다도 풍부하게 존속해 오고 있다. 특히 나지막한 구릉과 아늑한 평지를 배경으로 숲과 바다와 호수를 한 공간에서 조망할 수 있는 지리적 여건과 경관을 갖추고 있다는 점에서, 강릉은 물론 강원도 동해안 특유의 풍광과 정취를 대변하는 마을이다. 이와 함께 오랜 세월의 자취가 배어 있는 삶의 습속과 생활문화 및 유형·무형의 전승에 바탕을 둔 문화유산들이 층층이 쌓여 있는 전통문화의 보고이기도 하다.

지역의 문화자산 가운데서도 특히 전통 문화유산은 지역의 정체성을 확보하면서 개성이 묻어나는 관광상품을 창출하는 온상이 되어 왔다. 그렇기에 국내 여느 지역에서는 물론 세계 모든 나라에서도 그 보존·확충과 활용에 지대한 관심을 기울이고 있다. 지역적 특성에 근거한 향토 문화자산은 콘텐츠의 무진장한 보고일 뿐 아니라, 체계화된 지식기반을 토대로 언제라도 다양한 문화콘텐츠로 개발·활용할 수 있는 부가가치가 높은 분야인 것이다.

●초당마을 문화자산 지식정보화 작업의 필요성 강릉 초당마을의 문화자산은 그 지식기반이 튼튼하지 못한 까닭에, 관광상품화나 문화산업화에 결부된 다양한 부가가치의 창출이 가능함에도 불구하고, 오늘에 이르기까지 여전히 '잠재적 가능성'만을 지닌 채 존속되어 왔다. 따라서 이러한 잠재적 가능성을 활성화하면서 궁극적 실현의 단계에 이르기 위해서는, 우선 초당마을의 문화자산을 체계적으로 발굴·정리하면서 자료화 및 정보화를 꾀하고, 이어 이러한 지식기반 위에서 멀티미디어 시대에 걸맞는 문화콘텐츠화 작업을 통해 문화적 가치인식을 확충할 필요가 있다. 나아가 이와 같은 문화자산의 지식정보화 작업의 결과를 적극적으

로 활용하는 방안을 모색할 필요가 있다.

여기에서는 이러한 작업의 과정과 필요성을 염두에 두면서, 초당마을의 문화적 자산들 가운데 예의 적극적으로 활용이 가능한 주요 문화자산을 부문별로 항목화하여, 지식정보화 작업의 원천이자 자료화 대상을 간략히 정리·제시하기로 한다[2].

① 마을개관

●**명칭 유래** 조선시대 광해군 때 초당 허엽草堂 許曄·1517~1580은 당파싸움에 휘말려 화를 입었을 때, 산수가 수려하고 풍광이 좋은 현 안초당 연화지 자리인 초당동 475-3번지 지역에 기거하였다. 마을이 번성하자 허엽 선생의 호를 붙여 초당이라 칭하게 되었다고 전한다. 후에 초당마을은 강릉 최씨 성을 가진 사람들이 많이 살게 되었는데, 강릉 최씨들은 이곳 초당마을이 최씨 선조들이 초당草堂을 짓고 살았다 하여 초당으로 불리게 되었다고 주장하고 있다. 또 조선 선조 때 공조참의를 지낸 유동석柳東錫이 이곳에 초당을 짓고 후진을 가르쳤다 하여 붙여진 이름이라고도 전한다. 이와 같이 초당의 명칭 유래는 여러 가지로 전하고 있으나, 일반인들이 가장 널리 받아들이는 유래는 초당 허엽과 허균, 허난설헌 등 허씨 집안과 관련된 것이다.

●**형성과 변천** 초당마을은 상고시대에는 예濊의 속국으로 있었으며, 기원전 127년에 창해군으로 편입되었고, 한 무제 때에는 임둔臨屯의 땅이었다. 기원전 30년에 동예의 땅으로 계승되어, 고구려 시대에는 하슬라로, 신라시대에는 하서소경의 땅으로, 고구려 때에는 동원경의 속현으로 이어졌고, 조선시대에는 진관부에 속해 있었다. 1913년 군내면,

1916년 강릉면, 1931년 강릉읍에 속했다가, 1955년 9월 1일 강릉읍이 경포면·성덕면과 병합하여 강릉시로 승격되면서 행정동인 초당동으로 개칭되어 초당·강문 2개의 법정동을 관할하게 되었다.

●**경계와 현황** 초당동은 동쪽으로 동해바다, 서쪽은 포남동, 남쪽은 송정동, 북쪽은 경포호를 경계로 경포동과 접하고 있다. 자연부락으로는 안초당과 바깥초당 2개 마을이 있으며, 7통 34개 반으로 이루어져 있다. 면적은 2.88㎢이고, 41%인 1.2㎢가 농경지이며, 나머지는 임야 및 주거지역이다. 초당마을에는 2008년 현재 2천 3백여 세대, 6천여 명의 주민이 살고 있다. 1990년대 이후 도시화가 급속히 진행되면서 아파트와 주택들이 새로 건립되어 마을의 옛 모습은 점차 변모되어 가고 있다. 특히 오랜 역사와 연원을 지닌 역사고고학적 문화재가 지하에 묻혀 있어 국가사적國家史蹟으로 지정된 마을이기도 한데, 이로 인해 대대로 정주해 온 주민들에게는 개발 제한에 대한 불만의 정서가 짙게 깔려 있다.

② 자연과 지리

●**위치와 환경** 태백준령이 동쪽으로 뻗어내려 바다에 맞닿은 지역으로서, '화부산'에서 북쪽으로 뻗어 내린 줄기가 '바깥뫼'와 '춘갑봉'을 지나면서 초당에 와서 두 갈래로 갈라진다. 한 줄기는 동쪽으로 뻗어 '도투리재'를 이루었고, 또 한 줄기는 북서쪽으로 뻗어 '땅재'를 이루었는데, 이 두 줄기 사이에 초당마을이 위치하고 있다. 경포도립공원 안에 포함된 지역으로, 북쪽으로 경포호수에 닿아 있으며, 서쪽으로는 넓은 들이 펼쳐져 있고, 남쪽에는 높고 낮은 봉우리들이 솟아 있어 자연경관이 빼어나다. 하천과 바다, 호수와 숲이 한데 어우러진 자연환경을 갖추고

그림3.1 초당마을 전경

있는 초당마을 일대는 선사시대부터 정착생활을 영위하는 데 최적의 조건이 되었던 곳이다. 이러한 사실은 최근까지 이 지역 일대에서 발견되는 선사 및 역사고고유적과 유물들을 통해 분명하게 입증되고 있다.

●**안초당과 바깥초당** 초당마을은 크게 안초당과 바깥초당으로 구분한다. 안초당은 초당 안쪽에 솔밭이 있는 마을이라 하여 안초당이라 부르는데, 경포호에 가까운 마을이다. 바깥초당은 초당 바깥에 있는 마을로 포남동 쪽이다. 안초당이 바로 경포팔경鏡浦八景의 하나인 '초당취연草堂炊煙'에 해당되는 마을이다. 해가 시루봉증봉·甑峰에 걸려 뉘엿뉘엿 넘어가려 할 때 경포대에서 바라보는 호수 동남쪽 깊은 솔밭마을, 곧 안초당에서 평화로이 저녁 짓는 연기가 피어오르는 모습이 매우 아름답다는 데서 연유한 경관이다. 안초당에 있는 마을길이라 하여 초당안길이라고 일컫는 길이 최상순 가옥에서 바깥초당 가는 방향으로 나 있다. 마을

그림3.2 안초당 솔숲

주변으로는 어이재, 안산재, 도투리재, 된봉, 당재, 함밤굼, 안산, 골안, 건넌말, 금송, 심은솔, 쏠터, 밀미, 뒷골, 뒷말, 앞이마재, 앞말, 권촌 등 각기 독특한 유래를 지닌 지명들이 있다.

●**초당솔숲** 초당솔숲은 강릉의 관광명소이자 자랑거리이며, 동해안 해안사구의 대표적인 숲이다. 마을숲으로는 규모가 큰 편에 속하는 초당솔숲은, 대부분의 숲이 그러하듯 역사문화적인 요소를 풍부하게 지니고 있다. 이 솔숲은 송강 정철松江 鄭澈·1536~1593의 대표적 가사작품인 「관동별곡關東別曲」의 소재가 되기도 하였고, 한때는 선비들의 활터로 이용되기도 하였다. 구한말에는 여운형呂運亨·1886~1947이 초당영어학교를 세워 후진을 양성하고 애국심을 진작시킨 곳으로서, 초당솔숲의 역사문화적 가치는 크게 자랑할 만하다. 이 솔숲은 해안과 마을의 중간에 위치하며, 동해 바다에서 불어오는 바람을 막기 위하여 인공적으로 조성한 전

형적인 방풍림防風林이다. 일제강점기 때 송진을 채취한 흔적이 여기저기 남아 있음에도 여전히 건재한 70~100년생 소나무들이 약 10ha의 면적에 걸쳐 빼어난 풍광과 정취를 연출하고 있다.

③ 문화재와 기념물

●**선사시대 유적** 초당마을 신석기시대 유적은 2000년에 경포호 남쪽 사구지대인 이광로 가옥허난설헌 생가터 주변 송림 일대에서 신석기시대 융기문 및 빗살무늬 토기편들과 어망추 등이 발견되면서 알려졌다. 이후 2003년 허균·허난설헌 자료관 건립부지에 대한 발굴조사가 이루어져 집자리 4기, 할석유구 5기, 야외노지 4기, 구溝유구 1기 등의 유구가 확인되었고, 빗살무늬토기를 비롯한 어망추, 석도, 굴지구, 장신구 등 많은 유물들이 출토되었다. 이 중 요하·요서지방에서 주로 출토되고 있는 다양한 형태의 지之자문과 서해안식의 점열문, 단사선문 그리고 동북지방의 강상리식의 점열집선문과 홍도, 남해안식의 태선문, 사격자문, 제형집선문이 시문된 빗살무늬토기 뿐 아니라, 서포항 유적 제3기에서 출토된 점열문이 시문된 주판알 모양의 토제가락바퀴도 출토되었다. 이 유적의 중심연대는 대략 기원전 3천년 경으로 추정되고 있다.

삼국 형성 이전의 강릉지역은 예국濊國의 본거지로 알려져 있다. 예국시기와 관련된 유적들이 강릉지역 일대에서 많이 조사되었는데, 초당마을에도 이와 관련된 유적들이 최근에 발견되었다. 2003년 허균·허난설헌 자료관 건립부지와 2004년 강릉고등학교 교사신축부지에 대한 발굴조사를 통해, 철기시대 철凸자형 주거지 3기가 확인되었다. 출토유물 중에는 중국 한漢나라의 화폐인 오수전五銖錢이 있는데, 1990년 안인리 유적에서 출토된 한식토기와 더불어 강릉지역과 서북한지역과의 교역관계를 시사해 주고 있다.

●**삼국시대 매장지** 초당마을 일대는 선사시대에는 대규모 취락지인 반면, 삼국시대에는 최고 지역집단의 매장지였다. 이 지역의 고분은 1971년 공회당 건축 중에 수혈식석곽묘 1기가 발견되면서 알려지게 되었다. 이후 1993년 현대아파트 신축부지 발굴 조사에서 수혈식석곽묘 24기, 석곽 옹관묘 4기 등 31기의 고분들이 발굴되었으며, 1995년에도 2기가 추가로 조사되었다. 당시 조사된 A-1호분은 원형 봉토를 갖춘 세장방형 석곽묘로, 내부에 판석으로 뚜껑돌을 덮은 석관시설을 한 매우 특이한 구조인데, 고령 지산동 30호분과 매우 흡사하다. 출토된 중요 유물로는 환두대도, 금동관, 금동과대금구, 은제조익형관식, 금동제귀걸이 등이 있다. 최근에는 주택 신축부지에서도 고분이 조사되면서 금동제호접형관모장식이 출토되어 세간의 주목을 받았다.

현재 강원도 교육공무원 연수원 부근에는 원형통토분과 파괴되어 내부가 드러난 고분이 남아 있으며, 민가가 들어선 초당마을 일대에는 수백기의 고분들이 분포하고 있는 것으로 추정된다. 초당마을의 삼국시대 신라고분군은 강릉지역 최고 지역집단의 매장지다. 고분의 규모나 구조(특히 큰 봉토를 가진 수혈식석곽묘), 각종 위세품을 비롯한 출토유물을 고려해 볼 때, 기원후 5~6세기 경 삼국시대 신라의 중앙으로부터 높은 관심을 끌었던 사실을 잘 반영하며, 더불어 신라의 동해안 진출 상황과 변동을 반영하는 중요유적이라 할 수 있다.

●**허난설헌 생가터** 초당동 475-3번지 초당마을 북편의 드넓은 송림 속에 있는 가옥은 강원도 문화재자료 제59호[1985.1.17 지정]로서, 조선시대 대표적인 여류시인 허난설헌[1563~1589]의 생가터로 알려져 있으나, 사실과

건립 연대는 미상이다. 그래서 문헌에 따라서는 이를 이광로李光魯 가옥으로 일컫고 있는 것을 어렵지 않게 확인할 수 있다. 집 전면에 행랑 1동을 배치한 건물의 구조는 안채와 사랑채, 곳간채가 'ㅁ'자 배치를 하고 있으며, 외부를 둘러싼 담이 있다. 남녀의 구분이 엄격하여 남자들은 솟을대문으로, 여자들은 우물간과 방앗간 옆의 좁은문협문으로 출입하였다. 또한 사랑마당과 구분하는 내외담을 사랑채 옆에 쌓아서 출입하는 사람들의 시선을 차단하고 있다. 사랑채는 넓은 대청과 방들로 구성되며 전면에 툇간마루가 놓여 있고, 기단은 화강석을 잘 다듬은 장대석을 사용하였다. 사랑마당, 행랑마당, 뒷마당을 담으로 넓게 나누어 아름다운 조경을 완상할 수 있게 하였으며, 주변의 울창한 소나무 숲이 전통적인 가옥의 멋을 더해 주고 있다.

그림3.3 허난설헌 생가터

● 최상순 가옥 초당동 299번지에 위치한 최상순 가옥은 강원도 문화재자료 제61호[1985.1.17 지정]로서, 역시 전통가옥의 건축적인 특성을 잘 보여준다. 정확한 건립연대는 미상이며, 원래 초가집이었던 것을 1940년에 와서 기와집으로 고쳐 지었다고 전한다. 집의 평면 형태는 부엌의 오른쪽에 전면 3칸, 측면 2칸의 방을 배치한 겹집형으로, 전면과 측면에 툇마루를 설치했다. 부엌의 앞으로는 사랑방, 부엌, 광을 둔 사랑채를 붙여 전체적으로 'ㄱ'자형을 이루고 있는데, 본채의 지붕이 팔작지붕인 것과는 달리 사랑채는 맞배지붕으로 본채보다 낮게 지었다. 본채의 앞에는 광채, 뒤에는 사당이 떨어져 배치되어 있다.

그림3.4 최상순 가옥

●**경포호수와 주변 누정** 초당마을 북쪽에 위치한 경포호수는 지방기념물 제2호로서, 강릉시 저동·운정동·안현동·강문동·포남동·초당동 등 여러 마을을 끼고 있는 명승지이다. 경포호는 군자호, 어진개라고도 한다. 경포란 호수가 거울처럼 맑고 깨끗하다고 하여 붙은 이름이며, 군자호와 어진개라는 명칭은 호수의 수심이 깊지 않아 사람이 물에 빠져도 목숨을 잃지 않는다는 뜻에서 생긴 이름이라고 한다. 경포호수는 육수와 해수가 상통하여 형성된 담호로서, 물빛은 마치 새로 만든 거울같이 맑고, 호수는 사안沙岸으로 형성되었다. 바다에서는 파도가 그 위용을 자랑하고, 호수 쪽으로는 해송이 무성하여 일대 장관을 이룬다. 경포호수는 옛날에는 둘레가 40여 리나 되었고, 주위에는 소나무숲이 우거져 있었다. 현재의 둘레는 10리 정도며, 벚나무가 호숫가를 따라 늘어 서 있다.

풍광과 정취가 빼어난 만큼 호수 주변에는 많은 누정들이 산재해 있으며, 각 누정에는 경포호수의 자연풍광을 읊은 시문들이 많이 전하고 있다. 그 대표적인 경관이자 풍치가 바로 '경포팔경'이다. 오랜 기간 동

그림3.5 경포호

안 지속적으로 건립되어 온 누정은 생활공간이 아니라 문화향유의 공간이라고 할 수 있다. 경포호수 주위에 있는 누정으로는 경포대, 금란정, 방해정, 해운정, 활래정, 경호정, 석란정, 상영정, 취영정, 호해정, 천하정, 월파정 등이 있다.

우리나라의 누정은 적어도 5세기 이전부터 조성되어 있었던 것으로 보인다. 그리고 초기에는 대개 궁실을 위한 원림園林의 조성과 군신들의 유휴처遊休處로서 궁궐 내에 축조되었던 것이, 후대로 내려오면서 점차 지방의 관아나 높은 신분의 벼슬아치가 기거하는 집 근처에 개인 소유로 축조되기도 하고, 시대가 더 내려오면서는 민간으로까지 확산되었던 것으로 보인다. 강릉지역 대부분의 누정은 여말선초 이래에 건립된 것으로 알려져 있다.

이와 같은 누정은 무엇보다도 휴식과 자연완상을 위한 공간이었으며, 원근의 사람들이 교유하거나 빈객을 맞이하여 접대하는 장소로써 활용되었다. 뿐만 아니라, 문중회의나 마을회의가 열리는 회합의 장소이기도 했고, 당면한 시국 문제를 두고 격론을 벌이는 장소이기도 했다. 아울러 조용한 분위기 속에서 독서음영하며 학문을 닦고 향리의 자제들을 가르치는 수학의 공간이기도 했다. 나아가 성루城樓로 세워진 경우나 관아의 부속건물로 건립된 경우처럼 주변을 한눈에 조망할 수 있는 경우는, 민생의 움직임을 살피거나 군사적 목적의 전망대 역할을 하기도 했다.

누정은 각 지방의 풍토·환경·전통 등과 같은 지역적 특성들을 반영하고 있기도 하다. 시대의 자취에 따라 전개되어 온 그 지방 고유의 문화적 자산과 문화 양상을 함축적으로 드러내거나, 생활의 실제를 그 이면에 담고 있기도 한 것이다. 따라서 각 지역의 누정을 중심으로 형성·전승된 문화로부터 우리는 전통시대의 사회환경과 지식인들의 생활상은 물론, 지역문화의 저변과 특색을 이해하는 데에도 큰 도움을 받을 수 있다.

누정은 산수유람의 구심처로서 큰 의미를 지니고 있기도 하지만, 이처럼 지역문화의 온상지로서도 중요한 역할을 해 왔기에 새삼 주목할 필요가 있는 문화유산이다.

●**경포대와 경포팔경** 경포호수 주변 누정 가운데서도 호수 서쪽 언덕에 자리 잡고 있는 경포대는 제일강산第一江山으로 이름난 곳이며, 관동팔경 가운데서도 대대로 시인묵객들의 발길이 끊이지 않은 영동지역의 대표적 누정이다. 경포대 뒤 서쪽으로는 시루봉증봉·甑峯이 있는데, 이곳에는 석구石臼가 있어 신라 때 화랑 영랑永郎이 수련하였던 곳이라 한다. 경포대 앞에는 거울과 같이 맑다 하여 경호鏡湖라고 불리는 호수가 있으며, 그 너머로는 마치 푸른 띠를 이루고 있는 듯한 솔숲이 해안선과 나란

그림3.6 경포대

히 장관을 이루고 있다. 그리고 다시 그 너머로는 넓은 백사장과 바다가 펼쳐져 있다. 경포대는 시루봉을 등지고 있으며, 앞쪽으로는 울창한 송림이 빼곡히 들어찬 초당마을이 있고, 동쪽으로는 바다와 호수를 연결해 주는 강문江門이 있다. 이렇듯 수려한 자연경관을 배경으로 곳곳에 벌어져 있는 풍광과 정취들이 대대로 수많은 답방객들을 매료시켰음은 물론이다.

송강 정철은 그의 「관동별곡」에서, "샤양斜陽 현산峴山의 텩툑躑躅을 므니볼와 / 우개지륜羽蓋芝輪이 경포鏡浦로 나려가니 / 십리빙환十里氷紈을 다리고 고텨 다려 / 댱숑長松 울흔 소개 슬ᄏ장 펴뎌시니 / 믈결도 자도 잘샤 모래를 혜리로다." (저녁볕 어린 현산의 철쭉꽃 이어 밟으며, 신선을 태운 수레 경포로 내려 가니, 십리나 펼쳐진 흰 비단을 다리고 또다시 다려, 소나무숲 울타리 삼아 싫토록 펼쳐졌으니, 물결도 잔잔하기도 하구나 모래를 헤아리겠도다.)라고 노래하여, 향토적인 정조와 전통적 생활 감각을 예사 사대부들의 시문과는 전혀 색다른 차원에서 감각적 이미지로 형상화하였다. 여기저기 붉게 피어난 철쭉꽃과 바다에 맞닿아 있는 흰 모래밭, 그리고 그 바닷가를 따라 늘어 서 있는 푸른 소나무숲의 정경들로 하여, 매우 선명한 색조의 대비감과 조화감을 동시에 느낄 수 있는 절창이라 할 것이다.

경포대에서 조망하는 빼어난 여덟 경관을 경포팔경鏡浦八景이라 일컫는다.

①**녹두일출**綠荳日出 : 경포 동남쪽 해안에 있는 녹두정綠荳亭·옛 한송정에서 바라보는 해돋이 광경
②**죽도명월**竹島明月 : 경포호 하구 강문마을 죽도봉에 비치는 달의 광경
③**강문어화**江門漁火 : 강문마을에서 바라보는 밤바다에 불 밝히고 고기잡이하는

광경

④**초당취연**草堂炊煙 : 해가 질 무렵 경포호 동남쪽 초당마을에서 저녁짓는 연기가 우거진 송림 사이로 피어오르는 광경

⑤**홍장야우**紅粧夜雨 : 애틋한 사랑과 풍류의 흥취가 담긴 경포호 동북안 홍장암紅粧巖에 내리는 밤비의 광경

⑥**증봉낙조**甑峰落照 : 경포대 뒤 가장 높은 봉우리인 시루봉에 깃드는 저녁노을 광경

⑦**환선취적**喚仙吹笛 : 경포대 동남쪽 환선등에서 화랑의 퉁소소리가 울려퍼지는 정경

⑧**한송모종**寒松暮鐘 : 한송사 저녁 종소리가 호수 주변에 울려퍼지는 정경

이와 같은 경포팔경은 자연경관의 아름다움뿐 아니라 경포대와 경포호수를 배경으로 한 역사적 사실과 그 정서를 표현하고 있는 것이 특징이다.

④ 민간신앙과 민속자료

●**초당마을 서낭당과 서낭제** 초당동 산 209번지에는 성황신을 모셔 놓은 신당이 있다. 이를 초당마을 서낭당이라고 하는데, 서낭숲 속에 당집 없이 3개의 위패를 비석처럼 세우고 상석을 놓았다. 초당마을의 제의는 성황제라고 하며, 성황지신城隍之神·토지지신土地之神·여역지신癘疫之神을 모신다. 제당은 안초당 마을 앞산에 위치한다. 제의는 음력 정월 보름에 지낸다. 반별 유사제로 제물을 준비하며 합위合位로 진설한다. 유교식으로 지내며 제의가 끝나면 소지燒紙 의식을 행한다.

그림3.7 초당마을 서낭당

●**강문동 동제** 강문마을에서 풍어와 안녕을 기원하기 위하여 행하는 마을제사다. 강문동은 현재 초당동에 편입되어 있으며, 4통과 5통에 약 190여 세대가 거주하고 있다. 동제는 5통 86세대 가운데 어촌계원으로 등록된 33명이 매년 행사를 거행하고 있다. 강문동 제당의 명칭은 강문여성황당, 진또배기골맥이성황, 남성황당이라 부르며, 세 군데에 있다. 정월대보름에는 춘계예축제, 8월 보름에는 추수제라 하여 여성황당과 진또배기성황에서 동제를 지내고, 4월 보름에는 풍어제라 하여 풍어굿을 5년마다 행하고, 남성황당을 포함하여 세 군데에서 제를 지낸다. 마을제사로 특별히 진또배기제사가 들어간다.

동제는 어촌계장의 주도하여 운영한다. 어촌계의 비축금으로 매년 세 차례 마을제사를 지낸다. 정월 보름, 4월 보름, 8월 보름에 주민들이 참

그림3.8 강문 여서낭당

여하여 제를 올리며, 선주들이 중심이 되고, 횟집을 운영하는 회원들도 있다. 4월 보름은 강릉단오제 영신제 때 행해지므로 빈순애 「강릉단오굿」 기능보유자 등 10명 내외의 단오무당이 이곳의 풍어제 열두 마당을 이틀에 걸쳐 지내준다. 10여 년 전에는 3년마다 풍어제를 크게 열었으나, 소요경비가 부족하여 근래는 5년마다 대어제풍어제를 지낸다.

● **강문진또배기** 강문마을 남쪽 입구에 서 있는 솟대다. 강문에서는 음력 정월 보름, 4월 보름, 8월 보름 세 번에 걸쳐 서낭제를 모신다. 그 중 진또배기는 4월 보름에 깎아 모신다. 진또배기는 서낭신을 보필하고 삼재수재, 화재, 풍재를 막아 마을의 안녕과 풍어·풍년을 가져다 준다고 믿어진다. 진또배기는 영동지역에서 흔히 짐대서낭, 진대로 부르는 솟대의 일종이다. 특별히 박혀 있다는 점을 강조하여 진또배기라고 불렀다는 추정을 할 뿐, 정확한 유래는 알지 못한다. 진또배기의 높이는 약 4.5m이고, 둘

레는 35㎝로서, 소나무로 만들었다. 장대 끝의 나무오리는 세 마리를 세우는데, 상당히 세밀하게 조각되어 있다. 오리 세 마리는 모두 서북쪽의 경포대를 향하고 있다.

그림3.9 강문진또배기

● 강문진또배기제 강문마을 남쪽에 서 있는 솟대에서 지내는 마을굿 형식의 제의로서, 실제 의례의 내용은 서낭굿과 같다. 강문마을은 강릉 남대천의 포구이자 경포호수의 물이 동해로 흘러드는 어촌마을이다. 역사는 약 1천여 년 이상 되었다고 한다. 서낭에 지내는 의례는 음력 정월 보름, 4월 보름, 8월 보름으로 세 번에 걸쳐 행하고 있다. 정월 보름은 춘계예축제로 무당을 불러 간단히 비손하는 고사를 지낸다. 하지만 4월 보름에는 2박 3일 동안 무당굿을 한다. 8월 보름에는 다시 추수제를 지낸다. 이 중 진또배기제는 4월 보름에 굿을 할 때 특별히 진또배기를 모심으로써 붙여진 이름이다. 강문은 원래 반농반어 마을이었으나, 요즈음은 횟집을 중심으로 한 어촌의 성격을 띠고 있다. 진또배기는 영동지역에서 흔히 짐대서낭, 진대로 부르는 솟대의 일종인데, 진또배기라는 명칭을 사용하는 곳은 강문마을 뿐이다. 1975년 「강문진또배기제」라는 이름으로 전국민속경연대회에 출전한 뒤, 강문마을의 서낭굿을 이렇게 부르게 되었다. 최근 「강문진또배기제」는 강릉단오제의 일부로 행해지고 있다.

강문마을에는 세 개의 서낭당이 있다. 바닷가에 위치한 여서낭당이 가장 크고 해사에 영향을 미치는 신으로 믿는다. 죽도봉 아래에 위치한 여서낭당은 1990년에 중수하였는데 5칸 기와집이다. 중앙에는 좌우에 부채를 든 시녀를 거느린 여서낭이 족두리를 쓰고 자주빛 당의를 입은 모습으로 모셔져 있다. 위패는 토지지신, 성황지신, 여역지신의 3신위를 봉안하였다. 여서낭당에서 1백여 미터 떨어진 솔밭 한가운데 있는 남서낭당은 작은 한 칸 집이다. 강문이 원래 초당에 속해 있었기 때문에 옛날에는 남성황신을 초당마을에서 모셨다고 한다.

⑤ 역사적 인물

● **김충각** 초당마을에 살았던 역사적 인물로 먼저 김충각金忠慤·1578~1650을 거론할 만하다. 김충각은 명주군왕 김주원의 후손으로, 참판 김덕장의 아들이다. 호는 초정草亭이고, 조선 선조 때 경포 초당마을에 살면서 벼슬은 사헌부감찰직장을 지냈다. 우복 정경세愚伏 鄭經世·1563~1633 선생과 평소 예학을 강론하였으며, 절의와 덕행이 매우 높았다. 생전에 경포호수 부근에 경호당鏡湖堂을 건립하여 그의 별당 겸 강정江亭으로 삼았으며, 73세를 일기로 생을 마감한 인물이다.

● **허엽과 허씨 5문장** 초당마을의 명칭 유래가 되었다고 전하는 허엽許曄·1517~1580의 본관은 양천陽川, 자는 태휘太輝, 호는 초당草堂이다. 1546년 식년문과에 갑과로 급제, 1551년 부교리가 되고, 1553년 사가독서賜暇讀書한 뒤 장령 때 재물을 탐한 죄로 파면되었다. 1559년 필선으로 재기용되고, 다음 해 대사성으로, 1562년 지제교를 겸임, 박계현과 함께 명종의 소명을 받고 옥취정에 들어가 율시律詩로 화답하였다. 그해 동부승지로 참찬관이 되어 경연에 나아가 조광조·윤군수의 신원伸冤을 청하고, 허자·구수당의 무죄를 논하다가 파직되었다. 이듬해 다시 기용되어 삼척부사

가 되었으나, 과격한 언사 때문에 다시 파직되었다. 1575년 동인·서인의 당쟁이 시작될 때 김효원과 함께 동인의 영수가 되었으며, 부제학을 거쳐 경상도관찰사가 되었으나 병으로 사퇴, 상주 객관에서 죽었다. 30년간 관직 생활을 하였으나, 청렴결백하여 청백에 녹선되었다. 장남 성筬과 차남 봉篈, 삼남 균筠, 딸 초희楚姬와 함께 '허씨 5문장'으로 널리 일컬어졌는데, 중국·일본에도 잘 알려져 있다. 이들 '허씨 5문장'은 세간에 널리 알려져 있는 만큼, 그들의 삶과 행적 및 문학세계에 관한 역사 자료와 연구 업적들이 적잖게 누적되어 있다.

● **여운형** 초당마을이 배출한 현대의 역사적 인물로는 여운형呂運亨·1886~1947이 대표적이다. 여운형의 호는 몽양夢陽으로 경기도 양평에서 출생하였다. 우무학당郵務學堂 등에서 한학을 공부한 후 1907년 고향집에 광동학교光東學校를 세우고, 1908년 그리스도교에 입교하였다. 강릉에 초당의숙草堂義塾을 세워 민족의식을 고취하였다. 국권을 빼앗기고 학교가 폐쇄되자 평양신학교에 입학하였다. 선교사 클라크를 따라 서간도의 신흥무관학교를 견학하며 국외에서의 독립운동의 필요성을 절감하고 학교를 중퇴, 1913년 중국으로 건너갔다. 1918년 신한청년당을 발기하여 김규식을 파리평화회의에 대표로 파견하였다. 1919년 4월 상하이에서 임시정부가 조직되자 임시의정원 의원이 되었는데, 일본 정부는 이를 자치운동으로 회유하고자 그 해 11월 그를 도쿄로 초청하였으나, 오히려 장덕수를 통역관으로 삼아 일본의 조야 인사들에게 한국 독립의 정당성을 역설하였다.

1920년 고려공산당에 가입, 1921년 모스크바에서 열린 원동遠東피압박민족대회에 참석, 한국의 사정을 세계에 호소하였다. 1929년 제령制令위반죄로 3년간 복역하고, 1933년 출옥, 조선중앙일보사 사장에 취임하였는데, 1936년 신문이 일제에 의하여 정간되자 사임한 후 1944년 비밀결사인 조선건국동맹을 조직하였다. 8·15광복을 맞아 안재홍 등과 건국준비위원회를 조직, 9월 조선인민공화국을 선포하였으나, 우익진영의 반대와 미군정의 불인정으로 실패하였다. 12월 조선인민당을 창당, 1946년 29개의 좌익단체를 규합하여 민주주의민족전선을 결성하였으나, 반대하여 탈퇴하였다. 극우파 한지근에 의하여 1947년 암살되었다. 체육인으로서의 그는 덴마크체조를 보급하였으며, 조선체육회대한체육회 전신 제11대1946~1947 회장을 지냈다. 2005년 3·1절에 건국훈장 대통령장이 추서되었다.

⑥ 지명유래와 구비전승[3)]

● **'어이넘재'의 유래** 초당마을에 구비전승되는 지명유래 가운데 독특한 것으로 '어이넘재'가 있다. 어이넘재는 경포고등학교와 한국전력공사 사이에서 초당으로 넘어가는 재를 말하는데, 옛날에는 꽤 높았다고 한다. 그래서인지 송정이나 초당 마을사람들이 죽어서 장지를 바깥 동네에 정하고, 장례 때 상여를 메고 이 재를 오르려 하면 상여가 꼼짝 않고 서서 움직이지 않았다고 한다. 상여가 이 재에 오르면 뒤따르던 상주나 상군들은 "어이, 어이" 하면서 곡哭만 하고 재를 넘지 못했는데, 상주는 이때 "어찌하여 상여가 넘을 수 없는가?" 하고 중얼거리며 다른 곳으로 돌아갔다고 한다. 그래서 "어찌 상여가 이 재를 넘을 수 있겠느냐?"라는 뜻에서 '어이넘을 재'가 되고, 이것이 줄어서 '어이넘재'가 되었다고 한다.

또 일설에 따르면, 옛날 강문에 사는 고기장사가 포남동으로 고기 팔러 가다가 이 고개를 넘지 못하고 죽게 되었는데, 이때 가족들이 "어찌 이 고개를 넘지 못하고 죽었느냐?" 하고 슬피 울었다고 하여 생긴 이름이라고도 한다.

● **'땅재'의 유래** 화부산에서 북쪽으로 뻗어내린 줄기는 초당동에 와서 두 가닥으로 갈라지는데, 동쪽으로 뻗어내린 줄기에 '도투리재'가 있고, 북서쪽으로 뻗어내린 줄기에 바로 '땅재'가 있다. '땅재'는 원래 당재당지·堂地라고 하여, 초당에 있는 재라는 의미인데, 발음이 굳어져 땅재라고 불리게 되었다. 땅재는 초당마을에서 포남동의 모안이마을로 넘어가는 고개이기도 하며, 어이넘재 쪽에서 북서쪽으로 경포 방향을 향하여 쭉 뻗어 내린 줄기였으나, 지금은 그 중간이 잘려나가고 밭으로 변하였다.

● **'억지다리'의 유래** 초당동과 송정동 사이에 있던 나무다리가 '억지다리'이다. 초당에서 송정 쪽으로 조그마한 돌다리 3개를 건너면 억지다리가 있는데, 이 다리를 양쪽 마을에서 서로 자기네 다리라 억지를 쓴다고 하여 생긴 이름이다. 예전에 좀생이날음력 2월 6일에 양쪽 마을 사람들이 서로 다리를 먼저 밟으려고 이곳에서 횃불싸움을 했다. 마을에 있는 삼형제다리를 송정에서 먼저 밟으면 동네 청년들 씨가 마른다고 하여 이 다리를 지키기 위해 싸움이 치열했다고 한다. 또 삼형제다리를 먼저 밟는 마을에 풍년이 든다고 하는 습속이 있다.

● **'강문 죽도봉'의 유래** 경포호 하구의 강문교 북쪽에 있는 봉이 '죽도봉'이다. 『동국여지승람』에는 "경포호 동쪽 입구에 나무다리가 있는데 강문교라 한다. 다리 밖이 죽도이며, 봉 북쪽에는 5리나 되는 백사장이 있다."라고 기록되어 있다. 예전에 이 봉에 대나무가 많이 자라 생긴 이름으로, 이 대나무를 나라에 진상했다고 한다. 일제강점기 때 일본 사람들이 용이 나오지 못하게 하기 위해 이곳 바위 세 군데에 철주를 박았다고 한다. 이곳은 경포팔경 가운데 하나인 '죽도명월竹島明月'의 구심처

로서, 달이 뜬 밤에 이곳에 올라가 달구경을 하면 바닷물이 반사되는 달빛 때문에 유달리 밝게 보인다. 이곳에서 달구경을 하면 달의 3가지 모습을 볼 수 있는데, 이를 '월삼月三'이라고 한다. 월삼은 곧 잔잔한 바닷물에 기둥이 비쳐 반사되는 월주月柱, 바닷물에 비친 달빛이 파도에 부서지는 월파月波, 바다 속에 탑의 형상이 비쳐 일렁이는 월답月塔을 말한다. 『증수임영지』 강문조에는 "강릉부 동북쪽 10리 되는 북일리면에 있으니, 즉 경포호수 동쪽 출구다. 해안에 우뚝 솟은 봉우리는 견조도와 서로 마주보고 섰으며, 읍을 호위하고 있는 관문으로, 위에서 기우제를 지내던 관문이 있다."라고 기록되어 있다.

⑥ 문화행사와 특산물

●**허균 · 허난설헌 유적공원과 문화제** 강릉시가 초당마을 허난설헌 생가터 일원 1만㎡ 부지에 조성하고 있는 '허균·허난설헌 유적공원'에는, 2007년 문을 연 '허균·허난설헌 기념관'을 비롯하여 허엽, 허성, 허봉 등 허씨 문장가들의 시비가 세워져 있다. 연면적 186㎡ 규모의 기념관은 허씨 5문장가들과 관련된 고서 및 그들의 생애적 궤적을 살필 수 있는 다양한 자료들이 전시되어 교육적 기능을 더하고 있다. 또 초당 솔밭에는 공연무대 등 다용도로 활용이 가능한 네잎 클로버 모양의 나무 데크가 설치되어 있다. 강릉시는 이와 함께 2009년 5월부터 경포호숫가로 연계된 산책로를 개발하고, 국악 및 실내악 공연·떡메치기·들차회 등 다양한 주말 프로그램을 통해 오감을 만끽할 수 있는 문화명소로 가꾸어 나가고 있다.

이곳 허균·허난설헌 유적공원 일대에서는 1999년 '허균·허난설헌 선양사업회'의 창립과 함께 '허균·허난설헌문화재'가 해마다 개최되어

그림3.10 허균 허난설헌 기념관

2008년 10회째에 이르렀다. 그런데 11회째를 맞이한 2009년부터는 허균과 허난설헌을 분리하여 '허난설헌문화제'는 봄에, '허균문화제'는 가을에 각각 따로 실시하게 되었는 바, 2009년 4월에 '허난설헌문화제'가, 9월에 '교산허균문화제'가 거행되었다. 이와 함께 허균이 쓴 우리나라 최초의 한글소설 『홍길동전』을 널리 알리기 위해 2009년 9월 '홍길동전박물관'이 개관되어, 작품과 관련된 다양한 자료들이 전시되고 있다.

●**특산물 초당두부** 초당마을에서 만드는 두부를 '초당두부'라고 하여, 품질 좋고 맛있기로 유명한데, 만들 때 간수로 소금 대신에 바닷물을 이용하는 점이 특징이다. 강릉시는 초당마을에 '강릉 재래콩 특구'를 지정해 두부마을, 콩민속관, 두부먹거리촌 조성사업 등을 단계적으로 추진·육성할 계획이다.

Ⅲ. 초당마을 문화자산 콘텐츠 구축 방안

●**문화콘텐츠화 작업의 필요성과 의의** 초당마을의 문화자산을 문화콘텐츠화하는 일은 다른 모든 사업의 기초이자 근거가 되는 선결작업이라 할 수 있다. 이는 그 자체로도 긴요하고 의미 있는 일이지만, 특히 초당마을 문화자산의 실상에 대한 올바른 가치인식과 바람직한 이해 및 향유, 그리고 여기에서 나아가 그 적극적인 활용과 보존·관리에 이르는 제반 요건을 확립하고 충족시키는 필수적인 작업이다. 따라서 일차적으로 문화콘텐츠화 작업이 이루어지지 않고서는 초당마을의 정체성 파악을 기틀로 한 발전적 방안이 지속 가능한 형태로 정착되기 어렵다.

●**문화콘텐츠화 작업의 내용과 과정** 여기에서 말하는 '문화콘텐츠화'란 문화자산에 대한 충실한 자료[내용] 확보와 이해 및 연구를 기반으로, 이를 특히 컴퓨터와 인터넷 매체환경에 부합하도록 디지털콘텐츠 혹은 멀티미디어콘텐츠로 전환하는 것을 의미한다. 그리고 지역마다의 고유한 문화자산을 음성[음향]·이미지[영상]·텍스트[스토리] 등의 디지털 데이터로 개발한 단계까지 나아간 것을 일컫는다.

초당마을 문화자산의 문화콘텐츠화 작업은 ㉠'기초자료의 수집과 정리', ㉡'자료의 분석과 연구', ㉢'자료의 전산화와 미디어화를 통한 확산과 활용'이라는 세 과정이 단계적이며 조직적으로 이루어져야 한다. 초당마을 문화인프라 구축은 바로 여기에서부터 시작된다고 할 수 있다. 앞에서 간략히 정리·소개한 초당마을의 문화자산을 대상으로, 각 부문별로 전문가를 위촉하고 팀을 꾸려 위의 ㉠~㉡ 과정의 작업을 본격적으로 마친 다음, 다시 별도의 전문가와 팀을 위촉하여 ㉢의 과정을 거침으로써 작업을 마무리한다.

이러한 작업의 내용과 과정이 충실하게 이루어질 때 비로소 지역 문화자산에 대한 체계적 접근이 용이하다 하겠으며, 지역주민은 물론 타지역민들에게 초당마을의 문화적 특징을 이해시키고, 나아가 지역발전과 연계시킨 문화산업 및 관광산업 활성화 등 연관산업의 진흥도 기대할 수 있다.

●상정 가능한 문화콘텐츠의 예 이러한 문화콘텐츠화 작업의 결과를 토대로 상정 가능한 아이템으로서 다음과 같은 예들을 들 수 있다. 이는 초당마을 문화콘텐츠의 개별 소프트웨어에 해당한다 하겠는데, 이러한 아이템들 각각에 스토리텔링Storytelling[4]화하는 작업이 덧보태진다면 보다 세련된 문화콘텐츠가 구축될 수 있을 것이다.

- 「초당마을의 4계」: 마을개관+자연과 지리
- 「초당마을의 역사와 문화유산」: 마을개관+자연과 지리+문화재와 기념물
- 「초당마을의 솔숲과 누정」: 마을개관+자연과 지리+문화재와 기념물
- 「경포호의 4계」: 마을개관+자연과 지리+문화재와 기념물
- 「경포대와 경포팔경」: 마을개관+자연과 지리+문화재와 기념물
- 「강문진또배기와 서낭제」: 마을개관+자연과 지리+민간신앙과 민속자료
- 「초당을 빛낸 인물」: 마을개관+자연과 지리+문화재와 기념물+역사적 인물과 문화행사

●초당마을 문화콘텐츠의 형식과 특징 한편, 이와 같은 문화콘텐츠화 작업은 콘텐츠의 형식과 특징, 즉 하드웨어적 측면에 해당하는 콘텐츠의 거시적 구조와 관련하여 나름의 전략적 방향을 설정하는 것이 또한 필요하다. 이는 크게 초당마을의 문화자산을 '재현'하려는 관점과 '응

용'하려는 관점 및 '병치'시키려는 관점 등 세 갈래로 나누어 생각해 볼 수 있다.

먼저, '재현'의 관점은 초당마을의 문화자산을 '박물관화'하는 것이라고 할 수 있다. 반면, '응용'의 관점은 과거의 것을 불러내어 오늘날의 관심사에 맞게 변형함으로써 '재창조화'하려는 것이라고 할 수 있다. 그리고, 이 두 관점을 복합적으로 적용하여 전통 문화유산과 오늘날의 문화를 '병치'시키는 세 번째 관점도 가능한데, 이는 곧 과거와 현재가 서로 넘나들 수 있도록 '상호소통'의 환경을 마련하는 것이라고 할 수 있다.

요컨대 이와 같은 세 관점 모두가 소프트웨어에 해당하는 세부 콘텐츠의 성격에 따라 각기 달리 설정·적용하는 것이 온당한 일이겠으나, 어느 관점에 무게비중을 두느냐에 따라 초당마을 문화자산의 문화콘텐츠화 작업은 그 성격과 방향이 적잖이 달라질 수 있음을 유의할 필요가 있다. 이들 세 관점이 지닌 두드러진 장단점만을 간략히 기술하면 다음과 같다.

㉮ 재현을 통한 박물관화 : 비용이 많이 들지만 확실한 성과가 기대됨

㉯ 응용을 통한 재창조화 : 아이디어 제시가 어렵지만 창의적 계승이 돋보임

㉰ 병치를 통한 상호소통화 : 이상적일 수 있지만 얼치기가 될 가능성도 높음

Ⅳ. 초당마을 문화자산 활용 방안

● **초당마을 브랜드화 방안** 초당마을의 문화자산에 관한 체계적 지식기반을 전제로 할 때, 이를 오늘의 문화환경과 생활감각에 부합하는 차원에서 활용하는 방안, 즉 초당마을 브랜드화 방안으로서 크게 두 가

지를 제시할 수 있다. <전통문화마을 조성화>와 <생태문화관광 명소화>를 단계적으로 추진하는 것이 그것이다.

① 전통문화마을 조성화

●**전통문화마을로서의 구비요건** 앞의 부문별 문화자산을 살피는 과정에서 볼 수 있듯, 초당마을은 땅위의 모든 것을 아우른 자연과 지리구릉·숲·하천·호수·바다를 위시하여, 역사고고학적 문화재선사시대유적·삼국시대매장지, 기념물허난설헌생가터·최상순 가옥·경포호수와 주변 누정·경포대와 경포팔경, 민속자료서낭당·동제·진또배기·진또배기제, 역사인물허엽·허균·허초희·여운형, 문화행사허균문화제·허난설헌문화제, 특산물초당두부 등에 이르기까지 단일 마을로는 전국 어느 곳에 견주어 손색이 없을 만큼 다채로운 문화유산과 문화요소들을 두루 갖추고 있는 독특한 마을이다. 그렇기에 역사와 유물, 풍광과 정취, 풍물과 민속 등 어느 면 할 것 없이 <전통문화마을>로서의 요건을 충실히 겸비하고 있다.

●**지역적 특성 살린 명소화 · 집중화 전략** 따라서 초당마을의 문화자산을 보다 적극적으로 활용하는 방안의 하나로서 <전통문화마을>을 조성하는 작업은 시의적으로 그 의의와 기대효과가 매우 크다고 할 수 있다. 이는 곧 초당마을이라는 그곳만의 독특한 문화와 분위기가 살아나도록 지역적 특성을 살린 매력적인 장소화 전략과 추진이 필요함을 의미한다. 마을에 분포되어 있는 문화자산들을 섹터별로 구획화하고, 다시 부문별로 집중화하는 과정을 거치면서 그 세부적인 내용을 구성·확충하는 것이 우선 생각할 수 있는 방안의 하나라고 할 수 있다.

●**관산학민 연계를 통한 효율적 추진방안** 초당마을의 <전통문화마을> 조성화 작업을 위한 행정기관·유관기업·전문학자·주민조직 간의 원활하고 적극적인 유대체계를 마련하는 것을 필두로, 마을단위 명소화 작업이 이루어진 국내외 사례들을 벤치마킹하는 한편, 거시적 설계로부터 미시적 시행과 마무리에 이르기까지 특히 급진 및 졸속을 피하는 단계적이며 효율적인 추진방안을 마련할 필요가 있다.

② 생태문화관광 명소화

●**생태문화관광 명소로서의 구비요건** 초당마을은 전국 여느 지역과는 드물게 문화관광과 생태관광을 동시에 아우른 '생태문화관광'이 가능한 문화적 자산과 환경적 특성을 간직하고 있는 마을이다. 위의 <전통문화마을>로서의 요건에서도 확인되듯, 오랜 역사와 연원을 지닌 문화유산과 문화적 요소들이 풍부할 뿐 아니라, 구릉·숲·습지·호수·바다가 한데 어우러져 빚어내는 풍광과 정취의 이면에는 수목·화초·철새·서식생물 등 다양한 동식물의 생태를 동시에 체험할 수 있는 여건 또한 충실히 갖추고 있기 때문이다.

단순히 전통 문화유산이 풍부하다거나 풍치가 뛰어나다고 해서 명소가 되는 것은 아니다. 풍부한 문화자산 혹은 뛰어난 명승 이상의 유의미한 요소까지를 갖추고 있는 경우를 명소라고 할 때, 초당마을은 뿌리 깊은 역사와 전통에 결부된 문화적 요소가 마을의 문화자산은 물론 경관 및 풍치에 결합되어 있는 경우가 대부분이기에, 문향이자 예향으로 일컬어지는 강릉지역에서도 독특한 문화적 분위기와 특성이 살아 숨쉬는 매력적인 장소로서, <생태문화관광 명소화>가 가능한 최적지라 할 것이다.

●생태문화관광 명소화 추진 여건과 장단점 초당마을의 <생태문화관광 명소화> 작업과 추진의 장점으로는, ①국가와 강원도 및 강릉시의 정책추진 방향과의 부합성, ②수려한 풍광과 용이한 접근성을 갖춘 생태문화체험의 최적지, ③주변 문화유산과 관광지 및 문화행사와의 연계성 등 세 가지를 우선적으로 거론할 수 있다.

특히 '국가와 강원도 및 강릉시 정책 추진 방향과의 부합성' 면에서는, 관광문화 복지국가 건설을 위한 국책사업과 부합한다는 점, 경포도립공원을 중심으로 한 국제적 관광휴양도시 조성사업을 추진하는 도책사업과 부합한다는 점, 그리고 '환동해 중심도시 제일 강릉'을 목표로 '국제적 관광도시 조성'·'관광을 통한 지역살리기'에 중점을 둔 시책사업과 부합한다는 점 등의 측면에서, 관광의 질적인 가치창출과 경쟁력 있는 관광개발에 주력할 수 있다는 점을 높이 살 수 있을 것이다.

물론, 초당마을의 <생태문화관광 명소화> 작업은 이와 같은 장점만이 아닌 단점 또한 제기 가능한 것도 사실이다. 이 점에 있어서는 무엇보다도 지하에 묻혀 있는 문화재로 인해 '국가사적國家史蹟'으로 지정된 마을이기에 개발제한의 문제가 적잖은 걸림돌이 될 수 있다. 그리고 이와 함께 대대로 마을에 정주해 온 주민들로 구성된 '주민자치조직'이 취약한 편이어서, 사안의 필요성과 효용성에 대한 적극적 인식과 조직적 추진에 문제가 제기될 수 있다.

●생태문화관광 명소화 전략과 추진방안 초당마을이 '수려한 풍광과 용이한 접근성을 갖춘 생태문화체험의 최적지'라는 면은 새삼 거론할 필요가 없을 것이다. 특히 '주변 문화유산 및 관광지와의 연계성' 면에 있어서, 강릉을 중심처로 한 지역의 대제전이자 유네스코 인류구전무형유산인 「강릉단오제」를 위시하여, 인근에 위치한 강릉의 대표적인

명소 오죽헌과 선교장, 경포호수와 경포대를 중심으로 거행되는「경포벚꽃축제」, 지역의 특산물을 대변하는「초당두부」등과 곧바로 연계가 가능한 지리적 환경적 여건을 지니고 있다는 점에서, 생태문화관광 명소화 추진의 부대효과 및 상승효과가 매우 크다고 할 수 있다.

그렇기에 가령 구역을 좁게 설정한다 하더라도, '오죽헌→선교장→경포대→경포호수→경포바다→초당솔숲→초당마을'로 이어지는 문화관광 벨트의 요처이자 귀착처에 해당하는 곳이 바로 초당마을이다. 여기에다 최근 단계적으로 조성되고 있는 초당마을에서 경포호수로 이어지는 지역 일대의 습지와 산책로는 자연생태 관찰 및 체험의 최적지로서도 손색이 없다고 할 수 있다.

따라서 초당마을의 <생태문화관광 명소화> 작업은 이와 같은 지역문화관광 벨트와 생태관광 루트를 복합적으로 아우른 차원에서, 역시 행정기관·유관기업·전문학자·주민조직 간의 원활하고 적극적인 유대체계 하에, 국내외 생태문화관광 명소들에 대한 벤치마킹과 함께 급진 및 졸속을 피하는 단계적이며 효율적인 추진방안을 마련할 필요가 있다.

Ⅴ. 맺음말

'문화의 시대'로 일컬어지는 21세기를 맞아, 다양한 문화적 욕구를 충족시키기 위한 전략과 방안들이 국가 차원의 정책적 비호 아래 전국 지방자치단체들을 중심으로 적극 추진되고 있다. 문화를 이해·향유하는 가장 구체적인 형태 가운데 하나가 바로 지역의 문화적 자산을 토대로 한 문화관광이며, 이는 대내외적으로 가장 경쟁력 있는 지역 발전전략이자 경제 활성화 방안의 하나로 인식되기 때문이다.

하지만 이와 같은 인식에 기초한 문화관광의 세부적 추진과정에서 으레 부딪히는 문제는 요컨대 문화콘텐츠의 결핍과 빈곤이다. 왜 이러한 형국에 이르렀는가? 이는 마치 저마다 도달하고자 하는 목표에 먼저 자리를 잡고 앉아 '누군가'가 자신의 의도나 이익을 실현시켜주기 바라는 형국이 빚어낸 결과라고 할 수 있다. 각기 전문분야가 있기는 하지만 다른 무엇에 앞서 상호협력을 통해 대상의 콘텐츠 구축이 이루어져야 전략적 추진도 활용도 가능할 터인데, 자신이 처해 있는 입장을 내세운 채 서로에 대한 기대치만을 높이고 있기 때문인 것으로 보인다. 그러면 그 '누군가'의 역할을 하는 이, 혹은 해야 하는 이는 누구인가?

문화는 사람살이와 연관된 다양한 국면을 포괄하고 있지만, 인간의 역사가 이루어 온 사유와 정서와 경험의 누적적 총체라는 점에서 특히 인문학과 가장 친연성이 높다. 말하자면 문화의 당대적 의미와 현재적 의의를 규명하여 그 가치를 발견하고 온당한 평가에 이르는 데에는 인문학적 관점이 필수불가결하다. 그런 면에서 오늘날 지역의 문화적 자산과 관련된 제반 논의에 있어서 인문학적 마인드의 회복이 절실히 요청된다. 나아가 문화자산 콘텐츠 구축과 활용 방안에 무게비중을 둔 정책적 차원의 배려 또한 상호협력의 차원에서 적극 강구될 필요가 있다.

지역문화는 지역의 공동체적 정체성을 확인할 수 있는 가장 가치 있는 자산이다. 나아가 지역 문화자산의 콘텐츠 구축과 활용방안 모색에 있어서 특히 중요한 것은 지역문화의 정체성의 파악이다. 지역문화의 정체성에 관한 지식정보기반이 튼튼하지 않은 상태에서 추진되는 사업은 어느 분야를 막론하고 바람직한 기대효과를 창출하기 어려울 것이 자명하기 때문이다. '마을가꾸기'라는 이름 아래 전개되는 지역 문화자산의 관광상품화 전략 추진과정에서 흔히 부딪히는 '보존과 개발'의 문제 역시 지역문화의 정체성에 토대를 둘 때 바람직한 해결의 전망을 확충할 수 있을 것이다.

이 글은 이러한 사실들을 염두에 두면서, 강릉 초당마을의 미래지향적 비전을 제시하기 위한 기초작업의 일환으로서, 초당마을이 지니고 있는 문화적 자산의 문화콘텐츠화와 그 활용방안에 결부된 사안들을, '오늘의 새로운 문화적 요소와 합목적적으로 결합된 전통의 창조적 계승'에 초점을 맞추어 살펴보았다. 그 과정에서 시대문화적 환경에 부합하는 문화콘텐츠 개발의 필요성을 구체적으로 환기하였으며, 나름의 전략과 방안을 제시하였다. 그리하여 초당마을은 땅위의 모든 것을 아우른 자연과 지리로부터 인간의 숨결이 면면히 배어 있는 역사와 문화유산에 이르기까지 실로 다채로운 요소들을 두루 갖추고 있음으로 해서, 다양한 분야와 국면에서 구축 및 활용이 가능한 문화콘텐츠들을 중심으로 <전통문화마을>로서, 또 <생태문화관광명소>로서 가꾸어 나갈 최적의 장소임을 분명하게 확인할 수 있었다.

한 가지 분명하게 되짚고 넘어갈 필요가 있는 것은, 이와 같은 '마을가꾸기'의 혜택이 요컨대 누구에게 돌아가는가 하는 사실이다. 사업을 추진하는 주무부서인 행정기관의 역할과 기대치도 중요할 터고, 마을가꾸기 프로그램 기획집단이나 부문별 전문가들 역시 기여하는 바 적지 않을 것이다. 그러나 이러한 모든 사업의 기획과 추진 과정에 있어, 다른 누구보다도 초당마을에 정주하고 사는 이들의 적극적인 호응이 전제되어야 한다는 사실이다[5]. 나아가 그들이 추구하는 삶의 내용과 질 향상에 결부된 정책적 차원의 지원 및 배려가 뒤따라야 한다는 사실이다. 그래야만 명분과 실질이 상부하는 '마을가꾸기' 사업이 이루어질 수 있으며, 사업의 혜택 또한 종내 초당마을에 정주하고 사는 이들에게 귀속되는 바람직한 결과에 도달할 수 있을 터기 때문이다.

1) 이해준, 2001,『지역사와 지역문화론』, 문화닷컴, p.24.

2) 이하 초당동 마을개관과 부문별 문화자산에 대해서는 강릉대학교박물관, 1995,『강릉의 역사와 문화유적』; 강릉문화원, 1996,『강릉시사』; 강릉문화원, 1997,『증수임영지』;강릉시, 2005,『통계연보』;『강릉디지털문화대전』, (http://gangneung.grandculture.net) 등을 참고하였으며, 개별 세부들에 대한 각주는 생략하였음.

3) 여기 소개하는 초당마을(강문동 포함)의 대표적 지명유래와 구비전승에 대해서는 ※김기설, 2008,『강릉고을 땅이름 유래』, 전진인쇄사, pp.204-209를 참고함.

4) '스토리텔링(storytelling)'이라는 용어는 근래 사회 각 분야에서 다채롭게 사용되고 있다. 이는 문화콘텐츠 산업에 있어서 콘텐츠를 생산하는 기법(방법)의 하나로 이해되고 있다. 따라서 문화콘텐츠의 종류에 따라 그 의미가 조금씩 다르게 쓰이기도 하는데, 요컨대 '생산자에 의해 창작되거나 기존에 있던 이야기를 수용자의 욕구 충족을 위해 효과적인 담화형식으로 가공하는 것'을 일컫는 것이 그 보편적 함의라고 할 수 있다. 이른바 문화원형에 '언어'라는 도구적 가치를 활용해서 새로운 사유와 정서의 세계를 창출하는 동력인(動力因)인 셈이다. 그런 면에서 '스토리텔링'은 단순히 '이야기하기'가 아니라, 지식기반산업에 언어적 생명력을 고취하여 새로운 문화체계를 수립하는 문화콘텐츠 생산 방식이라 할 수 있다. (이인화 외, 2003,『디지털 스토리텔링』, 황금가지; 김의숙·이창식 편저, 2005,『문학콘텐츠와 스토리텔링』, 도서출판 역락).

5) 이 점을 염두에 둘 때 '주민자치회' 조직의 결성과 결속력 및 활성화는 사업의 성패를 좌우할 만큼 중차대하다 할 것이다.

전통마을로서의 초당마을가꾸기

안상복 강릉원주대학교 중어중문학과 교수

Ⅰ. 들어가며

문질文質은 문사의 화려함文華과 질박함質朴을 가리킨다.

진晉나라 때 두예杜預는 『춘추경전집해春秋經傳集解』 서문에서 문질에 대해 다음과 같이 말하고 있다.

> 관리에는 겉치레를 중시하는 사람과 바탕을 중시하는 사람이 있고, 언사에는 화려함과 질박함의 차이가 있다.

이에 대해 공영달孔穎達은 다음과 같은 소疏를 덧붙였다.

> 관리가 겉치레를 중시하면 언사가 화려하고 바탕을 중시하면 언사가 거칠다.

『논어論語』에서는 언사의 화려함과 질박함이 조화를 이루는 문질빈빈文質彬彬을 군자의 지표로 제시했다.

> 바탕이 겉치레보다 강조되면 거칠어서 야인 같은 느낌이 들고, 겉치레가 바탕보다 강조되면 수식이 많아져 관리 같이 느껴진다. 바탕과 겉치레가 함께 잘 어울려야만 이상적인 군자의 모습을 갖게 된다.

IT제품에 비유하여 현대적으로 풀이하면 문질빈빈은 실용적 기능과 디자인이 최상의 조화를 이룬 예에 해당한다. 최근 IT나 자동차 업종에서 세계적 위상을 높여나가고 있는 삼성전자나 현대자동차의 가시적인 성과는 기능에다 디자인의 품격을 높인 결과라 해도 과언이 아닐 것이다. 이러한 경향은 문화적 프로젝트에서도 예외가 아니라고 생각한다. 이에 본고에서는 전통마을로서의 초당마을가꾸기와 관련한 문질빈빈文質彬彬의 가능성을 모색해 보고자 한다.

Ⅱ. 몇 가지 전제

첫째, 전통에 대한 개념 확립과 공유가 전제되어야 하겠다. 전통의 사전적 의미는 "지난 시대에 이미 이루어져 계통을 이루어 전하여 내려오는 것"이다. 그러나 이것만으로는 부족하다. 일반적으로 전통을 쉽게 거론하지만 자세히 들어보면 논자들마다 전통에 대한 개념적 이해가 다름을 확인할 수 있다. 그런 까닭에 구체적인 대상에 있어서 적용은 커다란 편차를 드러낸다. 예컨대, 전통이 옛 것인 것은 분명하지만 옛 것 전부가 전통은 아닐 것이요, 또 전통에는 계승해야할 우량한 전통도 있지만 폐기해야할 불량 전통도 있을 터이다. 그러므로 전통마을로서의 초당마을이 무엇인가에 대한 개념적 정리와 합의 그리고 그에 대한 연구 참여자들의 공유가 전제되어야 한다.

둘째, '가꾸기'에 대한 개념적 공유가 전제되어야 하겠다. 필자는 가꾸기의 의미가 계승과 보존에 그치는 것이 아니라고 본다. 계승은 전통을 잇는 것이요, 보존은 그런 상태에 변화를 허용치 않겠다는 의사가 깃들어 있다. 그와 달리 가꾸기는 미래지향적 의미를 내포한다. 여기서 사회 패러다임의 변화에 걸맞는 '미래형 전통' 개념의 설정이 가능하리라 본다. 따라서 본론에 앞서 이 부분에 대한 입장정리가 이루어져야 할 것이다.

셋째, 가꾸기에 앞서 초당마을의 성격 분석과 정의가 이루어져야 한다. 초당마을은 과연 전통마을로서의 요소를 얼마나 지니고 있으며 앞으로 그런 것들이 얼마나 지속 가능한가 등에 대한 실증적 예측이 시도되어야 한다. 예컨대 마을 인구와 직업 분포, 주거지의 분포양상, 경제적 자족성 등 기본 요소들에 대한 실측과 분석이 선행되어야 한다. 또 사람들의 일상적 생활주기가 전통사회의 그것과 얼마나 큰 차이를 나타내고 있는가? 등의 문제도 검토되어야 할 것이다. 무엇보다 문화적 접근이 이루어지려면 기존에 드러난 '문화마을'로서의 핵심요소가 무엇인가, 또는 아직 뚜렷하지 않다면 무엇을 '문화마을'의 핵심요소로 내세울 것인가 등등에 대한 문제가 면밀하게 검토되어야 할 것이다.

Ⅲ. 초당마을의 입지조건

이중환은 『택리지』에서 지속 가능한 거주지의 요건을 지리地理, 생리生利, 인심人心, 산수山水의 네 가지로 요약하여 제시하고 있다.

지리란 땅의 흐름을 말하는 것인데 풍수지리의 입지조건을 말한다. 현대적 용어로 환경적 지속성에 해당한다.

생리란 경제적 지속성을 말한다. 이중환은 사람이 바람과 이슬만을 먹고 살 수는 없으며 재물이 하늘에서 떨어지거나 땅에서 솟는 것이 아니라고 말하면서 농업과 상업에 편리한 곳을 거주지로 택하라고 하였다. 아울러 유통을 위해서 교통의 중요성도 강조함으로써 실용적 측면을 경시하지 않았다.

인심이란 사회생활의 측면 곧 사회적 지속성을 말한다. 이중환은 집터를 선택할 때 풍속과 인심을 살펴야 함을 지적했다.

산수는 환경 심리적 측면으로서 집 근처에는 정서를 함양할 수 있는 자연환경이 있어야 바람직하다고 하였다. 먼저 기름진 땅이 있는 곳을 고르고 일정한 거리에 산수 좋은 곳을 마련해두는 방안도 제시했다. 경치가 좋은 곳은 거주지에서 어느 정도 거리가 있어도 때로 찾아가 휴식을 취할 수 있지만 경제활동은 일상적이기 때문에 경제적 조건이 더 중시되었던 것이다.

상기한 이중환의 주장은 현대적 재해석에 의해 미래지향적 초당마을의 수식을 위한 이론적 논거로 활용할 수 있는 가능성이 높은 것으로 판단된다.

한필원은 삶의 터 자체를 수시로 매매함으로써 이익을 내려는 이상한 풍조가 만연하고 있다고 하면서 아파트 단지에 대해 비판하고 있다. 농경민족으로 한 곳에 정착하여 마을을 만들고 편안한 삶을 추구하던 우리민족이 부동산 가격의 풍향계가 지시하는 대로 언제든지 보따리를 쌀 수 있는 도시의 유목민이 되어버렸다고 하면서, 한편으로 우리의 전통마을은 대개 수백 년 동안 지속해왔으므로 지속 가능성이 매우 큰 거주지라 하고 있다[1].

일상주기와 생애주기가 전통시대와 크게 다른 오늘날 현대인들에게 이런 비판이 어느 정도의 유효성을 지닐 수 있는지 다시금 생각해 볼 필요가 있다 하겠다. 우리의 전통마을이 단지 수백 년 동안 지속해왔으므로 지속 가능성이 매우 큰 거주지라고 이해한다 하더라도 향후에 과연 그것이 지속가능한 것인지는 별개의 문제가 될 수 있다. 사람들의 의식, 라이프싸이클 그리고 사회경제적 패러다임이 변화했다면 그에 상응하는 새로운 미래형 전통마을의 개념이 도입되어야만 지속 가능성이 담보될 것이다.

그러면 초당마을의 입지조건을 검토하기 위해 비교대상으로서 고성군의 왕곡마을부터 살펴보기로 한다. 왕곡마을을 고른 것은 초당마을과 유사성을 많이 지니고 있기 때문이다. 왕곡마을은 강원도 고성군 죽왕면 오봉 1리에 위치하고 있다[2]. 마을이 두백산, 공모산, 순방산, 제공산, 호근산 등 다섯 개의 산봉우리로 둘러싸여 있다 하여 오봉리라 부른다. 마을이 밖으로 드러나지 않아서 입구로 들어서기 전까지는 마을의 존재 여부조차 알기 힘들다. 양근 함씨또는 강릉 함씨라고도 한다의 조상에 의해 은거지로 선택되었다고 한다. 일제시대를 거치면서 외진 곳으로 방치되었고 그 덕분에 오히려 옛 모습을 간직할 수 있었다. 한필원의 분석에 따르면 왕곡마을의 영역은 순차적으로 다섯 부분으로 나뉜다. 1차 영역은 함씨 영역과 최씨 영역이고 2차 영역은 이 두 곳을 통합한 영역이다. 3차 영역은 2차 영역을 둘러싼 표고 100m 이상의 산봉우리 다섯 개를 이은 달걀모양의 영역이고, 4차 영역은 적동마을 뒷산을 순방산으로 바꾸고 적동마을 남서쪽의 산봉우리를 추가하여 북서쪽으로 조금 더 확대된 영역으로 오봉 2리의 적동마을까지를 포함한다. 마지막 5차 영역은 북서쪽에 있는 오음산249m까지로 확대한 영역으로 이것의 경계는 7개의 봉우리로 만들어진다.

마을 뒷산에서 앞쪽을 바라보면 동남쪽으로 비스듬하게 송지호가 위치하고 좌우로 공모산과 호근산이 부드럽게 막아주고 있는 형세이다. 북쪽과 서쪽은 표고 200m 이상의 오음산, 순방산, 두백산이 삼각형을 이루며 가로막고 있어서 겨울철의 찬바람이 차단된다. 또 오음산에서는 관 주도의 기우제가 행해졌던 곳으로 다섯 마을에 대해 정신적 의미를 지닌다.

안길을 따라 산기슭으로 올라가 마을을 내려다 보면 앞으로 송지호와 그 너머의 동해바다가 눈에 들어온다. 마을의 동쪽으로는 송지호 해수욕장이 있는 바다가 가까우나 마을은 우묵한 지형에 위치한 탓에 바닷바람이 세지 않고, 서쪽의 태백산맥은 육지의 바람을 막아준다.

마을 뒤의 물안골무랑골에서 시작된 수로는 주거지의 중앙을 관통하여 흐르고 있으며 마을 어귀 너머에서 적동마을에서 내려온 물과 합쳐져 송지호로 흘러든다. 물길이 마을 주거지의 경계가 아니라 마을 중심부를 관통하고 있다는 점은 일반적인 전통 마을과 다른 특징인데, 이에 대해 한필원은 물길의 북동쪽에 집들이 밀집하고 남서쪽에는 듬성듬성 있는 것으로 보아 먼저 물길의 북동쪽에 주거지가 형성된 후 택지가 부족하자

물길을 넘어 주거지가 확장된 것으로 추정하고 있다.

마을 사람들의 공동 행사로는 서낭제가 거행되었다. 제사를 주관하는 제주는 특정한 신분이나 문중에서 세습되지 않았고 그 해에 부정한 일이 없는 집안의 가장 중에서 선출되었다. 마을 사람들은 제사의 준비와 진행 과정에 평등하게 참여하며, 비용은 균등하게 갹출되었다.

이상 왕곡마을을 대상으로 전통마을로서의 특징을 개략적으로 살폈다. 그러면 초당마을의 전통마을로서의 입지조건은 어떠한가? 필자가 보기에 초당마을의 입지조건은 왕곡마을에 비해 전혀 손색이 없다. 특히 미래형 전통마을로 가꾸기에는 제반환경이 상대적으로 우월하다.

초당마을은 주지하다시피 화부산에서 흘러내린 줄기가 소동산봉-춘갑봉을 거쳐 도투리재와 땅재로 갈라지는 사이에 위치하고 있다. 북으로는 지변저수지에서 강문으로 흘러드는 개천이 있고 또 경포호수와 맞닿아 있으며, 남쪽으로는 나지막한 봉오리들이 펼쳐져 있다. 서쪽으로는 당재봉, 춘갑봉 등의 봉우리와 넓은 들이 펼쳐져 있고, 동쪽으로는 방풍림이자 비보림으로서의 솔숲이 강문해안 따라 길게 늘어서 있다. 이러한 지리적 입지조건은 전통적인 풍수지리 개념에서 말하는 '장풍득수藏風得水' 이른바 바람을 가두고 물을 얻는다는 형세에 부합한다고 하겠다.

뿐만 아니다. 초당마을은 이웃하고 있는 경포호와 오죽헌까지로 외연을 넓혀 보면 매우 풍부한 매장문화재와 역사문화유산을 풍부하게 간직하고 있다. 왕곡마을과 비교했을 때 상대적으로 도시화가 빠르게 진행되었다는 점이 겉으로 드러나는 전통성의 이미지를 다소 훼손할 수도 있겠으나, 그럼에도 불구하고 빼어난 자연환경과 두터운 역사문화유산이라는 훌륭한 자산을 구비하고 있어서 '미래형 전통마을'로 가꾸어 나가기에는 오히려 최적의 입지조건을 갖추었다 하겠다.

대략 20km를 넘지 않는 좁은 둘레길 안에 산, 숲, 바다, 백사장, 호수 그리고 개천까지를 한꺼번에 껴안고 있는 천혜의 자연환경은 말할 것도 없거니와, 매장문화재 또한 신석기 시대의 것부터 시작해 예국濊國과 삼국시대 그리고 고려, 조선시대에 이르기까지 켜켜이 쌓여왔다. 지상의 건축유적이나 민속문화 또한 완정하게 보존, 전승되고 있다. 가히 동해안에서 제일가는 역사문화유산의 보물창고라 해도 과언이 아닐 것이다. 교통로도 잘 구비되어 있어서 외지인들의 접근성도 용이하다.

입지조건이 이러함에도 불구하고 현시점에서 볼 때 초당마을의 진가는 대외적으로 제대로 홍보되지 못 하고 있다. 대중들, 특히 외지인들에게는 경포해수욕장과 횟집이 대표적으로 각인되어 있거나 혹은 오죽헌이나 참소리박물관 정도가 그나마 인지도를 웬만큼 갖춘 실정이다. 초당이란 마을 이름은 그 자체보다는 초당두부로 인해 널리 알려져 있는 것이 현실이다. 유감스러운 대목이 아닐 수 없다.

필자는 초당마을이 강릉시가 가꾸어야 할 미래지향적 전통마을의 대표적인 본보기가 될 수 있고 또 당연히 되어야 한다고 생각한다. 이런 까닭에 초당마을의 전통성을 보존하면서도 전국적 인지도를 높여서 환경친화적 발전이 가능한 방안을 제시해 보고자 한다.

Ⅳ. 초당마을가꾸기 시안 예시

그러면 우리는 초당마을이 나아가야 할 '미래형 전통마을'로서의 지향을 어떻게 설정할 것인가? 필자가 거듭해서 '미래형'과 '전통'을 함께 내세우는 것은 물려받은 유산을 훼손시키지 않으면서도 앞으로도 계속 살기 좋은 마을, 거기다 경제적 지속성을 확보할 수 있는 방안을 함께 고려하고자 하는 의도에서다.

앞에서 밝힌 것처럼 초당마을은 산, 숲, 바다, 호수, 개천, 습지, 다양한 역사문화유산을 집약적으로 갖추고 있다. 따라서 이런 우월한 입지조건을 보존하면서 동시에 잘 사는 마을로 가꾸기 위해서는 자연생태와 역사문화생태가 어우러진 '복합생태마을'을 지향하는 것이 옳바른 길이라고 생각한다. 이에 대한 종합적이고도 구체적인 청사진은 향후 공동체 모두가 머리를 맞대고 세워나가야 할 당면 과제일 것이다.

여기서는 다만 그런 초당마을의 종합적인 청사진 작성에 다소나마 보탬이 되고자 하는 의도에서 '주제가 있는 걷기코스'를 하나의 시안으로 제시해 보고자 한다. 필자가 생각하는 걷기코스는 초당마을을 둘러싼 일곱 가지 주제길로 총길이 14~16km 내외의 구간이다.

구체적으로 시안을 예시하기에 앞서 "왜 걷기코스인가?" 하는 문제부터 설명하고 넘어가자. 필자가 걷기코스에 주목하는 이유는 이것이 전국적으로 이미 하나의 시대적 트렌드로 자리잡고 있다고 판단하기 때문이다. 이는 아래의 몇몇 보도 사례를 통해서 쉽게 확인할 수 있다.

먼저 한국경제신문 2009년 8월 7일자에 소개된 <대한민국은 `걷기`와 사랑에 빠졌다>라는 제하의 기사문 일부를 인용한다.

> 걷기 열풍이 전국을 강타하고 있다. 수도권에서 멀리 떨어져 있는 제주도와 지리산을 단지 걷기 위해 찾는 여행객이 수만명에 이를 정도로 걷기신드롬이 빠르게 확산되고 있다. 제주도 올레길은 2007년 9월 제주도 성산읍 시흥~광치기 해안에 올레 1구간이 생긴 뒤, 지금까지 13개 구간(265㎞)이 지정됐다. 작년 말부터 입소문이 나 올 들어서만 벌써 9만여명이 다녀갔다. 지리산 둘레길은 지리산을 빙 둘러 고갯길, 숲길, 마을길 등을 하나로 잇는 옛길을 복원한 산책로다. 지금은 남원 주천에서 경남 산청까지 70㎞ 구간만 열려있지만 2011년까지 총 300여㎞에 이르는 둘레길이 생길 예정. 지리산 하면 천왕봉을 오르는 종주코스가 유명했지만, 올 들어 둘레길을 걸은 워킹족만 5만여명에 달한다.

지자체들도 산책로를 조성하는 등 걷기 열풍에 동참하고 있다. 서울시는 지난달 22일 서대문구 등의 주택가 인근 산자락 12곳에 노인, 어린이 등이 쉽게 걸을 수 있는 산책로 30㎞를 2012년까지 만든다고 발표했다. 산책길 바닥은 목제데크, 마사토, 황토,돌 등 자연 소재를 최대한 활용해 만들어지며 곳곳에는 안내판과 벤치, 전망대 등 편의시설이 설치된다. 부산 남구청은 지난 6월 5억4천여만원을 들여 신선대 둘레길, 황령산 숲길 등 7개의 테마 길을 만드는 '남구 탐방 명품 건강길' 조성 사업을 시작했다. 광주시는 지난 5월 산수동에서 무등산 원효사에 이르는 11.87㎞ 구간의 무등산 옛길을 개방했다. 이 구간은 개방 한 달 만에 이용자가 1만명을 넘을 정도로 인기를 끌었다. 전북도 지난 6월 14일 희망프로젝트사업의 하나로 익산시 등 14개 시 · 군 1개 노선씩 모두 197㎞ 구간에 옛날에 걷던 길인 '둘레길'을 복원키로 했다.

최근에는 단순한 걷기가 아닌 '이야기가 있는 걷기'가 각광받고 있다. 전남 청산도의 유채꽃밭과 청보리밭을 가로질러 범바위까지 이르는 길은 영화 '서편제'와 드라마 '봄의 왈츠'의 무대로 남도의 정취가 물씬 풍겨 도보 여행객들의 단골길이다. 경남 하동군 악영면과 화개면 일대의 섬진강을 따라가는 길은 '박경리의 토지 길'로 대하소설 '토지' 속 장면들을 생생히 즐기면서 걸을 수 있다. 문화부는 지난 5월 전남 강진~영암의 '정약용의 남도 유배 길' 등'얘깃거리가 있는 문화생태 탐방로'시범 사업지 7곳을 선정했다.

걷기열풍의 선두주자로 제주도 올레길과 지리산 둘레길의 조성 상황을 소개한 뒤 서울시, 광주시, 전라북도 등 각 지자체의 동참 현황을 소개하고 있다. 나아가 걷기코스의 변용 또는 진화라 할 수 있는 '이야기가 있는 걷기' 등의 사례까지 보도하고 있다. 뿐만 아니라 걷기 위해 찾아드는 관광객들로 야기되는 부수적인 현상도 덧붙여 언급하고 있다.

올레길과 둘레길이 인기를 끌면서 여행사들도 관련 상품을 속속 내놓고 있다. 제주 전문 여행사 건건테마여행사는 지난달 제주올레길 2박3일 코스 상품을 내놨다. 제주도의 다른 관광지는 포함돼 있지 않고 올레길 2코스만으로 짜여 있다. 투어컴, 썬모래투어 등 제주도 전문 여행업체들도 당일코스, 1박2일 코스 등 다양한 상품을 판매하고 있다. 투어컴 관계자는 "상품이 생긴

지 한 달도 되지 않아 수백명이 이용했다"며 "관련 상품을 더 내놓을 예정"이라고 말했다. 지리산 둘레길 여행 상품도 인기다. 금성관광이 지난 4월 말에 내놓은 당일 코스는 매주 1회만 운영하지만 벌써 200명 넘게 다녀왔다.

여행 관련 서적에서도 걷기가 트렌드다. 《제주걷기여행》《지리산 둘레길 걷기여행》《주말이 기다려지는 행복한 걷기여행》 등 도보 여행 서적이 인기몰이 중이다. 예스24의 여행 서적 담당 MD 김기옥씨는 "지난 6월부터 걷기 여행 책들이 처음으로 여행 부문 베스트셀러 상위권에 오르기 시작했다"고 말했다.

걷기코스라는 화두는 강릉을 비롯한 강원지역에도 영향을 미쳐 개발뉴스가 이미 매체를 탄 바 있다. 2009년 8월 8일 연합뉴스에서는 <관동별곡 8백리 환상의 해안길 열렸다>는 제목의 기사를 보도했는데 그 내용을 인용하면 다음과 같다. 분량이 많지 않고 강릉과 밀접한 관련이 있으므로 전문을 인용한다.

삼척 죽서루~고성 청간정까지 26개 코스 259㎞

송강 정철의 관동별곡에 등장하는 관동 8경 중 삼척 죽서루竹西樓~고성 청간정淸澗亭까지 걸어가며 동해안의 비경을 감상할 수 있는 해안길이 열렸다.

관동팔경은 경북 울진의 월송정越松亭에서 북한 통천의 총석정叢石亭까지 동해안 8곳의 명승지로, 8백리에 이르는 해안길을 따라 동해안의 비경이 펼쳐져 있다.

하지만 남북 분단의 상징인 휴전선에 가로막혀 8백리 길을 따라 관동팔경을 온전히 감상할 수 없는 탓에 지금은 잊힌 동해안 유람길.

이 길이 4백여 년 전 강원도 관찰사로 부임한 송강 정철의 숨결을 되살리고자 하는 사람들에 의해 새롭게 태어났다.

오는 10월 열릴 예정인 '관동별곡 8백리 세계 슬로우 걷기축제'를 주관하는 (사)세계걷기운동본부와 강원도 및 동해안 6개 시군이 걸어서 관동팔경을 감상할 수 있는 해안길을 개척했다.

비록 관동팔경 8백리 길을 온전히 걸을 수는 없지만 송강 정철의 문학세계와 청렴결백한 인생관을 되새기며 동해안 비경을 쉬엄쉬엄 관람하기에는 전혀 손색이 없다.

이번에 개척된 관동팔경 해안길은 강원 동해안 최남단인 삼척 죽서루부터 최북단 고성 청간정까지 26개 코스 259㎞에 이른다.

동해안의 숨겨진 비경을 감상할 수 있는 슬로우 여행 코스가 대부분인 이 길은 한국관광공사에서 위촉된 답사단에 의해 확정됐다.

이에 따라 오는 14~15일 이 길을 알리고자 황종국 고성군수와 자전거 동호회원 50여 명이 참가한 가운데 관동별곡 8백리 자전거 종주행사도 열린다.

특히 이 길은 관동별곡 8백리 세계 슬로우 걷기축제 행사를 통해 스페인의 '산티아고 순례길'에 버금가는 걷기 명소 코스로 개발할 계획이며, 유네스코 세계문화유산으로 등재될 수 있도록 추진할 방침이다.

세계걷기운동본부 정준 사무국장은 "아름다운 동해안의 비경을 만끽할 수 있는 환상의 바다 정원길"이라며 "1주일 가량 소요되는 걷기 여행뿐만 아니라 자전거 코스로도 손색이 없어 세계적 명소로 자리매김할 것으로 기대된다"고 말했다.

한편 관동팔경은 강원 고성의 청간정淸澗亭, 양양의 낙산사洛山寺, 강릉의 경포대鏡浦臺, 삼척의 죽서루竹西樓, 경북 울진의 망양정望洋亭, 평해의 월송정越松亭, 북한 고성의 삼일포三日浦, 통천의 총석정叢石亭 등이다.

걷기가 전국적으로 시대적 트렌드로 자리잡았고, 이를 위해 각 지자체에서 다양하게 걷기코스 개발에 열을 올리고 있음은 위에 인용한 두 기사문만으로도 충분하리라 본다.

그러면 "왜 초당마을인가?" 하는 문제로 다시 돌아가 보자. 솔직히 필자는 걷기코스를 개발하는 데 있어서 성공의 관건은 디테일이라 본다. 위에 인용한 관동별곡 8백리가 강원도를 대표하는 걷기코스라 하겠으나 그것의 성공 여부는 오로지 각 거점별로 디테일한 세부코스가 얼마만큼 사람들의 동참을 불러일으킬 수 있느냐에 달려있기 때문이다. 그런 관점에서 강릉 경포대의 걷기코스는 단지 경포대나 해안길만을 지나는 것이 아니라 초당마을을 중심으로 한 걷기코스와 동의적 개념에서 개발되어야 하며 그래야만 비로소 전국적 경쟁력을 지닌 걷기코스의 명소로 자리매김될 수 있을 것이다.

그러면 이제 거칠게나마 구체적인 시안을 제시해 보겠다. 시안의 내용은 크게 걷기코스 개황, 노선도 그리고 일곱 가지 주제길과 그와 연관된 각각의 탐방메뉴로 구성된다.

1. 초당마을 걷기코스 개황

초당마을 걷기코스는 총연장 14~16km 정도로 이루어지며, 크게 7~8km 내외의 안구간과 바깥구간으로 구성된다. 안팎의 두 구간은 마을, 숲, 바다, 호수, 문화유적, 개천 그리고 산림이라는 일곱 가지 지리적 요소를 주제로 취하여 일곱가지 주제길로 명명해 보았다. 구체적으로는 ①초당마을길, ②강문솔숲길, ③경포바다길, ④경포호수길의 네 가지가 안구간을 이루고 ⑤문화유산길, ⑥개천길, ⑦산림길의 세 가지가 바깥구간을 구성한다. 주제길에 매긴 번호는 걷기의 표준동선標準動線을 의미한다.

2. 노선도

초당마을 걷기코스의 전체 노선도는 다음 장의 지도로 대체한다.

지도에서 표시된 안구간과 바깥구간의 구분은 이 두 구간의 걷기가 개인별 사정에 따라 분리와 결합이 가능함을 의미한다. 시간적으로 볼 때 각 구간에 대한 개별 탐방은 한나절에서 하루코스로, 결합 탐방은 하루에서 1박2일 코스로 적합할 것으로 예상된다.

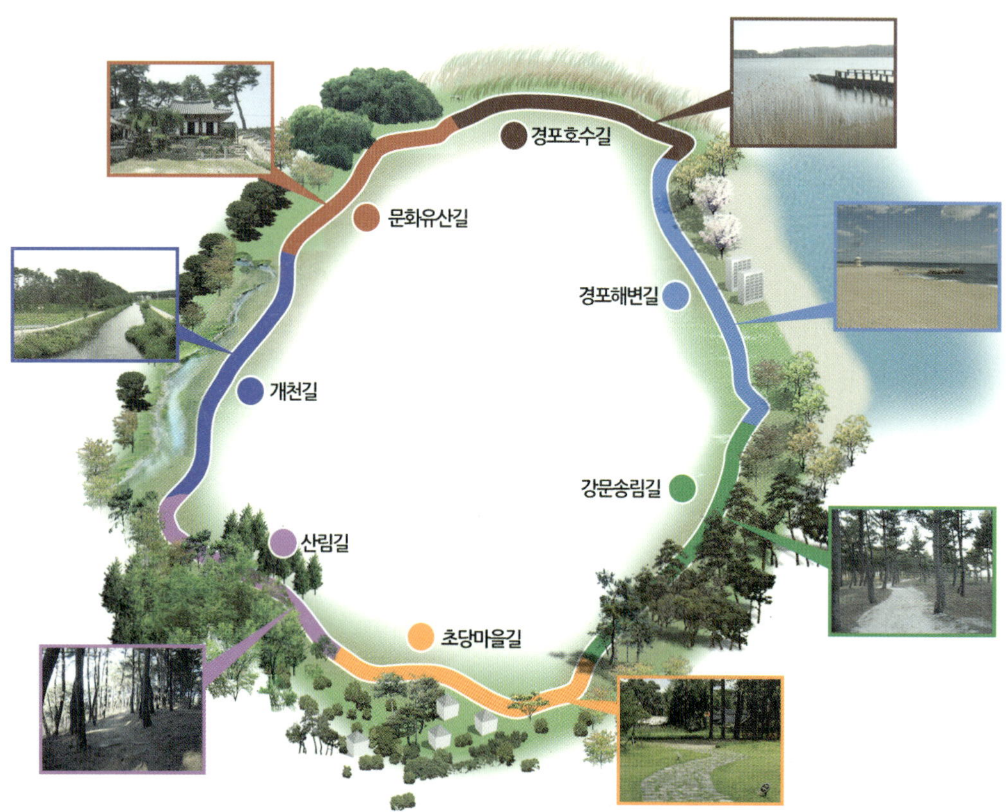

그림4.1 초당마을 걷기 노선도

3. 일곱 가지 주제의 길과 탐방메뉴

안 구간의 네 가지와 바깥 구간의 세 가지 도합 일곱 가지 주제길 각각에 대해 체험이나 탐방의 구체적인 키워드메뉴를 개발하여 홍보한다. 각각의 주제길 및 그와 관련된 탐방 포인트를 설명하면 다음과 같다.

1) 초당마을길

마을 입구에서 시작해 환선정길, 당재길, 홍길동길 등의 마을길을 경

그림4.2 초당마을길: 강릉시내에서 초당마을로 들어오는 어이넘재에 세워진 마을입구의 표석

유하는 코스로 주요 탐방 메뉴로는 허난설헌 생가터, 거기를 둘러싼 솔숲이 있고 그밖에도 초당취연, 당재봉 솔숲에 위치한 서낭당, 어이넘재 등이 있다.

그림4.3 초당마을길: 초당마을 안쪽 오래된 중심도로

걷기는 다음과 순서로 하는 것이 효과적일 것이다. 먼저 허난설헌 생가터에 위치한 조선시대 전통가옥을 둘러본 뒤, 그 주위를 둘러싸고 있는 솔숲의 풍광을 감상한다. 이른 바 경포팔경 중의 하나인 안초당과 초당취연이 그것이다. 그런 뒤 환선정길과 당재길을 거쳐 당재봉에 올라 솔숲 안에 자리잡고 있는 서낭신을 찾아본다. 당재봉 위에서 내려다 보면 아늑한 초당마을 전체와 그 너머 경포바다가 한눈에 들어온다. 당재봉에서 솔향과 더불어 경치를 만끽한 뒤에는 홍길동길을 따라 한국전력 건물이 있는 어이넘재를 넘어 본다.

그림4.4 초당마을길: 솔숲으로 난 교원연수원 들어가는 길

①그림4.5 초당마을길: 1953년 건축된 강릉에서 제일 오래된 침례교회
②그림4.6 초당마을길: 당재봉 솔숲 원경
③그림4.7 초당마을길: 안초당 솔숲
④그림4.8 초당마을길: 안초당 이광로가옥 주변 가을 풍경

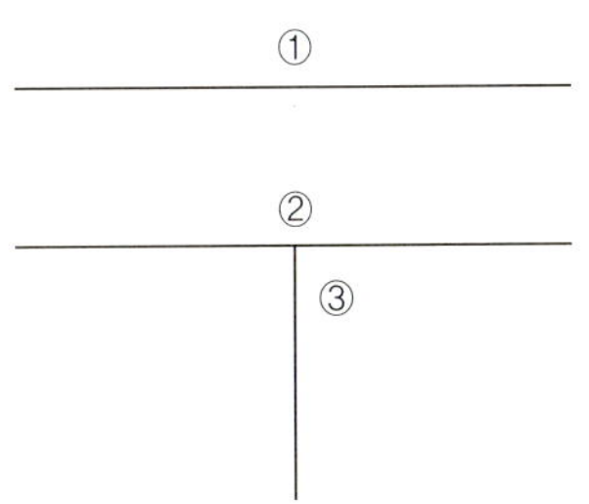

①그림4.9 초당마을길: 안초당 이광로가옥 앞뜰 눈 내리는 풍경
②그림4.10 초당마을길: 허균 · 허난설헌 기념관 앞뜰 가을 풍경
③그림4.11 초당마을길: 안초당 솔숲쪽 봄 풍경

2) 강문솔숲길

어이넘재를 빠져나와 강문 해변에 조성된 방풍림이자 비보림으로서 기능하는 솔숲 사이를 걷는 코스이다. 이 코스의 주요 메뉴로는 길게 늘어진 솔숲 자체와 개천과 바다가 만나는 곳에 위치한 남녀서낭당과 진또배기, 서낭당 옆에 위치한 취영정 등이 있다.

본 코스는 한국전력 건물을 낀 대로를 따라 바다 쪽으로 직진 한 다음 솔숲에 이르면 좌회전하여 경포비치리조트 쪽으로 펼쳐진 솔숲길을 따라 걷는 것이다. 바다와 어우러진 자연풍광을 만끽하면서 솔숲 사이를 걷는 것에 최우선 목적을 둔다. 솔내음을 맡으면서 해풍과 어우러진 맑고 신선한 공기를 한껏 즐기노라면 발걸음이 절로 구름에 뜬 기분이 될 것이다. 솔숲이 끝나는 곳에 횟집들이 즐비하게 늘어서서 횟집촌을 형성하고 있고, 횟집촌이 끝나는 곳이 강문과 경포를 구분하고 있는 개천이 동해바다와 만나는 자리다. 개천 건너 현대호텔이 자리잡고 있는 언덕 밑에 강문 서낭당이 있고 그 곁에 취영정이 자리잡고 있다. 두 곳을 함께 둘러본 다음 명성이 자자한 강문의 진또배기를 확인하면 본 코스는 마무리된다.

그림4.12 강문 솔숲길: 솔숲 안에 난 산책로

①그림4.13 강문 솔숲길: 강문교와 강문해변길
②그림4.14 강문 솔숲길: 초당동 춘갑봉 쪽에서 강문해변 쪽으로 본 풍경
③그림4.15 강문 솔숲길: 강문동 솔숲과 해변 그리고 동해바다

3) 경포바다길

현대호텔에서부터 오리바위를 마주하는 곳까지의 경포해수욕장 백사장코스이다. 파도와 갈매기를 벗하여 모래 위를 천천히 걷는 즐거움은 새삼 설명이 필요 없을 것이다.

그림4.16 경포 바다길: 경포 해수욕장의 가을 풍경

그림4.17 경포 바다길: 초여름의 경포 해수욕장

그림4.18 경포 바다길: 눈 내린 경포해변

4) 경포호수길

경포해수욕장의 백사장을 빠져 나온 뒤 경포호를 따라 서쪽으로 호수 끝자락까지 걷는 코스이다. 이 코스의 주요 탐방 메뉴로는 방해정, 금난정, 경호정 등의 정자와 경포대 그리고 3·1독립만세운동기념탑이 있다.

여기서는 호수길을 따라 풍경을 구경하면서 서쪽으로 걷다가 맨 먼저 보이는 방해정을 둘러보고 다시 300m 정도 걸어가 금난정과 경호정을 둘러보면서 동해안의 누정문화를 체험해 본다. 그런 다음 다시 700m 정도 걸어가 우측 언덕에 위치한 경포대에 올라 본다. 경포대 위에서 한눈에 들어오는 호수의 풍광 그리고 건너편 솔숲에 둘러싸여 있는 초당마을을 쭉 둘러보면서 왜 경포대가 경포대인지를 직접 체험해 보는 것이

그림4.19 경포 호수길: 늦가을의 경포호숫가

그림4.20 경포 호수길: 눈 내리는 경포호수

①그림4.21 경포 호수길: 경포호수에서 바라본 대관령
②그림4.22 경포 호수길: 경포호수 습지생태공원
③그림4.23 경포 호수길: 눈 내린 경포호수 습지생태공원

다. 경포대를 둘러싼 자연풍광은 밤과 낮이 다르고, 개인 날 비오는 날이 다르고 또 사계절의 때깔이 다르다. 이 모든 풍광의 변화를 체험해 보아야만 경포대를 제대로 즐겼다고 할 수 있을 것이다. 경포호수와 선교장 갈림길 어귀에 있는 3·1독립만세운동기념탑까지 둘러보면 본 코스의 탐방은 끝난다.

5) 문화유산길

경포호 끝자락의 삼거리 갈림길에서 시작해 우측 도로를 따라 7번국도를 만난 지점에서 좌회전하여 오죽헌까지 이르는 코스이다. 주요 탐방 메뉴로는 해운정, 숭절사와 김시습기념관, 선교장 그리고 오죽헌이 있다.

이 코스는 다음과 같은 순서로 걸으면 효과적이다. 먼저 경포호수가 끝나는 자락에서 삼거리의 우측길로 접어들어 해운정을 둘러본다. 그 다음 해운정에서 500m 정도 떨어진 숭절사와 김시습기념관 그리고 이어지는 선교장까지를 천천히 유람한다. 그런 다음 1.5km 정도 걸어가 오죽헌까지 관람하면 문화유산길 코스는 완성된다. 오죽헌 앞 광장에서는 주말마다 강릉관노가면극 공연도 펼쳐지므로 시간이 맞으면 무료 관람도 가능하다.

그림4.24 문화유산길: 경포대

①

(江陵名所)(嶺東八景ノ一) 鏡浦臺 (江陵秋本寫眞舘發行)

② ③

④ ⑤

①그림4.25 문화유산길: 1930년대의 경포대(강릉 해람문화기획 제공)
②그림4.26 문화유산길: 경호정 ③그림4.27 문화유산길: 해운정
④그림4.28 문화유산길: 방해정 ⑤그림4.29 문화유산길: 금란정

①그림4.30 개천길: 경포호수를 돌아서 바다로 유입되는 운정천
②그림4.31 개천길: 개천길의 가을 풍경
③그림4.32 개천길: 개천길의 초여름 풍경
④그림4.33 개천길: 눈 내린 개천길
⑤그림4.34 개천길: 개천길가의 습지

6) 개천길

오죽헌 앞에서부터 경포호 서쪽 끝자락에 조성될 예정인 생태습지까지 이르는 구간이다. 개천은 백운저수지에서 시작해 오죽헌 앞 쪽을 지나 경포호를 왼쪽으로 끼고 강문 바다로 흘러내려간다. 오죽헌 앞에서 개천의 둑길로 올라 타 경포호의 생태습지까지 쭉 걸어가면서 눈 앞에 펼쳐진 풍광을 만끽할 수 있다. 사계절 모습이 달라지는 둑길 풍경은 어

른들에게는 어릴 적 추억을 떠올릴 수 있는 낭만의 길이 될 것이며, 그 곁을 흐르는 개천과 향후 조성될 생태습지는 어린 학생들에게 자연생태를 이해하는 학습장으로 유용할 것이다.

7) 산림길

종합운동장에서 시작해 소동산봉-춘갑봉-된봉을 거쳐 초당마을로 내려오는 2km 남짓한 코스이다.

이 코스는 산길을 따라 걷는 전형적인 등산로라 할 수 있는데, 소나무가 빼곡하게 들어서 있는 춘갑봉길을 정취는 여타 지역의 등산로와 달리 솔향으로서 특징을 절감할 수 있게 해준다. 춘갑봉길에서 좌측으로 내려다보이는 경포호 주변의 탁 트인 풍광이, 우측으로는 포남동 전경이 한눈에 잡힌다. 등산로를 내려와 다시 초당마을로 들어서면 절로 배가 출출할 터 두부가게를 찾아 그 유명한 초당두부를 맛보는 것도 오래도록 추억에 남을 즐거움이 아닐 수 없다.

이상의 일곱 가지 주제길과 함께 제시한 탐방메뉴는 성격에 따라 다음 네 가지로 귀납된다.

① 산과 숲, 바다, 호수, 개천, 습지 등을 두루 포괄하는 자연생태메뉴
② 정자와 누대, 사당, 장원, 고택 등과 같은 문화유산메뉴
③ 서낭당과 진또배기와 같은 역사민속메뉴
④ 신사임당과 이이, 허균과 허난설헌, 김시습, 여운형 등에 이르는 역사인물메뉴

본 코스의 장점은 메뉴에서 드러나듯이 다양한 테마를 포괄하고 있으며 또 구간별로 따로 걷거나 같이 걷기가 가능하다. 그러므로 개인별로 주어진 시간에 따라 코스의 취사선택이 가능한 장점을 지닌다.

①
② ③
④ ⑤

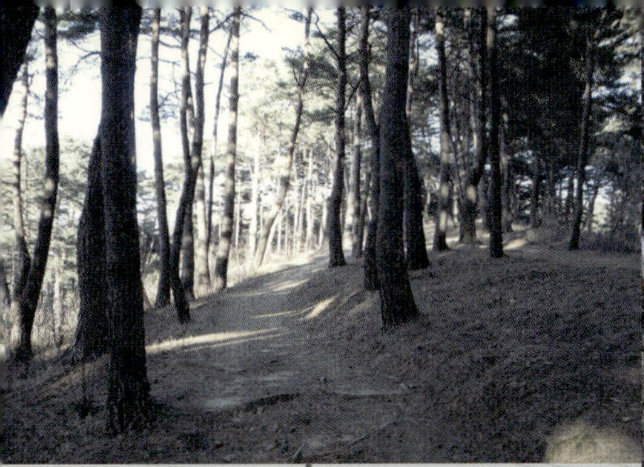

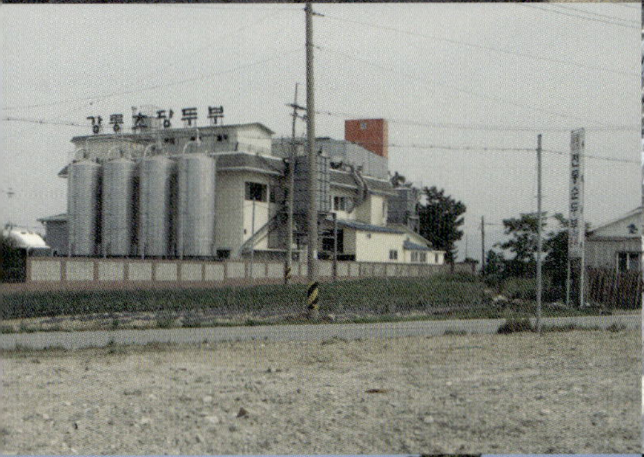

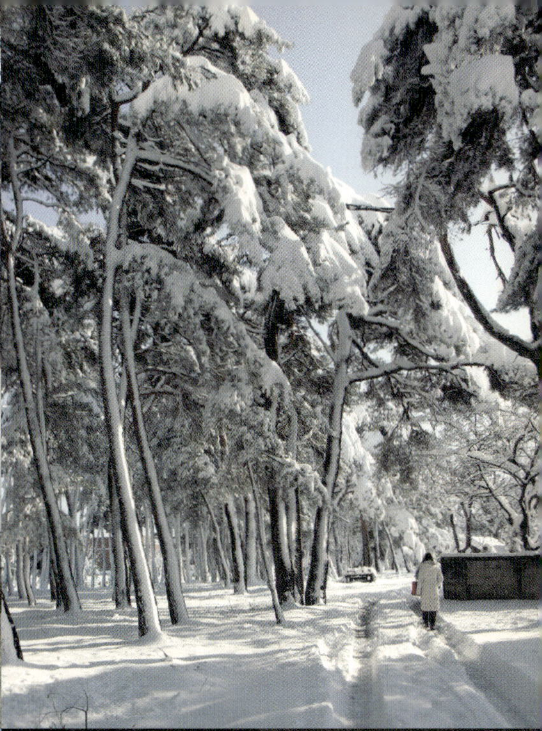

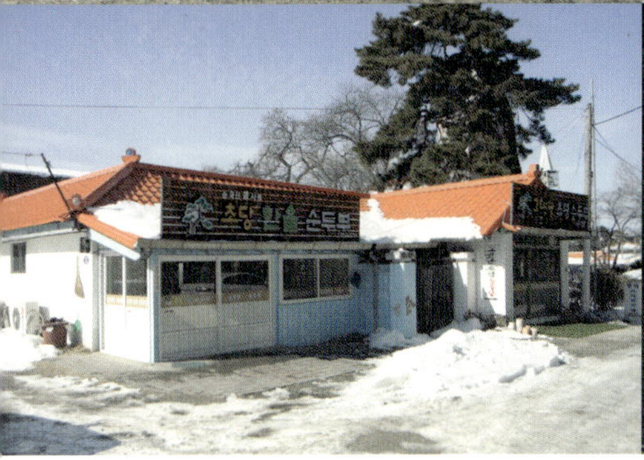

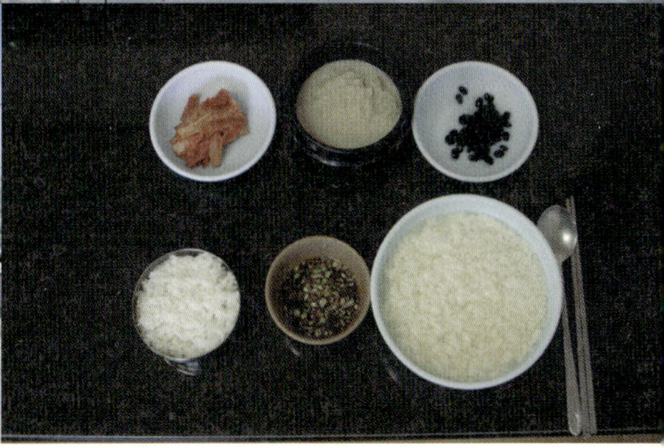

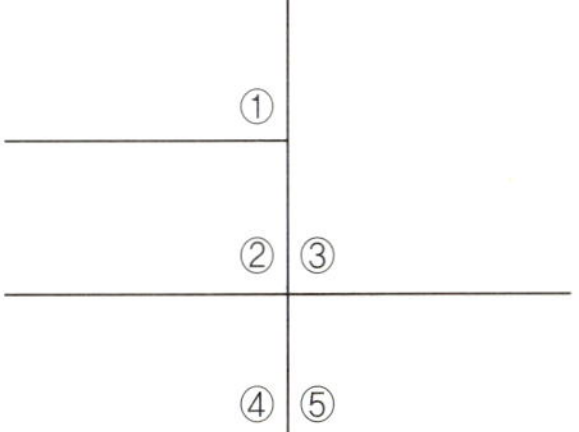

①그림4.35 산림길: 춘갑봉길
②그림4.36 다시 마을로: 마을 입구에 있는 초당두부공장
③그림4.37 다시 마을로: 두부마을로 가는 길
④그림4.38 다시 마을로: 두부마을에 있는 오래된 초당 순두부식당 중에 한 집
⑤그림4.39 다시 마을로: 강릉 초당동식 순두부 밥상차림

V. 제언

마지막으로 위에 예시한 시안에 보탬이 되거나 보완점 등에 대한 제언을 사안별로 덧붙여 둔다.

○초당草堂마을의 명칭

촉나라의 제갈량과 당나라의 두보가 살던 곳의 이름에서 유래되었다는 설이 있으므로 현재 중국의 사천성 성도시에 위치한 두보초당과의 비교소개가 가능하다.

나아가 중국 성도시 소속 마을과의 교류 방안을 모색해 본다.

○허균 · 허난설헌과 관련 건축물

허균과 허난설헌이라는 역사 인물이 당대 지역사회에서 수행한 역할과 업적 그리고 및 후세에의 영향을 소개한다.

이 두 인물은 조선과 청의 문화 교류에 있어서도 지대한 공헌을 했으므로 이와 관련된 자료도 상세히 소개한다.

허난설헌 생가터로 지정된 전통가옥과 그것을 둘러싸고 있는 솔숲의 문화생태적 기능과 의미를 부연한다.

허난설헌 생가터 건축물의 특징을 동시대 동해안 및 여타 지역 건축물과 비교하여 소개한다.

○초당과 강문의 서낭당 및 진또배기

성황, 성황당의 유래와 격식 일반을 제시하고 그와 비교했을 때 초당과 강문의 서낭당이 지닌 특징을 소개한다.

초당마을에서 거행하는 서낭제의 특징과 서낭당에 모셔지는 성황신·토지신·여역신의 기능과 의미를 풀이한다.

음력 정월 보름에 거행되는 행사 일반과 초당마을 서낭제의 관계 및 그 특징을 풀이한다.

성황제와 풍어제가 갖는 지역적 특색과 연 3회(음력 정월, 사월 및 팔월 보름) 거행하는 의미를 풀이한다.

솟대문화 일반과 진또배기의 관계를 풀이한다.

강문 진또배기(5m 장대, 북향의 물오리3마리와 수재·화재·풍재 3재 방지)의 특색과 그것이 갖는 역사 및 문화인류학적 의의를 소개한다.

○초당두부

초당두부의 배경과 유명세를 타게 된 과정을 밝히고, 현재 두부시장에서의 위상을 홍보한다.

기존 식당들을 좀 더 체계적으로 조직화하면서, 한편으로 보다 심화된 학술문화적 견학코스를 마련하여 외연 확장을 꾀하는 것도 시도 가능하다.

1) 이상 거주지의 지속가능성과 관련된 내용은 한필원, 『한국의 전통마을을 가다』2, 북로드, 2004, pp. 168-169 참조.

2) 이하 왕곡마을의 입지조건과 관련된 내용은 한필원, 『한국의 전통마을을 가다』2, 북로드, 2004, pp. 241-297(왕곡마을편) 참조.

현대사회에서 공동체와 그 정체성의 의미

초당마을가꾸기의 참고모델로서
유럽(독일) 생태문화공동체 연구

최재식 강릉원주대학교 철학과 교수

유럽의 생태문화공동체 기원 – 독일 생태공동체에 들어가면서
: 생태문화공동체를 위한 생태학의 확장된 정의
–모던적 사유의 이분법을 넘어서

거대담론에서 미시담론으로의 전환
: 생태문화공동체 연구의 정당성 기초

독일 생태공동체

Ⅰ. 유럽의 생태문화공동체 기원 – 독일 생태공동체에 들어가면서

– 생태문화공동체를 위한 생태학의 확장된 정의 : 모던적 사유의 이분법을 넘어서

생태문화공동체는 공동체 운동에 생태와 문화개념을 합성한 단어이다[1]. 여기서 우리는 생태라는 개념에 관해서 간략하게 고찰할 필요가 있다. '생태학[Ecology]'이라는 용어는 1866년 독일의 동물학자 해켈[E. Haeckel]에 의해서 처음 사용되었다[2]. 이 용어는 희랍어 oikos(οἶκος 집, 가계)와 logos(λόγος 학, 이론)의 합성어[3]로서 유기체[생물]들의 상호관계들을 갖고 있는 주위환경을 탐구하는 생물학의 분과학문으로서 출발하였다. 그러나 20세기 후반부에 점증하는 환경의식으로 이 개념은 생물학이라는 자연과학에 국한된 범위를 넘어선다. 이후로 생태적 인식은 철학적이고 사회학적 영역으로 넘어가게 되며, 더 나가서 인간과 인간환경의 관계를 기술하기 위한 정치적인 논의를 위해 사용된다. 생태학은 이젠 환경보호나 지속가능한 경제에 기여하는 이론이나 행위방식을 뜻하게 된다. 철학적인 중심문제들은 생태학적 다양성의 문제, 다양성과 안정성의 관계에 대한 문제를 해명하는 것과 관계하고 있다.

동시에 생태학은 이제 생명의 망[fabric of life]이라는 의미로 좀 더 포괄적인 관점에서 사용된다. 즉 지구상의 살아있는 모든 유기체를 상호작용하는 전체로서 바라보는 관점에서 출발한다고 볼 수 있다. 이점에서 생태학은 생명의 유기적 상호작용이 중요한 핵심개념이라고 볼 수 있다[4]. 따라서 생태공동체에서 말하는 생태(학)는 생명과 그 주변 환경간의 모든 상호작용을 전제하게 된다. 이는 생명의 순환계에 포함되어 있는 소위 무생물도 그 존재의 의미를 부여해 주는 대상으로 간주한다. 이는 만물평등주의로 나가게 되고 인간중심주의나 인간우월주의를 벗어나는 소위 탈 인간중심주의나 탈 인간우월주의로 나가게 된다[5]. 이런 입장은 전통적인 서구철학이 구획한 자연과 인간, 감성과 이성, 동양과 서양이라는 소위 17세기 이후의 **모던적 사유**[6]의 이분법을 넘어선다.

- 독일의 생태공동체와 초당동 생태마을과의 공통점과 차이점 -

여기서 우리가 주목해야 할 것은 독일 생태공동체와 초당동 생태문화마을의 개념정의가 어느 정도 구별되면서도 겹친다는 사실이다. 이를 정리하면,

독일 생태공동체: 설립자들은 진보적인 견해를 가진 사람들로서 산업화와 현대사회적 삶의 모순을 공산주의나 기존의 동구권 사회주의 모델로 해결될 수 없다는 역사적 체험1968운동[7]에 기초해서 오랫동안 방치된 농경지 등에 '지배와 폭력이 없는' 상호협력 정신에 입각해서 기획된 자연친화적 공동체로서의 '**의도된**' 생태공동체를 세웠다.

초당동 생태문화마을: 초당 마을의 역사와 문화를 보존하고 동시에 이를 발전시키면서 생태 공동체 정신이 담겨있는 풍요로운 생태마을로 발전시키고자 한다는 기획을 가진다고 볼 수 있다.

따라서 현재 초당동의 경우는 토착의 역사와 문화가 결여된 독일의 생태공동체로 순수하게 나갈 수는 없다. 이는 본 연구의 큰 틀이 초당동의 역사와 문화를 존중하면서 생태적 문화생활환경으로 나가는 것을 그 목적으로 하고 있기 때문이다. 이것은 유럽독일의 생태문화마을 모델을 초당동 생태문화 마을가꾸기에 곧바로 적용될 수는 없다는 한계를 갖고 있는 동시에, 적극적창의적으로 생각하여 유럽독일의 경우를 능동적으로 참조한다면 오히려 초당동의 독특함이 창조적인 새로운 모델로 발전할 수 있는 가능성이 크다는 것을 의미한다.

- 생태공동체가 문화라는 명칭을 첨가시키게 된 이유:

생태공동체 운동 속에서 이 운동이 내세우는 친환경성을 그 목적으로 구현하기 위해서는 불가피하게 산업화 사회의 도래 이후에 오랫동안 지배해 왔던 '인간 의식과 삶의 방식으로서의 문화를 바꾸지 않고는 불가능하다'는 체험적 경험에서 이 운동이 도출됐기 때문에 생태공동체에 문화라는 개념이 들어갈 수밖에 없다. 따라서 생태공동체는 불가피하게 문화운동과 함께 전개되어야 한다. 이는 우리 인간이 산업화와 이와 함께 나타난 도시화 과정 속에서 풍요한 소비와 이런 풍요한 소비가 가져다주는 자연파괴가 얼마나 심각한지를 그 피해를 겪은 한참 후에 알게 되었기 때문이다. 그것은 대부분의 산업화와 도시화가 초기에는 자연의 자정·복원능력 덕분에 인간이 자연 파괴의 심각성을 자각할 수 없기 때문이기도 하다.

문제의 심각성은 과도한 자연 파괴로 인해서 자연의 자정·복원능력이 오늘날에는 상실해가는 데에 있다. 그리하여 산업화와 자본주의 덕분으로 얻게 되는 물질적 풍요와 여유만을 즐기고 탐닉되는 습관이 하나의 문화로서 정착하였기 때문에 이를 극복하기위해서는 '문화운동'이 병행될 수밖에 없게 된다. 이는 건전한 자본주의의 발전에도 매우 중요한 요소이다.

- 서구에서 발전된 공동체의 기원과 그 정신:

산업화와 도시화를 통한 자연파괴의 심각성을 뒤늦게 알게 된 대표적 사례들 중 하나가 1905년 영국의 스모그현상을 발표한 데 보외H. A Des Voeux에서 찾아 볼 수 있다. 이는 우리 인간은 자신이 행한 자연파괴의 폐해를 심각하게 느끼기 전에는 그 위기를 제대로 알지 못한다는 사실이다[8]. 따라서 처음에는 현대의 공동체 운동에서 자본주의와 산업화 그리고 이와 연결된 도시화가 낳은 인간소외의 병폐를 극복하고자 제기되었던 개념이 공동체 개념이라면[9], 이런 공동체에 생태라는 개념을 접목하게 된 것은 오히려 자연파괴의 심각성을 깨치고 난 후에 뒤늦게 나타났다.

오늘날 현대 독일의 생태공동체 운동은 68운동에서 그 기원을 찾아 볼 수 있다는 사실에서도 환경문제와 관련된 생태공동체는 일반적인 공동체 운동에 비해서 오히려 뒤늦었다고 볼 수 있다. 즉 오늘날 독일에서 전개되는 대부분의 생태운동들은 1980년대 후반부에 나타나기 시작했다. 오히려 사회 정치적 운동의 하나로서 공동체가 형성되었다면, 오늘날은 전과는 비교되지 않게 생태학적 문제의식이 강하게 영향을 미치고 있다. 따라서 이들 생태공동체에서 생태문화공동체로서 현대문명에서 지배적인 삶의 형태인 경쟁과 폭력 그리고 지배자연지배, 인간지배와 착취인간과 자연에 대한 착취 대신에 상생의 협력과 평화 그리고 모든 존재자들과의 평등적 상생, 종의 존중이 주된 이념으로 전개되고 있다. 이런 과정 속에서 특히 독일 통일 이후에는 양대 거대 이데올로기인 자본주의와 공산주의체제의 경쟁에서 배제되었던 이 공동체 운동이 다시 활성화되어서 동서간의 양체제 출신의 주민들의 융화차원에서도 새로운 공동체 운동의 필요성과 역할이 중시되고 있는 상황이다[10]. 이점으로 한반도의 통일 후 공동체운동을 미리 생각해 볼 수도 있다.

– 생태공동체간의 네트워크 구축과 학습프로그램 및 문화체험 행사:

또한 독일에서는 다른 서구의 어떤 나라보다도 앞서서 생태공동체 운동이 가장 활발하게 펼쳐지고 있으며, 생태공동체간의 상호 교류 및 협력을 통한 긴밀한 네트워크**WNÖ**: Weltweites Netzwerk von Ökodörfern **GEN**: Global Ecovillage Network를 전세계적인 차원으로 전개시키고 있다. 이런 교류 및 협력을 통한 네크워크 구축뿐만 아니라, 공동체 내의 구성원들을 대상으로

교육과 공동체 외부의 일반인들을 위한 개방형 학습 프로그램 및 문화체험 행사도 수시로 열리고 있다. 이를 통해서 독일의 생태공동체 운동은 생태공동체 문화를 일반사회에 대중운동으로서 보급시키면서 파편화된 인간사회에서 진정한 공동체형성을 통한 자기소외를 극복하고자 한다. 이와 함께 독일의 이 운동은 생태계 파괴를 낳은 근대화 이후의 현대까지의 인류의 물질문화중심에서 벗어나서 총체적 위기로 치닫고 있는 현대사회를 **지속가능한 친환경적 사회**로 바꾸는 대중운동 차원으로 전개되고 있다. 이점에서 초당동의 마을가꾸기 운동을 세계적인 네트워크와 연결시켜 봄으로써 초당동의 위상을 국제화시킬 가능성을 열어놓을 수 있다. 뿐만 아니라 초당동의 성공적인 모델이 구축되기 위해서도 학습프로그램과 문화체험의 행사를 만듦으로써 실제적인 도움을 줄 수 있는 방안을 모색해 볼 수 있다.

Ⅱ. 거대담론에서 미시담론으로의 전환

– 생태문화공동체 연구의 정당성 기초

생태문화마을에 대한 연구의 철학적이론적 정당성은 20세기 후반부터 본격적으로 나타난 소위 포스트모더니즘에서도 그 기원을 찾아 볼 수 있다. 철학적 포스트모더니즘은 현대철학의 현대철학의 주류들 중에 하나인 현상학에서 그 기원을 찾을 수 있다. 독일 철학자 후설E. Husserl과 불란서 철학자 메를로-퐁티M. Merleau-Ponty로 이어지는 “생활세계 현상학”은 이론의 영역 이전인 소위 선이론先理論적 영역을 철학적으로 탐구한다. 후설의 철학현상학을 나름대로 수용한 메를로-퐁티 철학현상학에서 이 논의는 더욱 분명하게 보여진다. 메를로-퐁티는 후설처럼 이를 위해서 술어적 단계와 선술어적 단계를 구분한다. 술어적 단계란 바로 이론적 단계로서 개념화되고 객관화된 세계를 특정한 이론으로 설명하는 단계를 말한다. 대부분의 이론에 의해서 형성된 이론적인 구조물은 이점에서 술어적 단계이다. 이는 20세기 전반까지 지배적인 인문학 및 사회과학의 이론적 틀이 대부분 소위 거대이론이나 거대담론[11]들에 의해서 인간세계를 그려내거나 설명해 내고 있다는 데에서 찾아 볼 수 있다.

반면에 20세기 후반부에 들어오면서 서구의 이론적 지평에서 거대담론에 대한 비판이 일어나기 시작한다. 현상학에서는 후설보다는 후설 이후의 메를로-퐁티를 비롯한 불란서 철학계와 특히 독일 철학자 니체F. W. Nietzsche의 영향 하에 전개되는 포스트모던 철학이 여기에 해당된다. 여기에 명시적으로 문제를 제기한 철학자가 본 연구에서 밝히게 되는 메를로-퐁티, 푸코M. Foucault와 리요타르J-F. Lyotard이다. 독일 생태마을이 근본적으로 거대마을을 거부하고 최대한 200~300명을 구성원으로 하는 데에서 알 수 있는 것처럼, 삶 속에서 전통적인 거대이론이 생태마을 형성과 그 과정에서 나타난 문제상황들을 해결하는 데에 근본적으로 기여할 수 없다는 통찰로부터 미시담론을 추구하는 이들 포스트모던 철학을 통해서 본 연구는 생태문화마을공동체을 탐구하게 된다. 이는 공산주의의 이론적 틀도 실증주의나 관념론 등도 생동하는 생태마을의 문제를 해결해 주는 틀로 사용될 수 없다는 것이다.

거대담론보다는 미시담론을 생태마을의 문제해결을 위한 대안으로 찾는 핵심에는 바로 갈등해결을 위한 의사소통문제가 자리 잡고 있다. 즉 구체적인 공동체 삶에서 의견의 차이로 빚어지는 구성원들 간의 갈등문제는 어떤 거대담론으로도 해결하기 힘들기 때문이다. 이런 입장은 독일의 생태문화마을의 대표적 공동체 중 하나인 ZEGG(아래 Ⅲ.2.1 참조)의 선언문에서 유사한 입장을 발견할 수 있다. 이들은 다음과 같이 주장한다.: "공동적 삶의 새로운 형태를 만들기 위해서는 어떤 완성된 처방이란 존재하지 않는다. 이는 우리 시대의 도전들이 너무 복잡하기 때문이다."[12] 그렇기 때문에 생태마을을 만들기 위해서는 더욱더 의사결정구조가 민주적이어야 하며, 의사소통의 장을 근본적 활성화시키는 공간을 만들어냄으로써 새로운 여러 가지 도전들을 그때그때에 맞게끔 유연하게 대처할 수 있는 주민자치적 구조를 보장해야 한다. 이점에서 초당동 마을가꾸기는 철저하게 주민자치적 성격을 갖고 있어야하며 민주적인 의사결정 절차를 유지해야 하는 이유가 있게 된다.

1. 구체적이지만 보편적 생활세계의 발견 - 후설

- 생활세계 현상학: 현대 유럽학문의 위기로서 생활세계의 망각과 생활세계의 재발견

후설에 의해서 정초된 20세기 대표적인 철학으로서 현상학이 많은 주목을 받은 이유는 그가 전개시키는 독특한 현상학적 의식이론에서뿐만 아니라, 그 유명한 '생활세계'이론에 있다. 후기 후설이 유럽 학문의 위기를 언급할 때 그 위기는 바로 '생활세계 의미의 망각'으로 야기된 위기이다. 그는 "사실학문은 단지 사실인간을 만들어 낼뿐이다."[13]라고 말하면서 현대유럽학문이 실증주의적 사실학문에 빠져서 생활세계의 의미를 망각하게 됨으로써 삶의 의미도 망각했다는 것이다. 따라서 모든 학문은 생활세계에서 그 존재의미를 다시 확인 받음으로써 새롭게 재탄생할 수 있다는 것이다. 이는 모든 이론의 뿌리는 바로 생활세계에 있으며, 이 생활세계에서 이론의 단초를 이끌어내야 한다는 철학적 결론에 도달하게 된다. 생활세계를 주목하는 후설 현상학은 모든 경험이나 현상을 로고스로 대체시키려는 이성주의 철학이나 감성적인 경험을 개별적인 자료로 분석·분해시키려는 경험철학경험론이 아니다. 오히려 현상학적 사유는 경험으로 시작되며 어떻게 이성이 경험 속에서 발생하는가를 보여주는데 있다. 그렇기 때문에 "현상학자[후설]의 관심은 완성된 세계를 목표로 하는 것이 아니다Krisis, 180". 여기서 말하는 완성된 세계를 목표로 하지 않는다는 것은 바로 생동하는 세계를 탐구대상으로 삼는다는 것을 말한다. 이 생동적인 세계란 바로 선이론先理論적인 경험세계이며 생활세계이다. 이는 생태마을가꾸기에서 완성된 이론적 틀보다는 생태마을 구성원들의 구체적인 체험을 통해서 만들어가는 열려진 자세가 요청된다는 사실에서 생태마을은 바로 후설이 밝히려는 생활세계와 근본적으로 일치한다.

– 생활세계의 선술어성pre-predicativness과 선소여성pre-givenness

모든 의미형성들의 기초로서 생활세계에서는 모든 의미와 표현이 이론화되기 이전, 그러면서도 이론에게 그 기초를 제공해주고 그렇기 때문에 이론의 근본뿌리가 되는 선술어성과 선소여성이 발견된다. 이 생활세계는 구체적이며 역사적이고 문화적인 다원적 생활세계들로 나타난다. 그러나 후설에서 이 다양한 생활세계들은 이성의 역사[14]에 대한 고찰을 통해서 마침내 선험 현상학에서 수립된 선험이성에 의해서 하나의 '보편적 구조'를 갖고 있는 "반드시 그리고 모든 사람들에게 동일하게 접근될 수 있는 세계Krisis 142"로서 '그 하나의 생활세계the one life world'로 통합된다. 후설에 따르면, 생활세계의 세 가지 기능 중에 하나인 통합기능[15]에 의해서 하나의 보편적인 생활세계의 실체가 드러나고 이 공간은 바로 통일적인 이성이 활동하는 공간이 된다. 여기서 후설은 전형적인 모더니즘 철학의 특징으로서 시공간의 차이를 넘어서는 보편주의적 입장을 대표하게 된다. 후설이 궁극적으로 주장하는 통합기능으로서 보편적인 생활세계로서 '하나의 생활세계' 이론에서는 구체적인 생활세계에서 나타나는 다양한 근원적 경험들 사이의 서로 다름과 이에 따른 충돌과 갈등이 궁극적으로 선험적 이성에 의해서 일치와 조화로 해결하게 된다는 결론에 도달하게 된다. 따라서 그에게서는 경험에서 발견되는 충돌과 갈등은 폭력성의 문제로까지 발전되지 못하고 이성에 의해서 빠르게 해결되는 것으로 결론짓는다[16]. 이는 그가 얼마나 모던철학의 유산에서 벗어나 있지 못하다는 것을 보여주고 동시에 그는 이성에 의한 거대담론에 기초하고 있다는 것을 알 수 있다.

그러나 생활세계의 특징은 후설이 도달하는 결론과는 달리 다양성에 있다. 즉 인간은 다양한 문화와 전통, 형이상학과 종교에 따라서 각 생활세계는 다원성과 다양성을 갖고 있다. 그러나 궁극적으로 선험철학자인 후설에게는 이런 다양한 생활세계가 갖는 주관성과 상대성을 넘어서야 한다는 이론적인 강박성, 즉 근대[모던] 철학의 한계를 갖고 있다. 따라서 후설은 이런 구체적 생활세계들의 주관성과 상대성을 극복하고자 선험적인 '그 하나의 생활세계'를 설정할 수밖에 없게 된다. 이를 밝히는 기제는 불가피하게 선험 현상학에 의해서 가능하다고 본다는 점에서 후설은 생활세계를 발견한 철학자인 동시에 여전히 선험철학으로 이를 해명하려 했기 때문에 그의 한계는 생활세계적 구체성이나 다원성을 하나의 보편적인 관념이나 개념으로 포섭하게 되는 대부분의 관념론이 갖는 한계와 동일한 어려움을 갖게 된다.

2. 생태문화공동체 연구를 위한 선이론적 영역 - 메를로-퐁티

메를로-퐁티 현상학에서 우리는 구체적인 생활세계로서 생태문화공동체가 모든 이론의 진정한 선이론적 틀로서 그리고 모든 합리성의 용광로로서 발견되는 계기를 얻게 된다. 앞서 논구한대로 후설의 추상적인 통일작업을 통해서 우리는 지극히 추상적인 생활세계들에 있어서 동일구조를 발견할 수는 있다. 그러나 이 동일한 구조의 발견을 통해서 상실하게 되는 많은 차이를 과연 우리는 과감히 폐기할 수 있겠는가? 이런 추상적인 작업을 통해서 얻은 세계핵심Weltkern world core을 근원적으로 주어진 것으로 간주할 때 생기는 문제점은 바로 생태문화공동체가 갖는 개별성과 특수성을 저버리는 결과를 얻게 됨으로써 생태문화공동체가 또 다른 보편주의와 전체주의적 사고에 빠질 위험을 안고 있다.

메를로-퐁티의 현상학철학은 종전의 철학과 큰 차이를 보여고 있다. 그의 철학의 핵심은 이론적 세계를 뒷받침해주는 선이론적 세계에 대한 탐구이다. 이점에서 그는 후설 현상학을 일면 수용하고 있지만 후설이 궁극적으로 선험적 이성에 의해서 추상적인 하나의 생활세계에 대한 해명으로 올라가는 것에 반하여, 메를로-퐁티는 지각과 지각의 주체인 몸신체을 탐구하면서 궁극적으로 이론적인 세계를 근거지우는 선이론적인 생활세계의 탐구로 들어간다. 이점에서 그는 구조주의적 특성을 갖고 있다. 그러나 그의 구조주의적 성격은 전통적인 구조주의R. Jakobson, F. Saussure, C. Lévi-Strauss[17]와는 구별되는 포스트구조주의Foucault, Derrida에 영향을 준 철학자로 볼 수 있다.

그가 말하는 선이론적 세계는 무엇을 말하고 있는가? 이는 바로 모든 이론의 뿌리이자 발생지인 생활세계 내지는 일상세계슈츠를 말하고 있는 것이며, 이런 구체적인 생활세계에서 영위하는 삶은 바로 선술어적 삶을 말한다. 달리 말한다면, 우리는 '사태 그 자체'로 복귀한다는 것을 말하며, 이는 이론을 만들어내는 반성이전의 상태로 회귀하는 것을 말한다. 이것은 "우리가 숲, 초원, 강이 무엇인가를 제일 먼저 배우게 되었던 시골 풍경으로부터 지리학이 시작된 것처럼, 모든 학문적 규정은 그것으로부터 의미적인 추상적이고 파생적인 기호 언어로 되는 바의 그 세계로 복귀하는 것(이다.)"[18]을 뜻한다.

- 삶의 근원을 되돌아보는 작업으로서 초당동 마을가꾸기와 독일 생태공동체의 예

이점에서 생태문화마을로서 초당동 연구와 그 비전은 단순한 인문학자들의 공동연구로만 그치는 것이 아니라, 우리 인간들 삶의 근원을 되돌아보는 작업이며, 이를 통해서 우리는 앞으로의 문화에 대한 인문학적 연구의 토대를 만들어낼 수 있을 뿐만 아니라, 동시에 그동안 이런 분야를 연구한 연구자들의 다양한 연구업적을 통해서 이 근원적 생태문화마을 비전을 제시해 줄 수 있다고 본다. 이는 동시에 고정화되고 따라서 석고화 된 거대담론이론에 대한 문제제기나 강하게 말한다면 거대담론에 대한 거부를 그 기초로 하기 때문이다.

이런 사실을 그동안 거대담론이나 거대이론의 한계를 접한 인문학, 사회과학이 20세기 중후반에 제기한 거대담론의 거부 내지는 붕괴현상에서 우리는 볼 수 있다[19]. 이런 거대담론의 붕괴는 바로 오늘날 이론의 지평에서 볼 수 있는 대표적인 현상이다. 물론 그렇다고 거대담론에 대한 비판적 고찰조차 필요 없는 것은 아니다. 시대적인 상황에서 거대담론은 나름대로 인류사회에 기여를 한 점은 분명히 있다. 예를 들어 서구 계몽기 사상은 신 중심의 사회에서 인간의 합리적 이성을 신뢰함으로써 비합리적이고 맹목적인 종교적·신화적 사회의 비인간성과 폭력성을 해결하는 데 큰 기여를 한 사실을 부인할 수 없다.

예를 들어, 20세기 전반까지만 하더라도 노동자 집단에 대한 사회철학적 연구가 대개 거시적인 계급론과 이데올로기이론의 맥락에서 다루어졌다. 이런 연구들은 나름대로 사회변화를 이루는 데에 일정부분 긍정적으로 기여하였다. 그러나 19세기 중엽부터 보여주었던 노동자 집단의 연구는 오늘날 상당부분 새로운 틀이 요구되는 시점이다. 즉 그 당시 노동자는 분명히 노조가 결성되지 못한 채로 자신의 목소리를 합리적이고 평화적인 방법으로 분출시킬 수 없는 육체노동자가 대부분이었다면, 오늘날 노동자는 정신노동자를 포함한 다양한 형태의 노동자들로서 자신의 노조를 통해서 다양하게 자신의 입장을 강력하고 훨씬 자유롭게 개진할 수 있으며, 노동자 역시 자신이 원한다면, 초기자본주의와는 비교가 안 되게 나름대로 풍요롭게 자유로운 생활과 활동을 보장 받을 수 있다. 또한 지식 정보화시대의 도래 이후에 사회를 설명하는 데에는 종전의 거대담론으로 해결하기에는 많은 문제점을 안고 있다는 데에서 우리는 거대담론에 대한 비판적 견해를 가질 수 밖에 없다(아래 4절 참조).

– 산업화의 문제와 현대사회의 폭력성의 극복으로서 독일 생태공동체

이런 관점과 상응해서 앞으로 다루게 될 독일의 생태공동체인 ZEGG Zentrum fuer Experimentelle GesellschaftsGestaltung: Center for Experimental Cultural(Community) Design · 대안사회실험 센터도 자신들의 공동체적 삶의 새로운 형식들을 건설하는 데에 어떤 완성되고 고정된 처방전대책은 없다고 한다. 이것은 바로 우리시대의 도전이 **너무 복잡하기** 때문이다[20]. 오늘날 유럽의 생태공동체 구축에 맞추어서 나타난 문제 상황은 산업화와 냉엄한 시장경제로 인하여 자연파괴와 이로 인한 생태파괴 그리고 현대사회에서 능력에 의한 경쟁사회 돌입으로 인간이 파편화되고 경쟁위주 사회로 인한 공동체 상실이다. 다른 한편으로 이 운동을 주도하는 사람들은 핵가족에서 벌어지는 가부장적 독선에 따른 폭력성을 - 현재에는 과거에 비해 많이 약화되었지만 - 1960년대의 서구사회의 문제점으로 읽어냈다. 이점에서 이들은 공동체적 삶, 생태적 삶에 맞는 새로운 경제, 즉 생태적 시장경제 등을 핵심적 대안으로 파악하고 있다[21].

- 평등한 비폭력적 인간관계의 선언과 대내외적 의사소통의 장 확대

생태공동체는 미리 정해진 특정한 규율이나 질서 또는 내규에 의해서 움직여지는 것이 아니기 때문에 갈등의 상황에 놓여있을 경우에 중요한 것은 바로 의사소통의 장을 최대한 넓히면서 합의의 장으로 나가는 것이다. 그러나 이들이 기본 선언적인 원칙인 비폭력과 평등한 인간관계 그리고 개인의 개별성을 인정하기 때문에 개인의 다양성을 최대한 존중하는 비폭력 공동체적 삶을 추구하게 된다. 이들은 다양한 프로그램을 통해서 사랑의 공동체, 의사소통의 영역에서 새로운 경험을 가능하게 하고 미래를 이런 자유롭고 책임있는 공동체적 개인들의 손에 의해서 해결하고자 하는 용기를 얻도록 한다고 그의 선언적 안내서에서 밝히고 있다[22]. 따라서 이들은 자신들의 생태공동체를 구성원들의 자유로운 의사소통을 통해서 만들어 갈 뿐만 아니라, 대외적으로 유사한 생태공동체와의 세계적 네트워크를 만들어가고 있다. 또한 이를 위해서 독일뿐만 유럽 내의 다양한 국가들에서 다양한 계층의 사람들을 초대하여 동참하는 프로그램을 개발하고 진행시키고 있다.

3. "이성"과 "정상성"에 관한 고고학 · 발생학 연구를 통한 미시담론 - 푸코[23]

본 장에서는 포스트모던 철학의 대표자들 중 하나인 푸코를 통해서 어떻게 인문학적 연구가 거대담론으로부터 미시담론으로 전환되어야 하는가를 밝히고 이를 기반으로 해서 공동체 연구는 종전의 철학적 주제였던 거대담론에 대한 연구보다는 오히려 거대담론이 갖고 있는 문제점을 극복하는 계기로서 미시담론을 주도해야할 지식인의 역할로서 공동체 연구의 필요성과 당위성을 철학적으로 규명한다.

푸코는 『광기와 문명』에서 계몽주의적 모던적 이성이 어떻게 정상과 광기의 구별을 통한 이성과 비이성을 구분하고 있는가와 함께, 거기에 어떤 계몽적 '기획'이 있는가를 밝혀내고 이를 통해서 소위 '모던 이성'의 해체를 시도한다. 그는 고고학적 및 계보학적 방법을 사용하고 있다. 그가 말하는 지식의 고고학적 방법이란 바로 "모든 지식이나 모든 가능한 도덕적 행위의 보편구조를 밝히려고 하는 것이 아니고, 우리가 생각하고 말하고 행동하는 것을 형성하는 담론을 역사적 사건으로 취급하려는" 태도나 방법을 말한다[24].

이 고고학에 의해서 그는 광기의 진정한 언어를 찾아내고, 광기 역사의 원점에서 광기를 차별없는 경험으로 재발견하고자 했다. 그는 이 고고학을 통해서 한 시대의 지식의 토대와 구조, 지적 담론과 법칙, 체계를 밝혀내고자 했다. 그에 따르면, "광기의 역사를 기술한다는 것은 본래의 모습이 다시 복원될 수 없는 광기를 수용소에 수감시키게 하는 역사적인 전체 사실들의 - 표상들, 제도들, 법적이고 경찰의 조치들, 학문적인 개념들의 - 구조를 탐구하는 것을 뜻한다."[25] 그렇기 때문에 이 고고학은 우리에게 단순히 놓여있는 자료로서 학문적이고 제도적이며 행정적인 텍스트들수용소, 감옥의 각종 행정적인 문서들 밑에서 광기의 본래 모습을 캐낸다. 그가 이 방법을 채택한 이유는 광기를 정의하는 기존 이성, 즉 기존의 권력과 연계된 이성으로부터 해방된 자유로운 경험으로서 광기를 파악하는 것이 오래 전부터 불가능했기 때문이다[26]. 그의 이론의 핵심은 이성과 지식은 객관적이고 투명하며 따라서 가치중립적이면서 최고의 진리와 선을 추구한다는 전통적인 이성주의를 비판하고, 이성과 지식은 항상 권력과 연계되어 있다는 역사적 사실로부터 출발한다. 이를 증명하기 위해 그는 '광기', 문명', '성과 정치'에 관해 실증적인 연구를 수행하였다. 따라서 기존의 소위 이성주의 방식으로는 광기의 진정한 언어가 지각될 수 없었고 오로지 거부의 제스처와 문화적인 경계선을 긋는 것 그리고 폐쇄적인 가치 설정만이 존재한다는 것이다. 광기의 진정한 언어가 이해될 수 없는 상황을 극복하기 위해서 소위 고고학적 방법이 불가피할 수밖에 없었다고 그는 생각한다. 물론 고고학이라는 말은 전혀 새로운 개념이 아니다. 그러나 그가 종전의 철학적 방법론과는 전혀 다르게 창안된 방법인 고고학적 방법푸코의 고고학을 이성, 권력, 지식, 사회의 각종 제도에 관한 연구에 적용시켰다는 점에서 새롭다는 것이다.

이를 통해서 인식주관의 절대적인 작업으로는 도달할 수 없는 익명적인 규칙규범체계들이 학문 가능성의 조건들로 되자, 확실한 인식과 단순한 선입관 사이의 견고한 경계는 사라진다. 궁극적으로 푸코의 고고학이 종전의 학문방식과 구별되는 것은 사유의 역사를 선험적인 자기도취로부터 해방시키는 것이고 이를 통해서 탈중심적인 작업을 추진하는 데 있다.

그러나 이 고고학적 방법은 소위 발생학계보학[27]적 방법으로 넘어간다. 이 때 말하는 발생학적 방법은 전통적인 역사서술 방법과 구별되는 것으로서, 역사에 있어 고정된 본질이나 심층적 법칙, 형이상학적 목표 혹은 진리의 의미를 거부하고, 의미, 가치, 진리, 도덕, 선, 정의 등의 개념을 그대로 받아들이지 않는다. 오히려 그것들 속에 감춰진 **권력의 전략, 지배와 복종 및 억압 구조**를 밝히는 것이 발생학적 방법이다. 이런 발생학적 방법은 대립들, 각종 사회적 힘의 관계들, 권력 집행표시, 복종 형태들법, 정치, 사회, 경제권력 등에 의한, 지배를 위한 끝임없는 투쟁, 공개적으로 또는 은폐된 채로 자행되는 폭력 등을 그 연구대상으로 삼는다[28].

이를 통해서 이성은 철저하게 비이성을 억압하고 질식시키게 하는 권력으로 드러난다. 여기서 권력과 지식은 서로 연계되어 있고 이성의 신뢰는 바로 하나의 담론체계로서 다른 담론체계를 비정상적인 것이라고 억압하는 기능을 한다는 사실이다. 푸코는 자신의 연구를 감옥 밖의 다른 사회 및 행정조직과 제도로 확대시킨다. 이를 통해서 어떻게 감옥에서 실행되던 규율이 관찰·규범적 판단·검사 등의 기법으로 사회 전 영역으로 전파되는가를 밝힐 수 있게 된다. 학교·군대·공장·병원·가족 관계에서 차용되고 경찰이라는 수단을 통해 규율적 권력이 사회에서 효율적으로 행사됨을 그 목표로 한다는 것을 밝힌다. 이런 그의 고찰로부터 권력 관계는 그 특수한 관계적 특성 때문에 국가라는 거대조직에 대한 일반적이고 피상적인 연구보다는 미세한 수준에서 접근되고 연구되어야 한다는 점이 드러난다. 이 점에서 권력이론은 종전의 권력의 거대거시물리학에서 "권력의 미시물리학"으로 바뀌어야 한다는 것이다[29].

이런 측면에서 푸코는 권력의 생산 과정을 분석하는 것이 사회적 비판 기능이고 우리의 비판도 "지역화"되어야 한다고 본다. 따라서 거대한 유토피아를 전제하고 미래를 예견할 수 있는 것처럼 행동하며 신이나 국가의 법을 대표하고 이성의 보편적인 법칙을 제시하려는 "보편적 지식인"의 시대는 사라지고 지역적 영역에서 규율적 권력을 비판하는 "구체적 지식인"이 그 역할을 수행해야 한다고 본다. 여기서 사회비판은 보편적 가치를 가진 형식적 구조보다는 미시적이고 구체적인 탐구로서 역할을 수행해야 한다. 여기서 "철학의 [과제]는 ... 철저하게 정치적이고 철저하게 역사적이다. 오늘날 철학은 역사에 내재해 있는 정치이고 정치와 통용될 수밖에 없는 역사이다"[30] 따라서 철학은 우리의 사회사적社會史的이고 정치적이며 문화적인 현실의 구체적인 문제들을 **미시적인 시각**으로 다루는 사회이론이며 역사이어야 한다. 푸코의 이런 사회철학적이고 역사철학적인 경향에서 미시적 시각으로의 전이는 리요타르의 거대 이야기에서 작은 이야기로의 전이라는 포스트모던적 조건과 연결된다.

푸코 철학은 철학의 영역을 넘어서 오늘날 문화권력이니 미디어권력이니 하는 표현 속에서 쉽게 간취할 수 있을 정도로 권력이 미시적 형태로서 각종 분야에서 활동하고 있는 소위 '권력의 미시물리학'에서 인간과 사회를 이해하는 새로운 계기를 만들어 주고 있다. 여기서 인문학이란 인간 문제를 다루는 거의 모든 학문들철학, 미학, 언어학, 문학이론, 역사학, 인류학, 정치학, 사회학, 경제학, 법학, 정신 병리학, 여성학, 교육학, 종교학 등을 통칭한다.

– 푸코의 미시물리학에 근거한 생태문화공동체적 담론

이점에서 생태공동체 연구는 일단 사회전체나 역사전체를 거대개념 틀이나 구조로서 해석하려는 모던적 사유에 근거를 둔 모던적 학문체계로 진행시키기는 것도, 또한 젝ZEGG이 제시해주고 있는 것처럼, 어떤 미리 고정된 대처방안이라는 이론적 틀로서 공동체를 재단하는 것도 적절하지 않다. 오히려 구체적인 다양한 인간들이 각자의 개별성을 존중해주면서, 공동체 정신을 통해서 상호 충돌과 의견 차이를 상호 의사소통을 통해서 해결안을 만들어간다는 사실이다.

생태문화공동체 담론은 전통이론이 갖는 보편성으로 나가는 것이 아니며, 다양성을 존중하면서 각기 구성원과 그 구성원의 문제의식에 따라서 다르게 형성되는 개별적인 공동체 속에서 **개방적인 의사소통**의 중요한 기제인 **자유로운 토론**을 통해서 이루어지는 상대적인 보편성을 추구한다. 열려진 합의 속에 형성된 느슨하고 역동적인 그래서 변화를 전제로 한 잠정적인 합의에서 발견되는 상대적이고 느슨한 보편성이라고 말할 수 있다. 이를 다양성 속에서 열린 통일성이라고 부를 수 있다.

이런 보편성을 본인은 방계적 보편성이라 부른다. 이때 말하는 방계적 보편성이란 수직적 보편성을 넘어서는 대안이다. 즉 과거의 보편성이나 합리성 내지는 질서라는 개념은 전래적인 방식으로 계급과 계층의 차이를 표현하는 위계질서로 나타났다. 반면에 방계적 보편성이란 융합과 분열 속에서 새로운 합의에 따른 합리성이 만들어가면서 **개별성이 존중**되면서 동시에 **공동체성이 만들어**가는 과정이다. 그럼으로써 생태공동체에서는 어떤 확고한 그래서 석고화 된 규범과 합리성이 활동하기보다는 오히려 역동적으로 작동중인 질서와 합리성이며, 따라서 합리성이 항상 존재하면서도 변화하는 문화생태환경 속에서 무질서 속에서 질서를 만들어가는 열려진 질서와 합리성이 존재하게 된다. 기능하는 질서의 다양한 영역들에 융합과 분열의 순환작용으로 특징짓는 파편적인 질서들이 나름대로 관통하고 있다[31].

4. 전체사회 연구에서 공동체 연구로: 거대이론에서 미시이론으로 - 리요타르[32]

리요타르에 의하면 모던적 지식의 토대와 기능이 정당화légitimation라면, 지식의 포스트 모던적 조건[33]은 탈 정당화délégitimation이고 모더니즘을 특징짓는 것은 거대이야기grand récit 혹은 메타이야기metarrécit라면 포스트모더니즘을 특징짓는 것은 작은 이야기petit récit라고 한다. 왜냐하면 모던적 지식은 통일성의 형식을 가지고 있으며, 이 통일성은 거대이야기 또는 메타담론métadiscours에 의해서 정당화되기 때문이다. 리요타르가 들고 있는 메타담론으로는 인류의 해방계몽주의, 정신의 변증법관념론, 의미의 해석학역사주의, 자본주의, 기독교 등이다[34]. 이들 거대담론에 비추어서 모더니즘계몽에 의한 과학과 기술의 발전이 과연 전체 인류에게 진정한 해방을 가져다주었는가? 대립되는 두 개의 정치체제나치즘, 스탈린이즘가 과연 우리에게 인간적인 사회를 제공해주었는가?[35] 또한 인간의 이성은 과연 진정한 의미에서 타자와 타자성을 받아들였는가?[36]하는 문제 등을 우리는 제기할 수 있다.

리요타르는 이런 거대이론을 제공한 최고의 대변인을 헤겔로 간주하고 그를 정점으로 하는 독일 관념론에 대한 전면적인 비판을 전개한다[37]. 헤겔은 "진리는 전체이다. 그러나 전체는 오직 발전을 통해 자기 자신을 완성하는 존재일 뿐이다"[38]라고 말한다. 이런 전체만이 진리라는 명제는 전체주의에서만 실현될 수 있다고 보는 것이 리요타르의 입장이다. 특히 오늘날의 포스트 모던적 조건에서 이런 전체는 다양한 부분들의 갈등과 상호작용으로 분산되었기 때문에 전체성이 주장하는 통일성도 더 이상 유효하지 않게 되었다는 것이 리요타르의 진단이다. 따라서 삶의 다원성이 우리의 조건인 이상 거대이야기가 갖고 있는 전체성의 해체는 오늘날 포스트 모던적 당위이다.

리요타르는 모던적 특징인 거대담론이 무너지면서 그 대안을 비트겐슈타인Wittgenstein의 후기 이론인 다양한 언어게임이론들에서 발견한다. 이 점에서 오늘날 포스트 모던적 현상이나 또는 로고스 중심주의와 주체의 해체로 인하여 야기된 부정적인 현상으로서 이성의 혼란을 리요타르는 혼란으로 보고 있지 않다. 오히려 오늘날의 혼란은 이성이나 거대이론이 붕괴되면서 발생하는 혼란이 아니라, 다원성과 다원화를 보편적 합리성에 의해서 수용하지 못하고 이들 다원성들의 차이를 제거하려는 잘못된 모더니즘적 치유에 그 원인을 찾는다. 따라서 이성의 혼란은 오히려 "보편적 언어, 즉 개별적 언어들 속에 저장되어 있는 모든 의미들을 남김없이 수용할 수 있는 메타언어에 관한 지극히 현대적모던적인 기획에서 기인한다."[39]는 것이다. 이런 측면에서 볼 때 우리의 탐구 대상인 생태문화공동체 연구를 위해서 요구되는 미시담론의 요구는 오늘날 포스트 모던

시대에 그 정당성을 갖게 된다고 볼 수 있다.

생태문화공동체 연구에서 활용되는 담론은 모더니즘 시대에서 구축된 거대 담론으로 는 유지될 수 없다. 아래에서 연구될 다양한 형태의 독일의 인위적 생태문화공동체는 그 구성원 자체가 200~300명 정도로 이루어져 있고, 특히 우리가 비추어서 연구하고 있는 초당동의 경우도 그 인구는 이보다 훨씬 많은 6천여 명 정도이지만, 여전히 결코 크지 않는 공동체이다. 여기서 초당동의 오래된 고유문화와 다른 지역과 구별될 수밖에 없는 자연적 배경을 고려한다면, 당연히 리요타르가 비판한 거대담론으로 마을가꾸기를 전개시킨다는 것 자체가 처음부터 불가능할 뿐만 아니라 적절하지 않다. 물론 여기서 취하는 미시담론의 진행은 외부 사회, 즉 강릉시나 강원도 그리고 한국사회 전체와 고립된 독립적인 마을가꾸기를 진행시키기 위한 것은 더욱 아니다. 이들 더 큰 사회단위들과는 하나의 긴밀한 망구조로서 연결되어야 함은 물론이다. 그러나 이 작은 공동체가 다른 더 큰 사회공동체와 망으로써 연결되어 있으면서 동시에 자신의 고유성을 유지해 나갈 때만 초당동 마을가꾸기가 성공할 수 있을 것이다.

그러기 위해서는 미리 이론적으로 구획-재단된 마을가꾸기보다는 근본적으로 공동체 구성원[초당동 주민들]의 자율적이면서도 필요하다면 다양한 형태의 외부의 기술적 도움[40]은 얼마든지 활용해나가면서 그때그때의 문제들을 해결해나가는 현재적인 마을가꾸기를 전개시켜야 할 것이다[41]. 따라서 초당동의 생태문화 마을가꾸기 역시 미시담론으로 진행되어야 한다. 생태문화 마을가꾸기에서 직면하게 될 다양한 형태의 문제해결에서 갖게 될 합의과정은 이질성, 충돌, 갈등을 빚을 수밖에 없게 된다. 즉 비결정성, 비연속성, 파국성, 모순성을 때때로 갖게 된다. 즉 "합의는 단지 토론의 한 상태일 뿐이지 그 목표가 아니다. 토론의 목표는 오히려 불일치paralogie이다."[42] : 이때 말하는 불일치는 하나의 로고스에 의해서 세계를 설명하려는 전통적인 모더니즘에 대한 비판을 전제하고 있음을 알 수 있다. 그렇다면 리요타르는 과연 불일치 자체를 목표로 삼는 것인가? 그것은 아니다. 만약 그렇다면 의사소통의 불가능성을 주장하게 될 것이다. 그가 이런 불일치를 주장하는 것은 언어게임 자체에 내재해 있는 불일치와 경쟁의 성격이 복수적인 언어게임들을 하나의 섬유로 조직하고 있는 것에 근거를 두고 있기 때문이다 : "사회적 유대는 언술적이지만 단일한 섬유로 이루어진 것이 아니다. 사회적 유대는 상이한 규칙에 복종하는 적어도 두 종류의실제로는 무수히 많은 언어게임들이 교차하는 조직망이다."[43] 따라서 생태문화 마을가꾸기에서는 수직적인 상하권력구조hierarchy에서 실현되는 수직적 합리성 보다는 방계적 망으로서 방계적 합리성이 추구되어야 한다. 때문에 최고 상위의 의결기구를 설정해서 이 기구에 의해서 권위적으로 공동체가 움직여나가기 보다는 상호 다양한 의결기구들이 개방된 합의과정으로 나가야 한다. 따라서 공동체 구성원들 간의 차이를 인정하는 감수성을 발휘하면서 인내를 키우는 합의정신으로 나가야 한다.

Ⅲ. 독일 생태공동체

1. 독일 생태공동체의 역사적 배경

독일에서 생태적 삶을 추구하는 공동체 운동은 18세기 루소J-J. Rousseau, 1712~1778의 "자연으로 돌아가자"라는 모토와 함께 19세기 중반부터 특히 독일과 스위스로부터 출발해서 산업화와 유물론 그리고 도시화에 대한 비판과 연결되어 있는 **생활개혁운동**에서 시작되었다. 이 생활개혁운동은 근대화와 산업화 이후 자연파괴와 공해에 눈을 뜨기 시작하면서 전개되었다. 따라서 현대화는 인류사회가 문명 폐해와 육체적, 심리적, 정신적 질병을 일으킨다는 현대 물질문명에 대한 공포였다고 볼 수 있다. 즉 현대화는 결코 진보가 아니라, 일종의 퇴락 현상으로 간주하게 되는 문명비판이 전개되기 시작했다. 이와 병행해서 유럽에서 자연치료에 대한 관심이 증가되었고, 미국의학과는 달리 유럽의학에서 자연치료 내지는 대안의학이 발달하는 계기를 얻게 된다.

자연파괴로 인한 환경파괴와 환경오염에 대한 비판적 목소리는 그 대안으로 독일에서 **고향지키기**와 **시골공동체**라는 두 가지 방향으로 나타난다. 그 공통점과 차이점은 아래의 표로 간략하게 설명될 수 있다.

	공통점	차이점과 구호	참고
고향지키기 Bund Heimatschutz 1904 Dresden	기본 정신: 환경오염 및 파괴로부터 삶터를 지키기	고향 보존	초당동 사례와 유사
시골공동체 Landkommune local commune		미답지인 자연농지위에 새 공동체(100명 전후) 설립	새 공동체 설립으로 환경철학적인 배경 새로운 시사점 제시

더 나가서 **고향지키기**가 내세운 "소박함의 이상", "소비에 대한 포기절약", "증가하는 자연파괴에 대한 저항", "생태주의적 경고" 등은 오늘날 생태공동체 운동의 정신과 일치한다. 반면에 후자인 **시골공동체**는 19세기 중반부터 전개되기 시작하는 생활개혁운동이다. 이는 앞서 언급한 대로 자본주의적 산업화 이후에 도시화에 반대하며, 반기술적 성격의 운동이다. 이들은 산업화이후 자연파괴적 삶과 도시적-기술적 삶에 대해서

자연과 함께 하는 시골적 삶을 그 대안으로 제시한다. 이런 대안은 자연스럽게 자연치유와 나체문화, 채식주의 문화로 발전하게 된다.

이들이 자연치유를 강조한 배경을 보면, 1762년 루소의 교육소설인 『에밀』에서 "창조자의 손으로부터 온 모든 것은 좋은 것이고, 그러나 이것이 인간의 손에서는 왜곡된다."[44]는 명제에서 도출된다. 루소는 자연에 근거한 생활 방식으로 되돌아갈 것을 요구하며, 저항력을 키움으로써 몸에 고유한 자연의 힘을 요청하고 의약품을 거부한다. 프리스니츠V. Prießnitz와 쉬로트J. Schroth에 의해서 시작된 자연치료 운동은 치료수단으로서 물, 온기, 공기 등을 사용하는 방식으로 오늘날 스파에 해당되는 방식을 사용했다. 음식도 자연 그대로의 방식을 추구했다. 따라서 이들은 끓이거나, 고기를 굽거나, 빵을 굽는 방식보다는 생식生食하는 방식을 택했다. 이와 함께 친환경적이며 자연적으로 생산된 식료품, 방부제나 유전자변이 없는 식료품을 파는 건강식품점인 레포름하우스Reformhaus가 독일에서 1900년에 문을 열게 되며 오늘날 독일에는 레포름하우스가 곳곳에 있다. 이런 생활개혁운동은 1차 세계대전을 거치면서 약화되다가 2차 세계대전 시기에는 나치의 이데올로기에 흡수되었다. 그러나 이런 운동은 20세기 후반부에 생기기 시작한 다양한 형태의 생태공동체에 의해서 이런 생활방식은 흡수된다. 반면에 '**고향 지키기 운동**'은 보수주의자들에 의해서 수행된다. 이들은 자연친화적이고 건강한 삶을 통해 서구의 기술 및 산업화문명이 가져올 악영향에 대항하여 독일적 전통과 고향성을 지키고자 했다. 하지만 이들 운동은 나치의 배타적인 민족주의로 발전되어 나치에 의해 악용되었다. 이점에서 우리의 초당동 연구가 단순히 강릉 고향 지키기라는 배타적인 운동으로 발전시키는 것은 바람직하지 않다.

– 2차 세계대전이후 특히 68운동이후 상황과 독일 생태공동체 형성의 기초

2차 세계대전 이후 1950~60년대에 미국은 군산복합체로 인해서 경제가 급성장하게 되며 이와 함께 소위 전후의 베이비 붐 세대로 인해서 대학 인구가 급팽창하게 된다. 이들은 1960대 전래없는 소비를 구가하면서 자유를 만끽하게 된다. 이런 현상은 자본주의를 주도하는 미국에만 국한된 것이 아니라, 유럽에서도 비슷한 현상이 일어나게 된다. 이런 과정에서 대학의 이상은 변모하면서 자본주의시장에 맞는 인재를 양성하는 기관으로 바뀌게 된다. 이런 사회적 변화에 대해서 일부 진보적인 지식인들과 자유분망하게 성장한 젊은이들의 그동안 사회 기존질서에 대한 반발이 자연스럽게 나오기 시작했다. 특히 대학의 시설과 기존의 시스템으로는 거의 배가 증가한 학생들을 수용하기 힘든 상황에 직면하게 되고, 자유롭게 성장한 세대들에게는 당시의 기존 사회적 시스템은 폐쇄적으로 보일 수밖에 없게 된다. 이들의 불만은 처음에는 대학당국에 대한 비판에서 사회전반에 대한 기성성에 반발하게 된다. 특히 이들은 자유와 해방을 구호로 내세우면서, 성개방과 대학이 자본주의 시스템에 필요한 인재의 산실이라는 것을 받아들이기 힘들게 되면서 기성세대들에 의해서 안정된 사회정치 시스템을 권위주의로 규명하면서 저항문화를 키워나가기 시작한다. 이들의 구호를 분석해보면, 여성 차별과 성윤리의 개방화, 자본주의적 패권주의에 대한 저항의 깃발을 내세우게 된다. 이들의 운동은 자본주의에 대한 비판으로 프롤레타리아 혁명을 통한 국가권력 쟁취와는 달리 일상적 삶에서의 인간소외를 추구하기 때문에 국가권력장악을 거부하고 삶의 복구와 확장 그리고 더 나은 삶의 질적 변화를 목표로 했다. 이들 문화는 당시 양대 이데올로기가 갖는 기성성에 대한 해방을 요구하게 된다. 따라서 이들은 기성문화를 인간의 본연적인 자유를 억압하는 폭력적인 문화로 간주하며 기성문화에 반대하면서 반전 평화운동과 억압적 윤리로부터 해방을 요구하면서 개방적 성의 자유뿐만 아니라, 이를 통한 기존의 가부장적 가족제도의 변화를 요구하는 저항운동을 전개시킨다[45]. 이들은 실험적으로 도시 내에서 건물을 빌려서 인간적인 공동체 운동을 추구하게 된다. 이들은 1980년대 싹트기 시작한 공동체 운동의 기반을 제공하게 되지만, 곧 탐구하게 될 독일의 생태공동체와는 여전히 차이점을 보이게 된다. 그 차이점이란 바로 이들이 전개시킨 인간적인 공동체는 도시 내에 있으면서 환경운동에는 아직 적극적인 관심과 행동을 보여주고 있지 못하고 있다는 것이다. 그러나 이들의 활동은 생태공동체로 가는 징검다리 역할을 분명히 하게 된다. 그것은 바로 독일의 많은 생태공동체가 이들의 철학을 환경운동으로 연장하면서 도시 내에서 도시 밖으로 나가면서 환경을 생각하는 생태공동체로 탈바꿈하게 되기 때문이다. 이들이 생태공동체로 나가는 이유에는 산업화 이후 인류의 삶의 방식은 자연을 파괴하는 폭력적 삶의 방식을 취했기 때문이다. 즉 인간에 대한 인간의 억압과 폭력성에 대한 거부에서 자연에 대한 인간의 폭력성에도 자연스럽게 문제를 제기하게 된다.

2. 독일의 생태공동체 형성

독일 생태공동체는 1960~70년의 공동체 운동의 영향을 받으면서 1980~90년대에 현재의 모습으로 형성된다. 이들 1980~90년대 생태공동체는 다른 유럽사회와 마찬가지로 독일사회도 많은 사회적 변화를 겪고 동시에 동구권의 몰락과 함께 그 성격이 1960~70년 저항운동과 그 문화에 의해서 주도적으로 이루어진 공동체 운동 역시 변화를 겪으면서 전개된다.

일단 1980~90년대에 형성된 독일의 생태공동체는 1960~70년대 공동체 운동보다는 좀 더 구체적이고 1980~90년대가 겪기 시작한 생태적 위기의식이 더 강화된다. 1960~70년 공동체 운동에서는 반전, 비폭력 그리고 개인주의가 그 특성이었다면, 1980~90년 생태공동체 운동은 이전보다는 친환경적 건축, 생산과 소비의 순환, 생태적 하수처리, 유기농과 자급자족, 대체 에너지 개발과 사용이 주된 의제가 되었다.

따라서 1960~70년 공동체 운동의 특징은 기성문화에 대한 저항성을 강하게 표출한 도시 내 공동체 운동이었다면, 이후 현재의 공동체 운동의 특징은 생태적 위기의식으로 인해 생태공동체 운동뿐만 아니라, 도시를 벗어난 작은 마을에서 새로운 공동체 건립, 즉 기존 건물이나 토지를 빌리거나 구입해서 친환경적으로 개조하여 생태공동체를 만들어가는 것이다. 이점에서 초당동 같은 자연부락 공동체와는 근본적으로 차이를 갖고 있으나, 그럼에도 불구하고 독일의 생태공동체는 초당동 생태문화 마을가꾸기 연구에 많은 시사를 줄 것임은 분명하다. 모든 공동체를 다 섭렵할 수 없는 지면의 제한으로 인해서 아래에서 3개의 대표적인 독일 생태공동체만을 연구하기로 한다.

1) 공동체 젝 ZEGG: Zentrum für Experimentelle GesellschaftsGestatung, Center for Experimental Cultural(Community) Design · 대안사회실험 센터[46]

젝 공동체에 관해서는 이미 앞에서 간략하게 나마 언급했지만, 젝 공동체의 많은 구성원들은 실제로 68학생운동의 영향을 받은 상태에서 베를린 남서쪽 80km 떨어진 구동독의 국가기관이 있었던 큰 규모의 터를 잡았다. 공동체를 새롭게 연 창설구성원들은 과거 환경문제와 생태위기를 의식하고 평화를 지향하는 공동체 운동들이 실패한 원인을 구성원들의 인간관계의 갈등에서 찾아냈기 때문에, 다른 공동체와는 달리 이들은 특히 가족과 남녀의 문제를 중요하게 다루고 있다[47]. 이점에서 이들은 여전히 1960~70년대의 문제의식을 갖고 있다고 볼 수 있다. 이들은 기존의 가족제도와 남녀관계, 젠더와 성에 대한 기존관념을 벗어나서 새로운 공동체 이념을 내세운 것이 '자유로운 사랑freie Liebe: free love'이었다. 이들은 부부-자녀 중심의 핵가족 형태를 인간 욕망의 억압적 기제로 간주한다. 따라서 사회적 젠더의 역할을 고정시킨 일부일처제를 해체하고, 성의 구별에 근거하지 않으면서 개인의 능력과 성향에 따라서 자신의 삶을 최대한 발휘하도록 한다.

그림5.1 젝 공동체 그룹사진
http://www.zegg.de/ZeggInBildernEng/Gemeinschaft/index.htm

여기서 전통적인 여성의 여성성과 남성의 남성성이 해체되고, 철저하게 성의 평등을 주장한다. 따라서 고정된 젠더의 역할에 따른 억압은 사라지게 된다. 이곳에서는 구성원 모두가 공동의무를 수행하는 것 이외에는 각자 자신의 일을 따로 하고 자립적으로 경제활동의 임무를 맡는다. 예를 들어 이곳에서는 각종 외지인의 방문 프로그램을 특히 여름과 겨울 방학 및 휴가철에 진행시키는 데, 이를 위해서 각종 프로그램 참여자들이 내는 참가비와 문화프로그램 참여비를

그림5.2 젝 공동체 공동체 행사를 위한 대형텐트 함께 설치하기
http://www.zegg.de/ZeggInBildernEng/Gemeinschaft/index.htm

수익사업으로 진행시킨다. 다른 구성원들은 목수일, 차고운영, 카페운영, 대안 에너지 기술회사 운영, 유기농 영농사업, 어린이집 운영 등 공동체가 필요한 각종 자급자족의 일에 참여하여 그 수입으로 마을의 공동체를 유지하고 살아가고 있다.

앞으로도 매 공동체마다 언급하겠지만, 독일의 생태마을의 재정운영은 크게 3가지 유형을 구분할 수 있다. 하나는 개별 재정으로 개별 구성원이 전체 공동체를 위해 책임을 지는 형태이다. 이는 개인적으로 수입, 자산, 임금을 소유하나, 세금과 같이 공동금고에 상호 합의된 일정 금액을 지불하는 방식이다. 개인이 노동이 불가능 할 경우에는 공동체내에서 개별적인 지출을 책임진다[48].

다른 하나는 공동재정으로 공동체가 개별 구성원의 생계에 책임을 지는 형태이다. 마을의 재정은 공동체 노동을 통해 얻어진 전체수입으로 이루어지며, 그 수입은 전체 구성원의 생계를 위해 사용된다. 개별 구성원은 특별한 개인적인 필요가 있을 시에 일정 금액을 청구하여 공동체 외의 경비를 사용할 수 있다.

세 번째가 양자의 혼합된 형태로서 바로 젝 공동체가 실행하고 있는 형태이다. 공동체 토지의 소유주이자 관리인이기도 한 ZEGG 유한주식회사에 구성원이 고용되어 일하기도 하고, 외부에서 일하기도 한다. 모든 수입은 개인 소유이지만, 공동체의 주거비용(전기세, 물세, 공동식사비 포함)을 위해서 구성원은 일정 부분을 지불해야 한다. 의사결정에서도 각 개인이 독자적인 주체로서 공동체 운영에 권리와 책임을 져야 한다.

- 문제점과 초당동 사례를 위한 착안점:

그러나 이들은 소위 전통적인 가족제도의 '억압'을 해체하려는 시도를 통해서 일부일처제의 문제를 극복하려는 과정에서 68운동에서 전개된 페미니즘 운동과 성문화의 개방으로 형성된 인간관계의 소유욕에 의한 질투와 억압에서 벗어난 개인의 자유로운 타자와의 관계야말로 사랑과 신뢰를 바탕으로 하는 관계를 의미한다고 한다[49]. 그러나 이런 주장은 이들을 문란한 성관계로 나가는 소위 섹스주의자들이라는 비판을 받는다. 그러나 이들은 자신들이 결코 문란한 성관계를 주장하고 있지 않다고 강변하면서 이런 외부적인 비판에 대해 분명한 선을 긋는다. 가족의 억압으로부터 해방되어서 자기 책임과 지각 그리고 진실된 의사소통이 새로운 형태의 사랑과 성을 추구하는데 있다는 것을 그들은 강조한다. 여기서 사랑에 관한 한 억압을 지양하고 개인의 주체성과 성숙이 최대한 발현될 수 있도록 하는데 있다는 것이다[50]. 그러나 이런 나름대로 대단히 개방적인 인간관계 모델은 우리가 받아들이기에는 여전히 힘들다는 결론을 내릴 수 있다. 왜냐하면 한국사회가 오늘날 유럽사회처럼 남녀의 역할 분담을 평등하게 나누기는 여전히 전통의 한계를 갖고 있기 때문이다. 그럼에도 분명한 것은 젝 공동체에 대한 고찰을 통해서 얻을 수 있는 것은 젝 공동체처럼 극단적인 실험으로 나갈 수는 없다 해도 가정에서 우리의 남녀관계에서 여전히 엄격한 젠더구분은 더욱 개방적이면서 유연해야 할 것이다. 소위 워킹 맘working mom에 대한 한국사회에서의 여전한 차별을 극복하는 계기로 삼을 수 있을 뿐만 아니라, 한국에서의 생태문화 마을가꾸기에서 친환경성뿐만 아니라, 과거의 차별적인 젠더의 구분을 넘어설 수 있는 새로운 평등한 남녀관계의 가능성을 우리는 젝 공동체에서 얻어낼 수 있을 것이다.

또한 이들이 개발한 다양한 형태의 친환경과 성차별을 극복하기 위해서 외지인들을 위한 환경 및 생태문화 프로그램을 우리들에게 맞게끔 개발하고, 이를 통해서 수익사업을 펼침뿐만 아니라, 다른 지역사회와의 교류의 장을 넓힘으로써 소득을 증대시킬 수 있는 문화-환경 프로그램을 우리가 다양하고 창조적으로 만들어 낼 수 있을 것이다.

2) 공동체 니더카우풍겐 Kommune Niederkaufungen

그 동안 인류가 추구했던 유토피아적 사회의 핵심은 공동체적 삶의 실현이었다. 이 공동체적 삶의 실현을 위해서 인류 전체나 국가 차원에서 추진하려는 정치적 이념과 종교적 신앙은 오히려 현실과의 거리감을 강화시켜주곤 했다. 이런 시도는 서로 다른 이해관계간의 폭력과 대립을 불러일으켰고 궁극적으로 합의에 도달하기 위해서 또는 합의에서 배제된 소수 그룹들은 권력의 폭력적 행사에 많은 경우 비극적 종말을 맞거나 이에 불복종하여 더 큰 갈등을 재생산하여 왔다는 부정적인 역사적 진단을 쉽지 않게 할 수 있었다. 이는 오늘날 포스트모던 이론가들에게 "거대담론"으로 규정되고 문제점으로 지적되고 있다.

따라서 이들은 거대담론이 적용될 여지가 없는 작은 단위의 공동체 설립을 목적으로 한다. 니더카우풍겐에 관한 저서를 낸 살몬S. Shalmon은 공동체의 성공조건으로 세 가지를 들고 있다. 첫째로 소집단 단위로만 살아갈 수 있다. 둘째로 집단 운영은 합의의 원칙 속에서만 가능하다. 셋째로, 비슷한 집단 사이의 자생적인 네크워크를 통해 서로 배우고 지원하며 자발적인 협력을 해야 한다[51].

그림5.3 공동체 니더카우풍겐 공동집짓기
http://www.kommune-niederkaufungen.de

니더카우풍겐 공동체는 중북부 독일의 카셀Kassel지역 남쪽 10km에 위치해 있다. 이들의 공동체 성립이념에 따르면, 현대사회의 생산방식에 대한 비판과 함께 소외된 인간적 삶을 극복하고자 한다. 오늘날 핵가족 시스템이 현대의 인간소외를 강화시켜주고 있다는 것이다. 따라서 현대사회를 비판하는 전제 속에서 핵가족 제도를 강하게 비판하고 있고 이를 극복하는 대안으로서 소그룹 주거공동체Wohngruppe, Wohngemeinschaft flat-sharing community 생활을 내세운다. "핵가족이 우리에게 의미하는 것은 부모와 자식 간의 위계적 질서, 서로에 대한 소유적 사유방식, 권위적 태도와 복종, 성의 억압과 개별적 욕구의 계발 억제이다. 부모와 자식간의 관계에서 우리는 자본주의 경제가 기능하는 데에 필수적인 상호 인간관계의 형태를 체험하고 이를 재생산한다."[52] 이들은 현대사회에서 나타나는 비인간적 모습과 경쟁, 권력행사를 통한 위계질서, 자신의 능력을 통한 인정 등이 바로 핵가족의 기능이라는 것이다. 따라서 이들의 정치적 성향은 진보적인 성향을 갖고 있으나 특정한 정당에 속해 있지 않다. 그럼에도 불구하고 국가차원에서 이루어지는 환경파괴적 행위인 핵폐기물 처리나, 고속도로 건설에는 집단적으로 반대의사를 표명한다. 하지만 이들에게는 설사 현대 사회에서 불평등과 모순구조를 극복한다고 해서 이들의 공동체가 혁명적인 이념이나 외부적인 압력에 의해서 현대사회의 모순을 극복하기보다는 개인의 인식전환을 전제로 자발적이고 적극적인 참여에 의해서 가능하다고 본다.

앞선 ZEGG에서처럼 니너가우풍센 공동체에서도 의사결정에서는 각 개인이 독자적인 주체로서 공동체 운영에 권리와 책임을 져야한다. 이들은 일관된 정해진 대처방안이나 시스템에 의해서 움직여지는 것이 아니기 때문에, 구성원 모두의 의사가 반영되는 것을 원칙으로 한다. 그렇기 때문에 소수의 권력자들에 의해서 공동체가 움직여지는 것을 막고 모두의 의사가 반영되기 위해서 불가피하게 최대 수용인 인원을 100명 정도로 예정하고 있다. 그리하여 보통 최대 공약수로 이끌어가지만, 소수자의 문제제기가 어떤 결정의 실행과정에서 발견되는 경우에 다시 한 번 합의 과정을 이끌어낸다. 여기서도 계속적으로 전체성에 의해서 강요되지 않도록 하며, 상호 이해와 존중의 정신과 분위기를 이끌어간다. 이는 아무리 선의라 해도 나치Nazi와 같은 정치체제의 전체성으로부터 폐해를 받은 독일인의 피해의식이나 문제점이 작용하고 있다고 볼 수 있다. 이런 논의는 앞서 밝힌 푸코와 리오타르의 포스트모던 철학이 추구하려는 것이 실천 속에 어떻게 실행될 수 있는가를 간파할 수 있도록 보여준다.

이들 공동체는 철저하게 공동소유와 공동분배를 원칙으로 한다. 이 공동체는 기획된 인위적 공동체이기 때문에 각자가 공동체에 들어오기 이전에 자신의 사적 재산을 갖고서 가입한다. 그렇기 때문에 가입과 동시에 그 공동체의 공동재산으로 된다. 이런 방식으로 조성된 기금을 갖고서 은행 등에서 대출받아서 건물 건축과 기자재 구입을 하며, 운영기금은 노동임금, 판매수입, 시설대여, 프로그램 참가비, 강연료 등으로 충당한다. 공동체를 존중하면서도 공동체내 소그룹과 개인을 존중하고 있기 때문에 이들은 물품을 자유롭게 구입할 수 있지만 일정한 한도를 넘어서는 경우에는 사전/사후 승인이 필요하다[53].

이 공동체의 경제활동의 핵심은 자본주의적 산업화의 기본원칙인 이익추구와 물질적 생활수준 향상 대신에, 자발적인 노동으로 인간의 기본적인 욕구를 충족시키면서도 건강하고 친환경적인 삶을 실천하는 데 있다. 따라서 농사도 자체수요와 생활비를 충족시키는 정도를 넘어서지 않으면서 자연에 대한 과도한 개발과 이용을 통한 자연파괴로 나가지 않는다. 즉 "대량생산을 통한 이윤의 극대화"라는 구호를 내세우지 않는다는 점에서 현대의 상업사회적 경제 틀과 분명히 선을 긋는다. 또한 대부분의 생태공동체처럼 남녀의 성구별에 의한 노동의 구별을 전제하지 않는다.

따라서 가사노동과 비가사노동의 구별보다는 이 두 영역간의 가치를 동등하게 둔다. 따라서 가사노동 역시 여성들만의 영역으로 간주하지 않는다.

- 교육:

이에 따라서 일상생활에서도 전통적 가족구조의 해체로까지 나가게 된다. 아리스토텔레스가 밝히고 있는 가족 내에서의 성적 구별에 따른 권력구조를 이들 공동체는 인정하지 않는다. 남녀는 노동, 가사일, 육아 등 모든 면에서 동등한 권리와 의무를 가진다. 여가활동은 일반사회처럼 즐기되 가능한 친환경적으로 다양하게 즐긴다. 축제나 문화·예술 프로그램 등을 공동으로 개최하고, 이를 통해서 구성원들 간의 유대감을 증진시킨다. 어린아이의 교육에서도 '열린' 유치원을 운영하고 있다. 즉 놀이터 등의 시설이외에도 공동체의 공간 전체를 교육의 현장으로 활용한다. 유치원 등원시간도 자유롭게 조절하며, 공동체의 공간을 자유롭게 돌아다니며 따라서 공동체내의 많은 사람들과 자유롭게 접촉하게 한다[54]. 여기서 공동교육의 원칙이 세워진다. 즉 경쟁, 권력행사, 업적에 의한 위계질서 등에 익숙한 오늘날 교육제도를 넘어서고자 한다. 따라서 공동체 내에서 교육은 아이들 스스로 신뢰, 사랑, 다른 사람 배려 등을 목적으로 한다. 그러나 이들이 모든 교육을 다 전담할 수 없기 때문에, 주위 지역사회 학교를 다니도록 하는데 이때 정규의 전통적인 학교보다는 대안학교 Waldorfschule나 "자유학교" 등에 어린아이들을 보낸다.

지역사회와의 관계는 이들이 대외적으로 고립된 위치에 있는 것이 아니라, 지역사회와 유대를 강화하는 방향으로 나가고 있다. 공동체 내에서 생산한 농산물을 지역사회에서 판매하며 지역사회 노인까지 수용하는 노인요양시설 운영을 통해서 지역사회와 관계를 맺고 지역사회나 더 큰 독일전체 내지는 유럽전체 더 나가서 세계인들 모두가 참여할 수 있는 각종 친환경 문화 예술 프로그램을 운영하고 있다. 이에 대한 좀 더 심화된 연구가 요청된다.

– 가입과 탈퇴:

이 공동체의 가입과 탈퇴는 개인과 공동체 전체의 의견을 존중한다[55]. 공동체 가입을 원하는 사람들은 일정기간 공동체 생활을 직접 체험할 수 있도록 하고, 그런 연후에 가입을 최종 결정하도록 하며 최종적인 가입은 전체 구성원 회의에서 최종 결정하게 한다. 반면 탈퇴 시에는 좀 더 자유롭게 한다. 즉 개인이나 가족의 자유의사에 따라서 몇 개월 전에 예고하고 공동체에 속한 재산 중에서 어느 것을 가지고 나갈 수 있는지 합의하게 되며, 일반 사회에 나가서 충분히 자립할 수 있는 재산을 가입 시 갖고 온 자신의 재산을 고려하여 갖고 갈 수 있도록 한다. 물론 탈퇴 시에도 개인적인 신뢰와 인간관계를 유지하도록 한다[56]. 이들이 내세운 비폭력 정신으로 탈퇴 시에도 어떤 강압적인 조치도 취하지 않는다. 따라서 이들 공동체는 결코 사이비 종교단체나 폐쇄적인 공동체를 지향하지 않으며, 이들의 목표인 평화적이고 남을 배려하는 인간관계를 근본으로 한다는 것을 엿볼 수 있다.

– 초당동 마을가꾸기를 위해서 참고 될 자연친화적 생활방식

이 공동체는 에너지 절약과 자원보존의 조치를 행한다. 건물들은 환경측면에서 개량하고 수리한다. 가능한 최소한의 이산화탄소를 배출하면서 폐열발전으로 전기와 더운 물을 공급한다. 이들은 나무가 환경친화적이라는 사실, 즉 나무는 계속 자라면서 지역에서 사용할 수 있는 오염 없는 연료를 제공한다는 사실에서 가능한 화석연료로 만든 기자재보다는 나무를 활용한다. 태양열로 물을 데워서 사용하고 지붕에는 빗물을 받는 시설을 설치해서 물을 모으고 이 빗물을 정원이나 농토 그리고 화장실 그밖에 세탁 및 청소 용수로 사용한다.

가계도구나 용품들, 기계 등의 공동사용을 통해서 각종 지출을 줄일 수 있다. 건축에서는 많은 기자재를 다시 사용함으로써 새로운 건축 재료들을 구입할 필요가 없다. 공동체의 삶은 다양한 이동성이 가능하도록 만들어주는데 즉 일자리, 어린이집 그리고 주거를 같은 곳에 위치시킬 수 있다. 장보기도 한 곳에 집중시킬 수 있고 차를 탈 필요가 없는 녹지가 많이 생기고 카풀제를 통해서 교통수요도 줄이고 있다.

3) 생태마을 지벤 린던Ökodorf Sieben Linden

생태마을 지벤 린던은 앞에서 본 독일의 다른 생태공동체처럼, 우리의 연구대상인 초당동마을과 달리 자연 부락에서 출발한 것은 아니다. 근대화 이후 산업화를 거치면서 전통적인 공동체가 해체되고 산업화와 현대사회의 발전으로 인한 사회적 모순이 드러나면서 이 모순과 자연생태계 파괴에 따른 현대 인류문화의 위기를 타개하고자 하는 다양한 형태의 공동체 운동은 앞서 언급했듯이 19세기 중후반부터 이론적인 영역에서 사회학자 퇴니스를 기치로 해서 출발하였다(주 9 참조). 생태마을 지벤 린던도 역시 이런 긴 사회학적 문제의식과 함께 20세기 후반에 생태학적 위기의식에 기초를 둔 생태공동체 운동과 발맞추어서 탄생하였다. 즉 지벤 린던 역시 물질문명과 배타적인 개인주의를 극복하고 현대 인류문명의 위기를 극복하고자 제시된 대안운동으로서 나타난 전형적인 생태문화공동체이다.

2008년 현재 생태마을 지벤 린던구동독지역이었던 작센-안할트Sachen-Anhalt주의 알트마르크Altmark에는 모두 서독지역에서 온 대략 85명의 성인과 35명의 어린아이들이 살고 있다. 성인들 중에는 대부분이 중년이고, 가까이에 있는 또 다른 생태마을 포파우Poppau에 더 큰 땅을 사들였다. 여기에는 약

그림5.4 생태마을 지벤 린던의 밭갈기
http://www.siebenlinden.de

18성인 12, 어린아이 6명의 사람들이 살고 있다. 앞으로 10~20년 후에는 이곳 포파우Poppau에 약 300명이 살 예정이다[57].

지벤 린던을 만들고자 하는 시도는 1989년에 당시 독일의 각 지역에 살던 산업사회에 대한 대안모델로서 생태적으로 살면서 자급자족하는 마을 공동체를 만들려는 소위 생태주의자들이 자신의 이상에 따라서 모인 것에서 시작되었다. 이들은 스스로 밝혔듯이 실험적 공동체를 추구해서, 자체 생산되는 에너지와 자재 생산, 친환경 농업, 지역에서 생산되는 원료흙, 짚, 나무로 행하는 건축, 사회적으로는 공동 결정, 남을 존중하는 진정한 의사소통, 다양한 나이계층0~87세과 함께 살면서 인간과 자연의 조화와 지속가능한 삶의 방식을 공동으로 추구한다는 선언적인 주장 속에서 공동체를 이끌어가고자 한다[58].

따라서 이들의 목표는 노동과 여가, 경제와 생태, 개인과 공동체, 도시문화와 마을문화의 조화와 균형을 이루면서 지속가능한 미래지향적 삶의 형태를 구현하는 것이다[59]. 이 공동체는 근본적으로 자율적인 생태공동체를 지향하고 있지만, 폐쇄성보다는 개방성을 추구하고 있다. 따라서 야외 문화행사음악축제, 생태음식 축제, 공동체 소개 주간, 공동체에서 여름휴가보내기, 연극제 등등를 통해서 공동체 밖의 일반인들과 계속적인 교류를 전개시키고 있다. 마을의 공동 경제는 생태마을 주거협동조합Siedlungsgenossenschaft Ökodorf e.G.에 의해 조직적으로 관리되고 있다. 2003년 1월에 설립된 건축회사로서 주민의 고용효과까지 내고 있으며, 9명의 주민이 회사업무를 보고 있으며, 이 회사의 첫 사업은 공장 속 건물 건축이었다. 이 공작소에서는 전문 공작기계와 기구의 생산시설뿐만 아니라, 주민들이 자유롭게 이 공작소에서 직접 가구나, 생활에 필요한 기구나 농기구 등 물건들을 만들 수 있다.

이 생태마을에서 운영하는 숲속 유치원Waldkindergarten은 실내에서 운영되는 유치원이 아니라, 철저하게 자연 속에서 자연과 함께 놀고 배우는 유치원이다. 아침에 점심을 배낭 속에 챙겨 넣고 숲속에서 하루에 4시간 정도 자연 속에서 놀게 된다. 숲 속에서 소리를 실컷 지르기도 하고, 나무를 타고 올라가기도 하며, 오두막집을 짓고 굴을 파기도하며, 각종 자연 곤충과 동물들을 구경하고 관찰한다. 또한 나무로 장남감을 만들기 위해서 자르고 톱질도 하며 양봉도 한다. 날씨가 춥거나 비가 오면 실내에서 그림을 그리고, 춤과 노래를 부르며 바느질도 한다[60].

함께 또래들과 어울려 놀고 인공적인 놀이기구 대신에 자연자체가 장난감이 된다. 자연 속에서의 놀이는 아이들로 하여금 자연과 함께하는 무한한 상상력을 자극시켜주고 또래들과의 자연스러운 의사소통과 상대방을 배려하는 정신을 자연스럽게 배양시켜준다. 계절에 따른 자연의 변화와 숲과 공기, 물, 일기의 변화 등을 몸소 체험하게 함으로써 자연스럽게 인간이 자연과 늘 함께 하는 존재라는 것을 일깨워 준다. 이는 50여년 전의 우리들의 어린 시절을 쉽게 연상하게 해준다. 이들 공동체의 유치원교육을 통해서 우리가 엿볼 수 있는 것은 바로 산업화와 도시화가 인간으로 하여금 얼마나 자연과 떨어진 인위적 삶을 살아왔는가를 반증시켜주는 것이다. 동시에 이런 유치원 교육 속에서 자연을 배우고, 공동체 놀이를 통해 동료들을 배려하는 사회적 학습을 익히게 하고 몸과 마음 그리고 타인을 배려하는 친환경적 인간사랑 교육을 실천하고자 하는 이들의 생태문화적 삶을 엿볼 수 있다.

그림5.5 생태마을 지벤 린던의 숲속 유치원
http://www.siebenlinden.de

특히 뛰어놀고 싶어하는 자연스러운 어린아이들의 운동 충동을 최대한 허용하도록 한다. 그러면서도 공격성은 자연스럽게 순화될 수 있도록 한다. 인공적인 장난감 없이도 창의력과 상상력을 배양시킬 수 있도록 한다. 이런 자연환경은 과도한 흥분은 자제할 수 있도록 하면서도 감성은 자극시킨다. 그리하여 조기에 예술적 감수성도 심화될 수 있도록 한다. 궁극적으로 어린아이가 몸과 정신이 통일된 인격체로 성장하도록 한다. 그리하여 어린아이의 내적인 성장 잠재력을 키우도록 하며, 동시에 자연에서 살고 있는 모든 생명체를 존중하는 생명존중의 습관을 키우도록 한다. 또한 이들의 놀이 속에서 병에 대한 자연적인 방어와 함께 도시적 삶에서 약화되기 쉬운 자연적인 인간의 면역체계를 강화시켜 준다[61].

이들은 생태적 삶의 방식들을 찾아내고 확장시키기 위해서 철저하게 공동의 작업으로 해나간다. 그러기 위해서 우선 구성원들간의 의사소통의 장을 최대한 마련한다. 다양한 형태의 포름forum들과 세미나들, 성공과 실패사례에 대한 발표 및 토론, 다양한 방식의 의사표현 방식과 자유롭

그림5.6 생태마을 지벤 린던 의사소통의 장
http://www.siebenlinden.de

고 자율적인 민주적 합의의 토론장 형성이 그 예이다.

또한 이런 방식은 궁극적으로 자연친화적이면서 오늘날 가능한 생태적 삶의 방식들을 찾는 데 필요한 민주적인 합의 도출방식이기도 하다. 이들이 추구하는 구체적인 생태적 삶의 방식에는 앞서 언급한 친환경적 농업, 친환경적 에너지 생산과 친환경적 건축, 각종 생활 쓰레기와 에너지 생산 및 농업생산으로 빚어진 환경파괴를 자연복원시키는 방식들, 자연치료 등에 이르기까지 다양한 형태의 생태적 방식들을 택하고 있다. 그러나 이들은 결코 단순한 산업화 이전의 시대로 맹목적으로 되돌아가는 것이 아니라, 때로는 오늘날 첨단과학의 도움을 받는 친환경적 에너지 생산방식들소규모의 태양발전[62] 등을 활용하기도 한다. 이들의 삶의 방식은 앞으로 우리의 생태문화 마을가꾸기가 어떤 방식으로 진행되어야 하는가를 가름하게 해줄 수 있는 많은 단초들을 제공해주고 있다. 물론 여기서 우리가 짚고 넘어가야 할 것은 산업화와 도시화에 의한 삶을 일시에 정지시킬 수는 없더라도 지나치게 문명의 이기와 편리함에 빠져서 친환경적 생태적 삶을 불가능하게 하는 생활방식을 점차적으로 바꾸어 나가야 한다는 것이다. 따라서 이들 공동체는 현존의 삶을 인간과 자연의 조화를 통해서 지속가능한 친환경적 삶으로 바꾸는 방법과 길을 우리가 찾아가는 데 아주 중요하게 참고할 모범적 사례로 볼 수 있다.

1) 본 논문에서 문화개념의 기원과 그 의미의 다양성을 탐구하는 시도를 전개시키지는 않는다.

2) 해켈에 따르면, "우리는 생태학을 자연계의 질서와 조직에 관한 전체 지식으로 이해한다. 즉 동물과 식물 그리고 비생물적인 외부세계와의 전반적인 관계에 대한 연구이며, 한걸음 더 나가서는 외부세계와 동물 그리고 식물이 직접 또는 간접적으로 갖는 친화적 혹은 불화적 관계에 대한 연구라고 볼 수 있다."「동물학의 진화 과정과 그 과제에 관하여」Über die Entwicklungsgang und Aufgabe der Zoologie, Jenaische Zeitung 5, 1869, 353-370.

3) 경제economy이라는 말도 희랍어οἶκος oíkos(집, 가계)+νόμος nomos(규범, 경영)의 합성어이다.

4) 참조, 박영구,「공동체 운동과 독일 생태공동체」, 371-372,『생태위기와 독일 생태공동체』국중광, 박설호 엮음. 2004.(=이하 국중광 외 2004); 도널드 위스터,『생태학, 그 열림과 닫힘의 역사』, 강헌, 문순홍 역, 아카네서 2002. 6쪽.

5) 참조, Gottbald, F.-Theo "Zur Geschichte der Tiefenöokologie" In: *Tiefe Ökologie. Grundkonzepte und Übungen*. F.-Th. Gottwald, A. Klepsch (Hrsg.). Müunchen: Diederichs 1995,17-24.

6) 여기서 말하는 모던적 사유란 좁게는 데카르트와 베이컨철학이후 헤겔철학에 이르기까지의 서구철학에서 읽어낼 수 있는 사유를 말한다. 이들 철학은 대부분 자연을 인간이 이용하기 위해 지배의 대상으로서, 감성은 이성의 통제 하에 있어야하는 것으로서, 동양은 서양에 비해서 시작은 앞서 있을 수 있지만, 미개발지역으로서 한편으로 식민주의의 정당성을 제공하는 특징을 갖고 있다는 점에서 소위 모던적 사유라 볼 수 있다.

7) 68운동은 1968년을 정점으로 해서 폭발한 미국과 유럽을 중심으로 해서 전개된 학생 및 시민운동으로서 68운동의 기제는 자본주의와 산업화를 통해서 이룩한 서구문명에 대한 비판과 저항운동이다. 이런 저항운동은 자본주의에 대한 비판적 저항만을 의미하지는 않는다. 여기에는 동구권 저항운동들(소위 "프라하의 봄", "헝가리 혁명", "유고슬라비아 저항운동"등)에 대한 구소련의 폭력적인 제압에 대한 저항도 포함된다. 미국에서는 1968년에 본격적으로 전개된 대학가 중심의 월남전 반대 운동과 킹(M. L. King)목사 암살사건 이후 비 폭력운동을 시작으로 하였고, 유럽에서는 주로 동구권의 저항운동과 발맞추어서 서구대학에서 전개된 소련의 동구권 정책에 대한 데모로 시작되었다. 따라서 68운동의 주제는 반전운동, 평화운동, 교육에서 권위에 대한 저항, 소수자의 동등권 운동, 성의 자유 운동 등을 함께 하고 있다. 따라서 기존의 자본주의와 공산주의에 대한 항거로서 반폭력 평화운동을 기저로 하면서 기성문화에 대한 저항운동을 흔히 68운동으로 지칭된다. 68운동 정신은 당시의 대중음악으로도 널리 유포되며, 히피문화와도 연결된다.

8) 데 보외가 1905년에 발표한 논문 "Fog and Smoke"에서 처음으로 나타난다. smoky fog라는 표현을 사용하면서 이 두 용어의 합성어로서 스모그(smog)라는 말을 사용한다. 자동차와 공장에서 내뿜는 매연과 안개가 섞이면서 인간에게 치명적 피해를 주었다. 1909년 가을에 글래스고와 에든버러에서 스모그에 의해서 1.000명이상의 사상자가 생겼다는 사건을 보고하면서 이 단어는 일반화 되었다. 이 사건은 산업화와 빠른 도시화의 폐해가 얼마나 심각한지를 알게 된 대표적 사례들 중 하나이다.

9) 현대의 유럽의 공동체 운동은 오늘날의 생태문화공동체가 나오기 전에 산업화된 자본주의적 시

민사회의 모순구조를 극복하기 위한 대안으로서 일어났다. 이와 관련해서 퇴니스 F. Tönnis, 뒤르케임 E. Durkheim 등과 같은 사회학자 및 사회철학자들의 학문적 출발점이 바로 인간 공동체의 본질과 실체에 대한 규명을 학문의 출발점으로 삼고 있다. 특히 퇴니스의『공동체와 사회』 Gemeinschaft und Gesellschaft(1887)에서 (최초 한국의 번역가들은 공동사회와 이익사회로 번역하였으나, 생태문화공동체 연구에서는 Gemeinschaft를 '공동체'로 Gesellschaft를 '사회' 또는 '일반사회'로 번역하는 것이 적절하다. 참고, 박영구,「공동체 운동과 독일 생태공동체」, (국중광 외 2004), 366 이하.) 산업사회 이후 사회변동의 과정을 그려내면서 이익사회로서 게젤샤프트와 구별되는 공동체(게마인샤프트)를 그려내고 있다. 공동체의 특징은 실재적이고 유기적이며 자연적인 공동체를 말한다. 이것의 대표적인 공동체가 바로 전형적인 농촌마을공동체나 혈연공동체 또는 교회공동체를 들 수 있다. 퇴니스에 의해서 정식 사회학적인 개념으로 정착된 공동체 개념은 당연히 그에 의해서 창안된 이론이라기보다는 오히려 독일의 고전 사회학자 중에 유일한 농촌(북독)출신으로서 그가 도시적 이익사회(Gesellschaft)와 구별되는 공동체 개념을 농촌사회와 그 체험에서 도출했다. 이런 입장에서 그는 이익사회에서 인간은 고립되고 은폐된 적대감과 공포 그리고 공격성을 갖고 있으며, 오로지 계약에 의한 평화와 교류가 지배하고 있을 뿐이라고 보고 있다. 반면에 공동체는 '혈연에 의한 친인척관계', '마을에서 형성되는 이웃관계', 도시사회에서도 볼 수 있는 '우정관계'에 의해서 형성되는 공동체가 바로 공동체의 핵심정신이다. 여기서 독일의 낭만주의(Herder, Marx, Tönnis)들이 공통적으로 도시적 삶에 대한 근본적으로 비판적이라는 데에서 독일의 생태공동체의 특성을 볼 수 있다.

10) 박영구, 위 논문, 370참조.

11) 특히 리요타르에 의해서 거대담론으로 간주되는 것은 서구의 근대성 이후 20세기에 전반까지 맹위를 떨친 다양한 형태의 계몽주의들, 기능주의, 마르크시즘, 전체주의 등이 추구한 인간성, 자유, 해방이념, 계급, 이데올로기 등을 추구한 담론(이야기)을 말한다. 물론 리요타르는 이들이 추구하는 인간성, 자유 등을 거부한다기보다는 이 속에서 전체주의적 속성을 지적한다는 것이 더 정확하다. 리요타르는 거대담론의 특징을 갖고 있는 전통이론(모더니즘)에 대해 그 문제점과 함께 다음과 같이 비판하고 있다.: "'전통'이론이 항상 수행의 극대화를 위한 단순한 도구로서 사회적 전체의 계획화에 흡수될 위험에 처한 것은 단일적·전체적 진리에 대한 요구가 체계 관리자의 단일적·전체적 실천에 부합하기 때문이다." 참조, J-F. Lyotard, *La Condition postmoderne*: rapport sur le savoir, Minuit, 1979, 이현복 역,『포스트모던적 조건』1992. 38쪽. 이런 포스트모던 철학에 대한 비판이 소위 모던적 전통에 있으면서 여전히 보편적 거대담론을 지지하는 철학자들이나 수리물리학자들에 의해서 전개되는 것도 사실이다. 그러나 이들 보편주의자들의 비판은 자연과학이론을 자신의 이론을 지지하는 것으로 활용하는 일부 포스트모던 철학자들의 정밀하지 못한 논의 전개에도 일정부분 책임이 있을 수 있다. 그러나 이들 보편주의자들의 논의는 오늘날 절대적 통일성과 보편성이 적용되기 힘든 일부 사회과학을 포함한 인문학과 여전히 통일성을 추구하려는 자연과학에 대한 구별을 제대로 인식하지 못하는 오류에서 기인한다고 필자는 생각한다. 이 점에서 이종관이 지적한 것처럼, "포스트모던 철학자들[=벨쉬와 리요타르](이) 아인슈타인의 상대성이론에 결정적으로 의지하고 있다."(이종관, 91쪽)고 결코 볼 수 없다. 단지 상대성 이론이 자신의 이론을 정당화시켜줄 수 있는 가능성이 있을 수 있다는 약한 동조(물론 비판가들의 입장에서 보면 아인슈타인 상대성 이론의 오독이라고 하겠지만)를 표하고 있을 뿐이다. 오히려 포스트

모던 철학을 수리 물리학의 입장에서 신랄하게 비판한 소콜과 부링크몽(소위 Sokal affair)의 비판에 대해 수학을 전공했던 플로트니츠키나 핑크(B, Fink)의 반박을 주목할 필요가 있으며, 이종관은 아쉽게도 이들 후자들의 반박에 전혀 주목하지 못했다. 그러나 이에 관한 논의는 본 연구의 범위를 벗어나고 있기 때문에 더 이상 논의를 전개시키지 않는다. 참조, 이점에서 보편주의자이며 선험철학 지지자인 이종관,「시간공간의 상대성과 인식의 통일성」,『철학과 현상학 연구』44집, 한국 현상학회 편, 2010; A. Sokal, J. Bricmont, *Fashionable Nonsense: Postmodern Intellectuals' Abuse of Science, New York* 1998; Sokal과 Bricmont을 비판하는 A. Plotnitsky, *The Knowable and the Unknowable: Modern Science, Nonclassical Thought, and the "Two Cultures"*: University of Michigan Press, 2002.

12) 참조, http://www.zegg.de/index.php?was-ist-das-zegg-51

13) E. Husserl, *Die Krisis der europäischen Wissenschaften und die transzendentale Phänomenologie. Eine Einleitung in die phänomenologische Philosophie* (1936), Hrsg. v. W. Biemel, Den Haag 1976(1976B). (=이하 Krisis) 4쪽,『유럽학문의 위기와 선험 현상학』(=『위기』) 이종훈 역 서울 1997.

14) 이성의 역사란 후설이『위기』에서 보여주고 있는, 그리스시대(primal foundation of reason: Urstiftung der Vernunft)를 시작으로 해서 르네상스와 계몽기(new foundation of philosophy: Neustiftung der Philosophie) 그리고 후설 당대의 주객의 이원론과 실증주의('이성의 위기'와 '학문의 위기')를 거쳐서 그의 선험 현상학(end foundation: Endstiftung)에 이르기까지의 이성과 철학 그리고 학문의 역사적 변화과정에 대한 그의 고찰을 말한다. 참고, 최재식「합리성과 사회성에 관하여 - 사회성에 근거한 현상학적 합리성」,『역사와 현상학』, 한국현상학회 편, 제 12집 1999.

15) 참고 B. Waldenfels, *In den Netzen der Lebenswelt*, 16쪽, 통합기능 외에 모든 학문의 의미형성과 인식, 진리에 대한 토대기능과 선험 현상학으로의 인도기능 이다. 참고 Krisis, §44, §50

16) 참조, 최재식,「폭력에 대한 철학적 고찰」『철학과 현상학 연구』19집 2002. 11.

17) 그러나 레비-스트로스와 메를로-퐁티의 관계는 전통적인 자민족중심주의(식민주의)를 벗어난다는 점에서는 매우 긍정적이다. 이에 관해 최재식,「삐아제의 발생적 인식론과 메를로-뽕띠의 현상학 -"사회성"과 "합리성의 확장"에 관하여 -」『철학과 현상학 연구』1996 참조

18) 메를로-퐁티,『지각의 현상학』서문.

19) 이때 말하는 거대담론이란 이론가들에 따라서 다르겠지만 바로 서구의 근대성 시작과 함께 전개된 계몽주의 철학, 정신의 변증법(관념론), 마르크시즘, 실증주의, 자본주의, 기독교 등 여기에 필자는 초기 구조주의도 포함된다고 본다. 물론 기독교를 넣는 것은 매우 논쟁을 불러일으킬 수 있다. 여기서 말하는 기독교는 모든 기독교 종파를 말한다기보다는 근본주의적 성격을 갖는 기독교에 국한시킨다.

20) 참조, http://www.zegg.de/index.php?was-ist-das-zegg-51

21) 생태 시장경제란 오로지 금지와 명령 대신에 시장경제의 수단들로 환경보호를 관철시킴으로써 경제적 목표설정과 생태적 목표설정의 균형을 찾는 시도이다. 이점에서 생태공동체적 경제와 생태시장경제와의 차이는 여전히 있는 것으로 보인다.

22) http://www.zegg.de/index.php?zegg-konkret-3

23) 참조, 최재식,「현대유럽철학의 수용과 그 의의」387-440『한국철학의 탐구』2003. 여기서 논의되는 것 중에서 상당부분은 위 논문에서 연구된 부분으로 중복된다.

24) M. Foucault,「What is Enlightenment ?」in『Michel Foucault Ethics Subjectivity and Truth』Vol I. ed. P. Rabinow 1997. p. 314.

25) Foucault, *Historie de la folie, dt.Wahnsinn und Gesellschaft* U. Köpp, 1973. 13

26) 권력-지식의 연계론에 관해서 참조, M. Foucault, *L'ordre du discours*『담론의 질서』이정우 역, 새길 1993.

27) 우리 학계에서는 오랫동안 니체와 푸코의 이 방법론을 계보학이라고 명명하였다. 독일어로는 Genealogie로, 이는 계보(족보)라는 정적 의미보다는 사회·정치적 권력과 함께 사회·정치적·윤리적 규범 등이 어떻게 발생하게 되는가를 동적인 측면해서 고찰하는 것이기 때문에 이를 발생학이라고 필자는 번역한다.

28) 그의 발생학은 니체의 "도덕의 발생학(계보학)"에서 기원을 갖는다. 니체에 따르면, 현대 도덕적 규범들이 사회적으로 영향력을 행사하게 된 것은 개인들의 양심과 죄의식의 내적인 무자비함(Grausamkeit)에 기인한다는 것이다. 따라서 양심은 외적이고 폭력적인 처벌의 내재화 덕분에, 즉 내적인 제재(innere Sanktion)에 의해서 형성되었다고 본다. 결국 문명과 도덕화의 이런 과정은 무자비한 처벌의 잔혹한 폭력에 기초를 둔다(F. Nietzsche, *Jenseits von Gut und Böse Zur Genealogie der Moral*, München 1976, 235 이하.)

29) 참조, M. Foucault, *Überwachen und Strafen. Die Geburt des Gefängnisses* (1975) Frankfurt, a. M.1976. 38.

30) 「Power and Sex: An Interview」in『Telos』32(1977) 159.

31) 참조, B. Waldenfels, *Topographie des Fremden*, F/m. 1997, K-H. Kohl, *Ethnologie - die Wissenschaft vom kulturell Fremden*, München 1993.

32) 참조, 최재식(2003).

33) 이는 그의 저서 *La Condition Postmoderne* (『포스트모던적 조건』이현복 역, 1992) 명이기도 하다.

34) 위의 책, 13쪽 그는 "자본주의"와 "기독교"를 첨가하기도 한다.

35) 참고, 호크하이머와 아도르노,『계몽의 변증법』, 푸코,『광기와 문명』

36) 이에 대해 메를로-퐁티, 레비나스, 데리다 등을 들 수 있다.

37) 같은 책, 9장 참조

38) G. W. F. Hegel, *Phänomenolgie des Geists*. Bd. 3/20, stw, Frankfurt am Main 1986, S. 24.

39) J-F Lyotard, "Die Vernunftverwirrung", in: *Grabmal* des *Intellektuellen*, Graz/Wien/Köln 1985, S. 37

40) 여기서 말하는 기술적 도움이란 본 연구에서 전개되는 전문가들의 연구도 당연히 포함된다.

41) 본 저서에서 해명되는 다양한 형태의 연구도 바로 여기에 해당된다.

42) 리요타르,『포스트 모던적 조건』, 143.

43) 리요타르,『포스트 모던적 조건』, 94.

44) Rousseau, J-J., *Emil oder Über die Erziehung*, L. Schmidts, Schöningh-Verlag, Paderborn [12] 1995, S. 9

45) 참조, 앞 주7).

46) http://www.zegg.de/index.php?video-praesentation

47) 이들도 생태공동체로서 다른 생태공동체와 많은 공통점을 갖고 있음에도 불구하고 이 공동체의 큰 특징은 남녀문제를 중요시하게 다룬다는 점에 있다.

48) 참조, 최승호「독일 생태공동체에서의 노동과 생계보장」,『새로운 눈으로 보는 독일 생태공동체』국중광 박설호 엮음 2005. 한신대 출판부 217쪽 이하(=이하 국중광 외 2005).

49) Richter, D., : Das Experiment der freien Liebe - eine Gedankenwerkstatt, in: ZEGG Reader 2002, S. 8-11, 황선애,「독일 생태공동체의 가족과 젠더」,『새로운 눈으로 보는 독일 생태공동체』국중광 박설호 엮음 2005. 한신대 출판부 92쪽.

50) ZEGG 공동체 홈페이지 http://www.stellungnahme.zegg.de/index.php?id=744,402,0,0,1,0

51) Shalmon, S., Die Kommune Niederkaufung, Portrait einer heutigen Grosskommune im Landkreis Kasse, OLage 1998, S 127

52) Grundsatzpapier der Kommune Niederkaufungen von 1983, s. 15. in, http://www.kommune-niederkaufungen.de/downloads/grundsatzpapier.pdf

53) 참조, 권세훈,「독일 생태공동체의 문화와 의식」(국중광 외, 2004), 397.

54) 참조, 위의 책, 399.

55) 참조, 위의 책, 402.

56) 참조, 위의 책, 403.

57) 참조, http://www.siebenlinden.de/content.php?p=2000

58) 참조, http://www.siebenlinden.de/htmcontent2000.html

59) 박영구, 위의 논문

60) 참조, http://www.siebenlinden.de

61) 참조, http://www.siebenlinden.de/htmcontent2006.html

62) 이에 관해서는 비록 지벤 린던은 아니더라도 독일 Freiburg시 소재 생태공동체 Vauban의 경우를 참고할 수 있다. 참조, 전춘명,「독일 생태공동체의 건축 양식 유형 연구 - 태양에너지 활용과 옥상 습지를 중심으로」(국중광 외 2004)

책을 마무리하면서

강릉원주대학교 인문대학 문화콘텐츠위원회

문화콘텐츠위원회(이하 콘텐츠회)는 강릉원주대학교 인문학연구소를 중심으로 인문학 연구자들이 공동의 주제를 놓고 연구와 토론을 하기 위한 모임이다. 국문학, 중문학, 현대철학, 역사학, 고고학 등 전공이 서로 서로 판이했던 까닭에 공통의 관심사를 정하기가 쉽지는 않았지만 지역사회에 무언가 유익한 연구를 하는 것이 바람직하지 않을까 하는 취지에는 이 모임의 연구자들이 대체로 공감하였다. 그래서 뽑힌 공동연구의 대주제가 '강릉 문화자산의 탐구'였다. 대주제의 연구를 연차적으로 실행에 옮기기 위한 소주제가 정하였는데 첫 번째 소주제가 '강릉 단오제의 연구'였고, 그리고 두 번째 소주제는 '하슬라 군주 이사부의 연구'였다.

두 차례의 공동연구를 거쳐 세 번째 소주제로 선정된 '강릉 초당마을 가꾸기 연구'는 강릉의 한 전통마을을 집중적으로 조사하고 연구하는 것이 일차적인 목표였지만 거기서 끝내기에는 무언가 모자란 구석이 있다는 점을 우리 공동연구자들은 느끼지 않을 수 없었다. 우리는 마을에 대한 연구를 토대로 마을가꾸기의 방향과 방법을 제시하는 것이 더욱 필요한 연구과제가 아닐까 생각했던 것이다. 하지만 마을 가꾸기란 마을 밖에 있는 연구자가 제안할 수도 있는 것이긴 하나 마을주민의 참여와 자치적인 실천이 더욱 중요한 것이다. 따라서 우리의 연구도 마을 주민과의 긴밀한 의사교환이 전제되지 않고서는 진전을 볼 수 없는 과제이고, 이에 대해서는 또 다른 접근의 방법이 모색되어야만 했기에 부족하지만 초당마을 그 자체에 대한 연구로 일차적인 정리를 마무리하게 되었다.

이 책에서는 먼저 초당마을의 역사와 전승, 문화재와 경관, 문화자산과 그 활용방안 등에 대해 검토하는 작업을 시도했다. 다음으로 전통마을로서의 초당마을이 어떠한 성격을 가지는지 파악하면서 마을의 체험과 탐방의 길을 제시하였다. 끝으로는 미래 초당마을의 대안이라면 마을공동체적 삶이 많이 남아 있으면서 자연경관과 함께 어우러진 마을 즉 '생태문화마을'이 아닐까 하는 생각에서 초당마을 가꾸기의 바람직한 모범으로서 독일 생태공동체를 소개하고 접목해 보는 연구를 시도해 보았다.

이 책의 첫 장에서는 조선시대로부터 더듬어 갈 수 있는 초당마을의 역사와 전승에 대해서 검토하였다. 조선 초기, 초당마을은 방위면方位面 체제에서 북면北面으로 편제되면서 그 존재가 드러나기 시작한다. 조선후기에 이르러 초당마을의 인구가 늘어나면서 대리大里로 성장하는 것으로 나타나는데 마을의 남쪽에 펼쳐진 하평下坪 즉 늪지대가 전답田畓으로 개간되는 변화가 초당마을 성장의 배경으로 파악되었다. 조선 후기 사회에서 초당 마을은 향약鄕約과 동약洞約, 그리고 동계洞契 (촌계(村契))를 조직하여 운영하면서 결속과 화합을 위한 내적 질서를 구축하는 한편 "억지다리 뺏기"와 같은 풍속을 실행하면서 인근 마을과의 유대를 강화해 왔다.

특히 초당 마을에는 동계촌계가 결성되어 있었다. 동계는 관주도형의 향약이 운영될 때 그 하부조직으로 포용되기도 하였지만, 향약과 동약이 해체된 상황에서는 가장 늦은 시기까지 초당 마을의 결속을 다지는 서민 주도의 생활조직으로 역할을 해왔다. 동계에서는 동회洞會를 통해 혼례婚禮와 상장례喪葬禮를 위한 가마와 상여를 비롯해 각종 생활도구들을 마련하여 운영하였으며, 나아가 각종 절기의 민속을 주관하는 기능을 이행하였던 것으로 파악된다. 그리고 하평下坪이 전답田畓으로 개간되면서 송정동과 함께 연행하였던 "억지다리 뺏기" 민속 역시 서민 주도의 동계조직에서 주관하였으며, 또한 마을의 성황제도 치제하였다. 동계에서는 도가都家를 지정하여 당재봉 성황당에서 치제하는 한편, 죽도봉 산자락에 암 성황당이 마련되면서 동해안 어촌 마을의 보편적인 숫 성황당과 암 성황당이 연계되는 성황제의 정형을 확보하였던 것으로 파악된다.

근대 이행기에 초당 마을은 시대변화의 추이를 읽어 내면서 신문화의 수용에 앞장섰다. 1906년 경암鏡巖 최용집崔溶集에 의해 초당영어학교가 개설되고, 여운형呂運亨, 윤치호尹致昊, 여운일呂運一, 주기용朱基容 등 젊은 나이의 우국지사들이 교사로 활약하면서 향교·서당 교육과 구별되는 신학문의 강학에 적극성을 보였다. 이 같은 신문화 수용의 파장이 강릉권 전역으로 확산되면서 치욕적인 을사조약 이후 항일정신의 지역적 기반이 되어 갔다. 초당영어학교는 4년 남짓 운영되다가 일제日帝가 '사립학교 보호령'을 공표하면서 거세진 당국의 압력으로 1909년에 폐교되었다. 그렇지만 폐교 이후에도 초당마을에서는 당시 학생들을 주축으로 노동야학회인 창동회昌働會가 결성되어 자생력을 갖추어 갔다. 이들은 지속적으로 신학문을 수용하면서 일제에 대한 저항의식을 고취하여 마침내 창동회는 강릉 감리교회 신도회 및 강릉국민학교 동창회와 함께 강릉지역 3·1독립만세운동의 주역으로 활약한 것으로 파악된다.

두 번째 장은 매장문화재를 중심으로 초당마을에 묻혀 있는 유형의 문화재에 대하여 살펴 본 후 경관의 역사 속에서의 초당마을과 지금의 마을경관을 경관의 요소로 분석하고 그 장소로서의 특성에 대해 검토하였다. 신석기시대에는 지금 초당마을이 자리한 사구지대 말고는 주변이 온통 석호와 습지로 에워싸고 있었던 환경이었다. 이 사구지대에 어로와 채집생활을 주로 하던 사람들이 들어와 처음으로 자리를 잡은 것이 초당마을의 시작이다. 청동기시대가 시작될 무렵 사구가 또 하나 생성되어 넓어진 모래언덕에 원삼국시대의 동예인東濊人들이 이곳에 들어와 새로운 터전을 만들게 된다. 동예인들은 물질문화에 그들만의 독특한 정체성을 표현했으며 사구의 마을에서 발견되는 특징적 형태의 주거지와 토기유물군 등을 통해 그 양상을 살필 수 있다. 삼국시대 신라가 동해안으로 진출함에 따라 강릉지역의 토착집단들은 신라의 정치세력으로 편입된다. 초당마을을 중심으로 한 토착집단의 지배세력들도 신라 문화와 신라의 이념체계를 수용하여 신라고분군을 조성하게 된다. 신라 주거지의 채용, 신라 토기의 모방 생산, 신라식 고분의 축조, 신라 중심지로부터 받아온 신라 스타일 위세품의 부장 등을 통하여 전통적인 동예문화는 빠른 속도로 신라 문화로 변하여 간다. 5세기 전반 약 50년 동안 초당마을의 문화적 정체성은 빠르게 변화되어 신라의 한 지역세력이 되어갔다.

처음으로 신석기인이 터전을 잡았던 6천년 이전에는 지금의 운정천 일대의 평야지대는 일절 존재하지 않았고 익곡의 상태였지만 그 후 수천년에 걸쳐 서서히 계곡이 메워지게 되었다. 그러는 과정에서 운정천이 운반해온 모래가 쌓여 사구지대가 형성되고 이 사구가 강 하구를 바다와 분리하여 지금의 경포호수가 생겨나게 되었다. 초당동 사구 역시 그러한 과정에서 생겨난 모래 언덕인데 이 일대에서 가장 먼저 형성된 사구 중에 하나이다.

지금의 초당마을 경관은 자연의 일부인 석호와 습지, 울창한 송림으로 덮힌 구릉을 배경으로 자연스럽게 가꾸어진 마을 숲과 정서와 향수를 담은 옛집과 울타리, 그리고 텃밭, 구불구불한 길 등으로 구성되어 있다. 이 경관은 초당마을 공동체가 적어도 수백 년 전부터 가꾸어 온 것이며 그들의 생활방식과 사고, 그리고 정서가 배어 있다. 그러나 한편으로 무계획적이고 무반성적인 도시화로 마을을 조각나고 오래 동안 마을 공동체가 가꾸어온 경관은 급격히 훼손되었다. 이와 같은 훼손의 과정에서도 과거의 경관과 문화가 조각난 채로 살아남아 있는 것은 불행이라 해야 할지, 아니면 다행이라 해야 할지 안타까운 마음만 남는다. 제2장의 집필자는 어떤 형태로든 초당마을은 변해가겠지만 과거로부터 전해오는 경관과 문화자산과 의미들은 제거되거나 더 이상 손상되지 않게 보호하면서 새로운 건물과 시설이 자연스럽게 도입되는 방법이 모색되어야 한다는 점을 강조 한다. 그리고 이러한 마을가꾸기의 과제는 우선 마을주민의 몫이겠지만 직간접적으로 초당마을의 개발이나 변화에 관여하고 있는 사람들의 숙제일 것이라고 지적한다.

이 책의 세 번째 장을 통해 초당마을이 지니고 있는 다양한 문화자산의 내용과 성격을 하나하나 짚어내는 작업을 시도했다. 초당이라는 마을 이름의 유래에서부터 시작하여 초당마을의 공간적 범위와 인구 등 마을현황을 먼저 살폈다. 그리고 춘갑봉, 당재봉 등 구릉 이름과 아울러 고개, 길과 관련된 이름들 그리고 골안, 뒤말, 권촌 등 마을 안의 장소와 관련된 이름을 소개하였다. 그처럼 다양한 뜻에서 유래한 지명들을 풀어보면 마을의 자연지리와 땅이름과 결부된 전승에 대해 이해할 수 있게 된다고 제3장의 집필자는 강조한다. 다음으로는 신석기시대 취락으로부터 원삼국시대 주거지와 유물, 그리고 삼국시대 신라고분에서 출토되는 다양한 매장문화재로부터 지금 지방 기념물로 지정된 고가古家 등을 소개하면서 각각의 문화재가 지닌 특질과 성격을 구명하였다. 특히 초당마을 내부에서 확인되는 것은 아니지만 초당마을의 문화적 경관에서 떼어놓고 볼 수 없는 것은 경포호수와 그 주변의 누정樓亭이다. 누정은 무엇보다도 자연완상을 위한 공간이었으며, 원근의 사람들이 교유하거나 빈객을 맞이하여 접대하는 장소로써 활용되었기 지역문화의 온상지라 할 만하다는 것이다. 특히 경포호수 서쪽에 자리한 경포대는 앞으로 경포호수를 건너 울창한 송림이 빼곡히 들어찬 초당마을과 바다와 호수를 연결해 주는 강문江門이 펼쳐져 있어 수려한 자연경관과 정취가 대대로 수많은 답방객들을 매료시켰던 문화자산이다.

그 다음 초당마을의 문화자산으로 뽑을 수 있는 것은 이 마을에 오랜 세월 전승되어 온 민속과 이곳에 살았던 빼어난 인물들이다. 초당과 강문마을에는 각각 전해져온 서낭당과 동제가 있었다. 특히 「강문진또배기제」는 최근 강릉단오제의 일부로 행해지고 있는데 강문마을 남쪽 입구에 서 있는 솟대 앞에서 행하는 일종의 마을굿 이다. 1975년 전국민속경연대회에 출전한 뒤 강문마을의 서낭굿을 일컬어 그렇게 부르게 되었다. 진또배기는 높이 약 4.5m에, 둘레는 35㎝로서 소나무로 만든 장대 끝에 나무오리를 세 마리 세운 형태이다. 영동지역에서는 흔히 짐대서낭, 진대로 부르는 솟대의 일종이지만 진또배기라는 명칭을 사용하는 곳은 강문마을 뿐이어서 최근 진또배기는 초당-강문마을 뿐만이 아니라 강릉을 대표하는 상징물이 되었다. 초당마을에 살았던 역사적인 인물로는 16-17세기의 김충각, 그리고 허엽을 비롯한 허씨5문장가와 함께 근세의 인물로는 여운형을 들었다. 최근 안초당 마을에 허균과 난설헌의 기념관을 짓고 봄과 가을에 각각 허난설헌문화제와 허균문화제를 열 정도로 초당마을에서는 허씨문장가의 존재를 비중 있게 생각한다.

세 번째 장에서 필자는 초당마을의 문화자산을 활용하여 실행에 옮길 수 있는 사업을 구상하였다. 초당마을을 전통문화마을로 조성하고 생태문화관광의 명소로 가꾸는 방향을 염두에 두고 있는 듯하다. 여기서 집필자는 그러한 모든 사업에 앞서 선결되어야 할 작업이 초당동의 문화자산을 '문화콘텐츠화' 하는 일이라고 보고 있다. 초당마을 문화자산의 실상에 대한 올바른 가치인식과 바람직한 이해 및 향유, 그리고 나아가 적극적인 활용과 보존·관리에 이르는 제반 요건을 확립하고 충족시키는 필수적인 작업으로 콘텐츠화를 이해하고 있다. 그런데 여기에서 말하는'문화콘텐츠화'란 문화자산에 대한 충실한 자료내용의 확보와 이해 및 연구를 기반으로, 이를 특히 컴퓨터와 인터넷 매체환경에 부합하도록 디지털콘텐츠 혹은 멀티미디어콘텐츠로 전환하는 것을 의미한다. 문화콘텐츠화는 기초 자료의 정리와 수집으로부터 시작하여 분석과 체계화를 지향하는 단계적인 작업이 필수적임과 부문별 전문가에 의한 작업과 문화자산의 각 요소에 부여할 수 있는 스토리텔링의 중요성을 강조하였다. 세 번째 장의 집필자는 지역문화를 지역의 공동체적 정체성을 확인할 수 있는 가장 가치 있는 자산이라고 정의한 다음 지역문화의 정체성에 관한 지식정보기반이 튼튼하지 않은 상태에서 추진되는 사업은 어느 분야를 막론하고 바람직한 기대효과를 창출하기 어려울 것이라고 경고한다. 이러한 전제 위에 시대문화적 환경에 부합하는 문화콘텐츠로 개발해야 함을 강조하면서 초당마을의 정체성에 기반을 두고 문화자산의 활용사업을 추진할 것을 아울러, 제안하고 있다.

네 번째 집필자도 다른 연구자들이 전제했던 것과 마찬가지로 초당마을을 문화적 전승이 끊어지지 않으면서 내적으로 풍부한 문화자산을 간직한 전통문화마을이면서 동시에 주변의 수려한 자연경관과 함께 하는 생태마을로 보고자 한다. 초당마을은 산, 숲, 바다, 호수, 개천, 습지 등의 자연생태적 요소들과 다양한 역사문화유산을 집약적으로 갖추고 있다. 따라서 이런 우월한 입지조건을 보존하면서 동시에 잘 사는 마을로 가꾸기 위해서는 자연생태와 역사문화생태가 어우러진'복합생태마을'을 지향하는 것이 타당한 방향이라고 제안한다.

그러나 네 번째 장의 필자는 초당마을가꾸기에 앞서 초당마을의 성격 분석과 정의가 이루어져야 한다고 말한다. 즉 초당마을은 과연 전통마을로서의 요소를 얼마나 지니고 있으며 앞으로 그런 것들이 얼마나 지속 가능한가 등에 대한 실증적 예측이 시도되어야 한다는 것이다. 예컨대 마을 인구와 직업 분포, 주거지의 분포양상, 경제적 자족성 등 기본 요소들에 대한 실측과 분석이 선행되어야만 전통마을로서 성립될 수 있고 또한 지속성도 가질 수 있다고 본다. 그리고 초당마을에 살고 있는 주민들의 일상적 생활주기가 전통사회의 그것과 비교해 보면 유사한가? 아니면 차이가 있는가? 차이가 있다면 얼마나 큰 차이를 나타내고 있는가? 등의 문제도 필수적으로 검토되어야 만 할 것이다.

무엇보다 문화적 접근이 이루어지려면 기존에 드러난 '문화마을'로서의 핵심요소가 무엇인가, 또는 아직 뚜렷하지 않다면 무엇을 '문화마을'의 핵심요소로 내세울 것인가 등등에 대한 문제 또한 면밀하게 검토되어야만 한다. '전통'과 '문화'와 관련된 초당마을의 성격에 대한 정의는 마을 가꾸기의 방향과 방법을 설정하는데 매우 중요한 전제가 된다. 그래서 제4장의 필자는 특히 전통을 유지하고 되살리는 가꾸기에 있어서는 미래지향적 의미를 포함시켜야 한다고 제안하면서 즉 사회 패러다임의 변화에 걸맞는 '미래형 전통' 개념의 설정이 필요하다고 한다. 그래서 시대적·문화적 환경의 변화에 부응하는 '초당마을가꾸기'를 전개시키는 하나의 방법으로서 '주제가 있는 걷기코스'를 시안으로 제시하고 있다. 초당마을 그 자체만으로 걷기코스를 개발하는 것이 아니라 주변의 경포호수와 해변, 그리고 인근한 운정천의 지류와 구릉을 포함한 경관을 활용하면서 일곱가지 주제길로 총길이 14~16km 내외의 구간을 설정하는 것이다. 이 걷기코스에서 초당마을은 시작점이면서 다시 돌아오는 장소로 마을 자체가 가진 다양한 성격의 문화자산과 경관을 개발하고 정비함으로서 걷기코스는 더욱 흥미롭고 서정적인 것으로 바뀔 것이라고 제안한다.

다섯 번째 연구의 주제는 생태공동체 운동이다. 산업화와 함께 나타난 도시화 과정, 그 속에서 풍요로운 소비가 이루어지지만 그로 인한 자연 파괴가 오늘날 되돌이킬 수 없는 자연의 황폐화를 가져 왔다. 이제 자연은 자정·복원능력을 상실해 버림으로서 심각한 위기의 상황을 맞게 되었고 이를 어떻게든 극복하자는 움직임 중에 하나가 생태공동체 운동인 것이다. 다섯 번째 필자는 생태운동에 관심이 높은 유럽의 국가들, 그중에도 가장 활발한 나라인 독일의 생태공동체 운동에 주목하였다. 오늘날 독일에서 전개되는 대부분의 생태운동들은 1980년대 후반부에 나타나기 시작하였다. 당초 현대의 공동체 운동이 자본주의와 산업화 그리고 도시화가 낳은 인간소외의 병폐를 극복하고자 제기되었던 것인데 오늘날은 전과는 비교되지 않게 생태학적 문제의식이 강하게 영향을 미치고 있다. 또한 생태공동체운동 문화가 포함된 생태문화 운동으로 현대문명에서 지배적인 삶의 형태인 경쟁과 폭력 그리고 자연과 인간에 대한 지배와 착취 대신에 상생의 협력과 평화, 그리고 모든 존재자들과의 평등적 상생과 존중이 주된 이념으로 전개되고 있다. 그래서 필자는 문화적 이념에 대한 철학적인 배경과 토대를 먼저 살피고 있다.

우리가 초당동을 문화생태마을로 가꾸기 위한 토대를 마련하기 위해 초당마을을 연구한다면 그것은 주제가 다른 인문학자들 공동연구에서 그치는 것이 아니라, 우리 인간들 삶의 근원을 되돌아보는 작업이며, 문화와 생태에 대한 인문학적 연구의 토대를 다듬어 가는 작업이어야 하기 때문에 철학적 성찰이 필요하게 된다. 이글에서는 세 가지 독일 생태공동체운동을 소개하면서 각각이 지향하는 이념과 구체적인 사업 내용, 방법론이 조금씩 차이가 있음을 지적하고 있다. 그러나 이러한 차이점에도 불구하고 궁극적으로는 자연친화적이면서 현대 우리 삶에서 가능한 생태적 생활방식들을 찾는 데 민주적인 합의 도출방식을 따른다는데 공통점을 찾을 수 있다. 생태공동체 운동이 추구하는 구체적인 삶의 방식에는 사실 친환경적 농업과 에너지 생산, 친환경적 건축과 생활 쓰레기처리 등 환경파괴를 자연 복원시키는 방식들에 대한 현실적인 문제해결도 이 운동의 중요한 과제가 된다.

초당마을을 문화 생태마을로 가꾼다 했을 때 독일 생태공동체운동과 비교하면 근본부터 상이한 점이 노출된다. 이를테면 독일의 생태운동을 주도하는 이들은 진보적인 견해를 가진 사람들로서 산업화와 현대사회적 삶의 모순을 공산주의나 기존의 사회주의 모델로 해결될 수 없다는 역사적 체험을 한 사람들이다. 그 대안으로서 그들은 방치된 농경지 등에'지배와 폭력이 없는'상호협력 정신에 입각한 기획된 자연친화적 공동체를 건설하고자 했던 것이다. 이에 비하면 초당마을은 이미 존재하고 오래 역사를 간직한 마을이다. 주어진 역사와 문화적 자산이 있고 마을의 공동체적 정체성도 역사적으로 전승되어 왔기에 뚜렷하게 찾아진다. 따라서 초당마을은 주어진 역사와 문화를 보존하면서 생태 공동체 정신이 담겨있는 풍요로운 생태마을로 발전시킨다는 목표가 주어진다. 어찌 보면 진보적 이념을 토대로 한 새로운 마을의 건설이 아니라 주어진 전통마을과 경관에 생태적 생활문화 환경을 조성해 나가는 방향이 옳을 것이라고 필자는 지적한다.

이 책은 초당마을의 역사와 문화자산, 전승과 정체성 그리고 자연적·문화적 경관에 대한 연구서이다, 그러면서도 우리는 초당마을이 지금의 모습에서 더 나은 모습이 되었으면 하는 바람을 이 책에 담으려 했다. 마을 곳곳의 서정적인 경관들이 가꾸어지고 마을의 아름다운 이야기와 자랑할 만한 역사가 드러났으면 하며 그리고 가꾸어진 모습에 초당마을만의 정체성이 표현되었으면 하는 바람이 있는 것이다. 그러나 이전에 없었던 변화를 겪고 있는 초당마을을 보면서 우려 깊은 마음을 감추기 어렵다. 마을의 모습이 가꾸어지는 것이 아니라 도시화로 인하여 우리나라 어디서나 볼 수 있는 메마른 도시경관으로 대체되고 점점 퇴락해 가는 모습을 보이기 때문이다.

초당마을의 경관과 장소성에 커다란 상처를 준 한 예를 든다면 월송로-허균 생가 사이에 건설된 4차선 도로를 들 수 있다. 남북으로 길게 형성된 사구를 따라 습지와 송림의 생태공간으로부터 옛 마을의 공간에로 자연스럽게 이어지는 그 한 가운데에 동-서로 횡단하는 4차선 도로가 개설됨으로써 마을은 완전히 분할되어 버리고 말았다. 이 4차선 도로는 단순히 장소와 장소를 연결하기 위해 기획된 것은 아닐 듯싶다. 은연중이든 아니면 의식적으로든 초당마을의 일부를 잘라 한 쪽은 생태보존 공간으로 다른 한쪽은 도시화로 나가려는 도시계획자의 시도였던 것 같다.

초당마을에 대한 이와 같은 지자체의 조치에 대해 주민들은 놀라울 정도로 무관심한 듯하다. 정부나 지자체의 기획에 긍정적인 의견을 가지고 있기 때문에 그대로 수용하는 것은 아닐 것이다. 그러면 왜 그같은 마을의 훼손에 대해공동체적인 의견을 내고 반응하지 않는가? 지금의 초당 주민 중에는 물론 여러 세대에 걸쳐 오래된 집에서 지금까지 살아 온 주민도 있다. 하지만 한쪽에 도시화가 진행되고 주택이 늘어나면서 이주해 온 주민이 더 많아졌다. 조상 대대로 살면서 텃밭을 가꾸고, 마을길도 내고, 나무를 심었던 주민이 있는가 하면 새 아파트에 전세 들어온 주민도 있는 것이다. 한 장소에 살아온 이력에 따라 장소성, 즉 그 장소에 대한 의식과 정서에 차이가 있으리라는 것은 당연히 짐작되지만 장소에 대한 담론과 참여의 부재를 주민구성의 탓으로만 돌리기는 어려울 듯하다. 우리들이 살아온 장소성에 대한 진정성의 결여, 그리고 무관심이 타자의 무모한 도시화의 기획을 실행에 옮겨지도록 허용하는 것이다.

건설의 기획자들은 우리의 정서적인 경관들을 기능적, 효율적으로 개발하는데 지장물이 군데군데 놓여진, 의미 없는 공간 정도로 생각하는 버릇이 있다. 초당동을 가르는 4차선 도로는 초당마을이라는 경관, 그리고 그것이 지닌 장소성, 장소에 주어진 의미와 역사를 전적으로 무시해 버린 기획에 의해 건설된 것이 아닐까 하는 생각이 든다. 건설기획이라는 것도 물론 정보를 모으고 그것을 분석하였을 것이고, 결과와 미래의 모습도 예견하면서 기획하였을 것이다. 하지만 그 기획에 전통, 문화, 역사, 정체성, 공동체적 삶, 정서 등은 고려에 넣지도 않았기에 초당마을이라는 장소가 지닌 의미에 커다란 상처를 주는 결과를 초래한 것이다.

초당마을은 앞으로 더욱 큰 변화를 준비하는 것 같다. 인접한 경포지구가 녹색 시범도시로 지정되어 많은 예산이 지원될 것이다. 아주 낯선 미래지향적인 도시가 될지, 아니면 과거의 생태계와 생활방식으로 회귀하려는 길고 힘든 노력을 시작할지 아직 분명하지는 않으나, 초당마을은 마을 전부가 되던, 아니면 일부가 되던 그에 연동하지 않을 수 없을 것이다. 매장문화재의 분포와 사적 지정으로 인해 당연히 우리가 쉽게 생각할 수 있는 개발은 제한되겠지만 문화재가 자산이 되고 재료가 되어 활용될 수 있는 방법과 기회는 더욱 확장되고 열려 있어야 한다. 우리는 어떤 입장에서건 초당마을의 미래에 개입하게 될 것이다. 주민으로서, 기획자로서, 전문연구자로서, 혹은 이방인으로서 무관심에서 벗어나 진정성을 가지고 경관과 역사와 의미가 담겨 있는 초당마을이란 장소의 미래에 개입하게 될 것이다. 우리 강릉원주대학교 인문대학 문화콘텐츠위원회는 그러기에 앞서 정성스런 마음으로 이 책을 준비하였다.

| 그림차례 |